U0154343

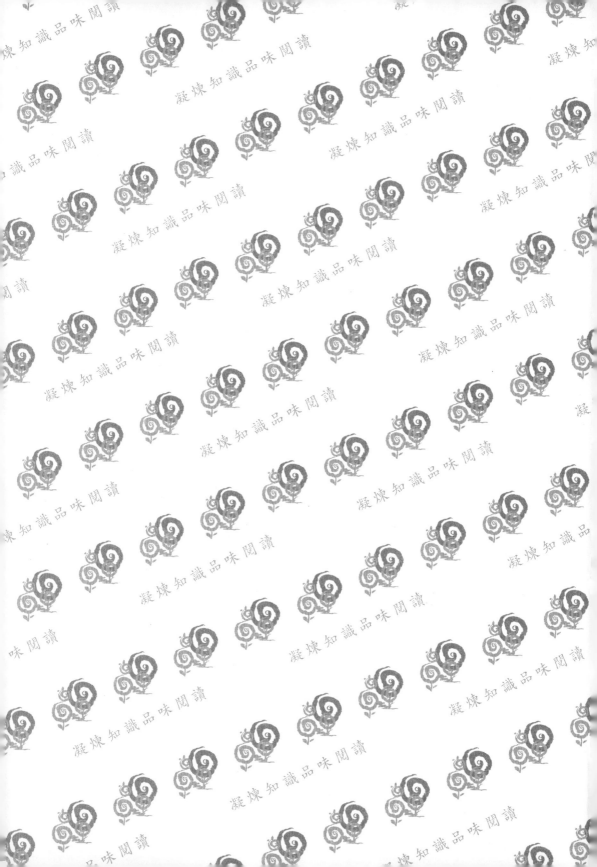

前瞻教育

叢書主編　黃政傑

教育決策機制
檢討與改進

台灣教育研究院　策劃

張慶勳　主編

吳清山　顏國樑　葉佐倫　梁金盛　劉鎮寧
王慧蘭　陳佩英　許仁豪　湯　堯　何希慧
黃烽榮　陳榮政　楊雨樵　丁志權　陳世聰
黃國忠　王如哲　李宜珍(Doris Lee)
梁忠銘　張慶勳　合著

五南圖書出版公司 印行

主編序

脈絡背景

　　本專書是繼台灣教育研究院社黃政傑社長所策劃出版「前瞻教育系列叢書」的《大學整併：成效、問題與展望》（2020，臺北：五南）與《臺灣教育研究趨勢》（2021，臺北：五南）後的第三本專書。誠如本專書主編在撰寫編輯計畫中指出，不論是組織或個人每天都在做大大小小不同的事務性決定與政策性的決策（decision-making）。決策不僅是一動態循環的歷程，也是一種決策的結果。決策的目的在解決組織的問題，但在此一過程中也常會延伸其他待解決的問題。

　　組織中的環境、所發生的問題、決策運作機制、組織內外部利害關係人、決策參與人的決策專業素養、對欲解決問題的了解，以及如何在決策機制中作最佳的決策等，都是影響組織決策的重要因素。因此，決策過程與結果仍會受到限制。雖然如此，作最佳的決策是組織成員所努力的目標。

　　從教育決策與教育政策的關係而言，教育決策具有教育政策的潛在意涵，也是學校組織變革發展和精進的要素。從學校治理與決策的關係而言，學校治理是校長和學校組織成員解決問題的思維與策略運用的過程和結果。不論是學校治理或是教育決策的過程，教育決策能對教育政策的走向及學校組織發展與轉型提供方向性的指引，因此如何作最佳的教育決策攸關教育政策是否能有效執行並與學校的組織發展有密切的關聯性。

　　從教育政策與學校治理的關係而言，隨著社會變遷、政治與政策走向的導引、經濟發展、教育環境變化等因素的影響，教育政策與學校組織決策的過程與運作機制也受到衝擊。尤其是後現代社會的思潮與學校組織所具有的多元架構與特徵，使得教育政策制定者、學校

組織、學校文化與組織成員的思維都產生多元、複雜、不確定與差異性，這些都影響教育政策與學校組織決策的過程與結果。

據此，教育決策是教育政策與教育行政連結學校治理、學校組織、學校行政、學校課程與教學的重要軸線。因此如何以教育決策的運作機制將教育政策有效連結學校治理是一值得探討的議題。

綜觀國內外的相關研究，已在「教育行政」、「組織行為」、「管理」與「組織」方面的專書中有決策的相關理論與模式的論述；在學校治理的決策過程、決策模式與執行方面，則有教育政策的制定與決策，或從教育決策網絡論述學校治理，或以微觀政治觀點、校務研究、校長領導力、以解決問題為導向、學校組織文化相關議題等與教育決策相關議題的探討。

思路框架

依循前述本專書的脈絡背景分析，為能使教育決策的制定與執行能更貼近教育現場實境的需求，有必要針對國內外教育政策與學校治理的決策脈絡與過程所產生的問題予以尋求解決途徑。因此，本《教育決策機制：檢討與改進》專書的規劃即孕育而生。在此基礎上，本專書不僅兼顧教育決策的理論與實務，也具有全球視野並與在地連結的關懷，針對教育決策如何連結教育政策與學校治理，提出國內外教育決策運作機制的特色、問題的分析與解決途徑。

據此，本專書的思路框架即是從理念到實踐、連結中央與地方教育政策與教育決策、融合在地連結與全球視野、連結教育決策現況與未來趨勢，最後則以教育決策將教育政策與學校治理予以連結，而落實到精進教師教學與提升學生學習成就。

架構編排

基於本專書的脈絡背景與思路框架，同時依循作者所撰寫文稿內容重點，本專書的編排架構分為理念篇、教育政策與決策篇、學校治

理與決策篇、國際篇與未來展望篇等五部分。

　　本專書作者包含國內外學者專家、大學校長與國小校長、教師與研究生，他們皆依其在中央教育部或地方政府教育處擔任行政主管推動教育政策，或參與教育部與地方教育政策及各項計畫方案的推動與執行，或在各級學校服務的實際經驗，分別採用質性與量化研究方法，並以相關文獻的立論基礎，從教育決策的理論、理念與實踐，以及連結中央與地方教育政策與教育決策、兼具在地連結與全球視野、連結教育決策現況與未來趨勢，探討國內外教育體制下，教育政策、教育決策如何落實到學校治理的機制、問題與改進，而彰顯教育政策、教育決策與學校治理之間的相互連結與依存關係。尤其是來自美國賓州州立大學哈里斯堡首府學院行為科學及教育學院的李宜珍（Doris Lee）教授，以美國亞裔學生為主軸，探討美國教育體制與相關議題的論述，值得讀者參考。

感謝

　　本專書能順利出版，特別感謝作者惠賜精闢鴻文；感謝台灣教育研究院社黃政傑社長對「前瞻教育系列叢書」的策劃，以及行政團隊和理監事的支持協助，行政助理何昱緹的細心聯繫與協助行政庶務工作，匿名審稿群的費心審閱。五南圖書出版公司慨允出版，編輯團隊協助編輯文稿，使本專書得以順利出版，謹此致謝。

張慶勳

2022/9/28

目　錄

理念篇

第一章

提升教育決策品質：
概念分析與實踐策略

吳清山

國立政治大學教育學博士
國立暨南國際大學教育政策與行政學系榮譽講座教授
臺北市立大學教育行政與評鑑研究所名譽教授
社團法人111教育發展協進會理事長

摘要

　　教育決策在教育治理扮演著關鍵的角色，優質的教育決策，乃是有效教育治理的重要條件。隨著社會趨於自由、民主和開放，加上人民自主意識高漲，關注教育政策愈來愈熱絡，大大增加教育決策的複雜性、困難度和不確定性。由於任何教育決策都可能影響到學生受教權益和未來福祉，因此在複雜的教育決策過程中，擁有教育決策權者，必須相當慎重，以求教育決策更為周延和適切，益達成決策之目標，此乃彰顯教育決策品質的重要性。為了有效提升教育決策品質，本文特提出下列七項實踐策略，分別如下：一、建全教育決策機制，提升教育決策效果；二、提升決策人員素養，強化教育決策效能；三、考量利害關係人利益，確保決策滿意度；四、力行公開透明決策，增進社會大眾支持；五、善用決策溝通管道，建立決策共識基礎；六、統整多元人員觀點，提高教育決策價值；七、運用證據導向決定，作為決策判斷依據。

關鍵詞：教育決策、教育決策品質、證據導向決定

壹 緒論

　　教育以培育人才為目標，攸關人才素質之良窳，影響到社會和國家未來發展。因此，世界各國紛紛致力於提升教育品質，讓學生能夠享有優質的教育環境，以提升學生學習效果。

　　在教育發展與革新的過程中，政策制定與引導扮演著很重要的角色，優質的教育政策若能轉化為政策實踐，將大大提升教育的效果；而在政策制定與引導的歷程，必須進行有效的決定，才有利於政策制定的周延性和價值性。倘若教育決策發生偏差或錯誤，則可能將使教育付出更大的代價，例如：教育部於 1999 年所發布的《國小數學課程標準》將建構式數學列為數學新式教法，學生成為建構式數學下的白老鼠（周祝瑛，2003），引發教師與家長們的批評，且導致學生數學能力下降，只好宣布停止，不再獨尊建構式數學，這就是一種典型的決策錯誤，影響到學生學習成效。

　　其實，不只是建構式數學決策偏差，在 2022 年新冠疫情肆虐之際，校園染疫暴增，教育部於 5 月 7 日發布新停課辦法，國、高中班上有確診者不再全班停課，而是匡列確診學生周圍九宮格實施防疫假，這項作法引發學生不滿，認為九宮格匡列法不切實際，將產生大量漏網之魚（許秩維，2022，5 月 9 日），這種脫離現實的決策，不只製造老師的教學困擾和行政負擔，也增加學生的染疫風險和家長的無謂憂心（聯合報社論，2022，5 月 23 日）。由於校園防疫標準錯亂，導致不少學校陷入停課、復課輪迴，學校教師蠟燭兩頭燒，有些學校因教師確診，甚至陷入找不到老師支援的困境（陳雅玲等，2022，5 月 18 日），顯然，這種錯誤的防疫決策，讓親師生都遭殃，絕非教育界所樂見。

　　欲達成有效的教育治理，教育決策扮演著關鍵角色。OECD（2019）提到教育治理係指教育系統中的決策方式，涉及到教育系統分配角色和責任、確定優先事項和設計，以及執行教育政策和計畫。因此，確保教育決策品質，實屬教育治理重要的一環。國內對於教育政策之研究，偏重於議題式的探究，例如：實驗教育政策研究（秦夢群、莊清寶，2019）、十二

年國民基本教育政策研究（吳清山，2018；顏國樑、任育騰，2014）、偏鄉教育政策研究（彭錦鵬等，2006）、國際教育政策研究（劉素珠等，2018）等，但對於政策決策的品質，國內相關研究較為少見，值得進一步加以探究。

　　教育決策品質，關係到教育政策的實施及其效益，具有優質的教育決策，有助於政策順利推動，且能有效達成其預期目標，反之則否，甚至還將遭受更大的損失。鴻海董事長郭臺銘曾在股東會中指出：「一個錯誤決策造成的損失，可能幾百億，甚至上千億，比貪污更可怕。」（財經中心，2016），企業界如此，教育涉及到學生權益，影響更為深遠，此乃彰顯教育決策品質的重要性。

　　處在當前多元化和現代化的社會，教育決策因受到領導者的智慧、教育利害關係人、政治意識形態等各種因素之影響，也面臨到教育系統內外在挑戰。因此，為了確保教育決策品質，必須能夠面對各種挑戰，並採取因應的策略，才具有效果。

　　基於上述，本文採取宏觀的角度，探討教育決策品質的概念分析，並提出提升教育決策品質的實踐策略，以供參考。

教育決策品質的概念分析

　　教育決策品質，包含教育決策和品質兩個概念，前者屬於教育政策的選擇性行為或行動，後者則有滿意、效能、卓越、符合或超越需求的意涵。因此，教育決策品質關注於所做的決策，在於其教育價值性及政策目標之實現。茲就教育決策的意義和教育決策品質的要素分析如下。

一、教育決策的意義

　　教育政策是為公共政策的一部分，在不同的社會或政治體制下，常常有不同的決策方式，例如：在極權社會或極權政治體制，採取的是由上而下的集權方式；而在民主社會或民主政治體制，則偏重於由下而上或諮議的方式。基本上，教育政策屬於公共政策，可能發生於各級政府，例

如：中央或地方政府對教育政策所做的選擇。Encyclopedia.com（2019）提到公共政策決定乃是政府為制定、採用、實施、評估或改變政策而採取的行動，這些決定可能發生在任何層級的政府。而 Dente（2014）提到政策決定是在替代方式之間進行選擇的過程，以解決集體共同的問題。於此而言，無論公共政策或教育政策都是一種選擇性的行為。

　　健全的教育發展，奠基於良好的教育政策決定，Cairney（2013）提到傳統的教育政策制定和決定，通常持有下列兩種想法：一是描述性（descriptive）：透過確認關鍵元素來簡化一個複雜的世界。二是規範性（prescriptive）：研究如何制定政策，將公眾需求轉化為政府行動（或至少執行政府政策）。在政策發展過程中，政策決定是屬於重要的一環。European Union（2017）提出傳統的政策循環模式，如圖 1 所示；而 J. Werner 和 K. Wegrich 於 2006 年提出政策循環理論（The policy of cycle theory）（Viennet & Pont, 2017），如圖 2 所示：

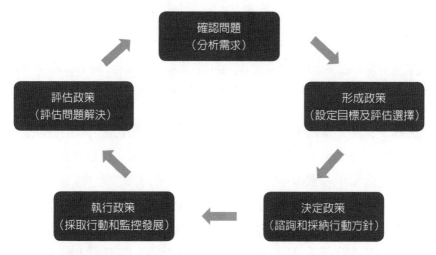

圖1　傳統政策循環模式

資料來源：European Union (2017). *Quality of public administration: A toolbox for practitioners*. (p.23). Luxembourg: Publications Office of the European Union.

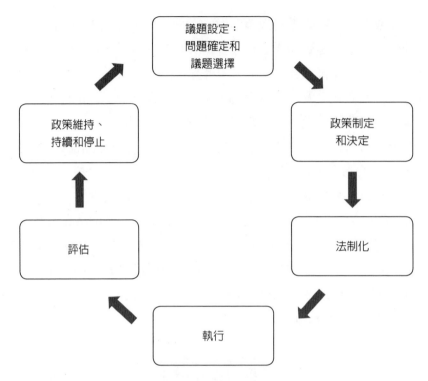

圖 2　政策循環理論

資料來源：引自 Viennet, R. & Point, B. (2017). *Educational policy implementation: A literature review and proposed framework.* (p. 21). Paris: OECD.

　　從圖 1 和圖 2 資料來看，政策決定是政策循環理論的重要步驟之一，有了政策決定之後，才進入法制化、執行和評估過程，俟政策執行評估之後，再決定政策是否繼續推動、修正或中止。教育政策的制定、執行或評估過程中，多少會涉及到決策的選擇性行為或行動。

　　因此，就教育決策的意涵而言，王曉暉（2007）將教育決策視為一種政治行為，是教育行政部門或權力部門對教育重大問題的決定，應可以體現為一個決定、一個條例或一個規章，也可以透過立法機構成為法規或法律；而魏麗娜（2021）則將教育決策界定為教育行政部門、機構或個人為了實現特定的教育目標而進行的行為設計和決策的過程；在百度百科（2022）亦將教育決策界定如下：為了達到教育的某個或若干個目的，而

對教育未來實踐的方向、目標、原則和方法所作的決定，或者可以說，爲了教育的某個或若干個目的，而對教育活動實施方案的選擇。

　　一般而言，教育決策的單位，主要是以教育行政機關（包括中央和地方）爲主，因爲它具有公權力，但在大學因享有其自主權，亦可針對校務發展透過校務會議進行決策，所以不能排斥其享有教育決策權。是故，廣義的教育決策，應該包括教育行政機關和大學，然因大學所做的教育決策屬性與教育行政機關不同，而且僅限於所屬學校範圍內，未觸及廣大的社會大眾，因而本文所界定的教育決策，仍然以教育行政機關爲主。

　　基於以上所述，教育決策的意義可界定如下：

　　教育行政機關對於某個政策設定和制定，或爲達成某個特定教育目標，運用適切和理性的方法，進行選擇性的決定，以引導未來政策實施方向和達成教育政策目標。

　　根據上述之說明，茲再將教育決策詳述如下：

(一) 教育決策的單位：可能是中央教育行政機關或地方教育行政機關，掌握決策大權者，屬於該單位首長，他具有法職權，可以決定政策原則、方向或作法，但需爲決策成敗負責，以符應權責相稱原則。

(二) 教育決策的內涵：教育政策的設定或制定，或者基於教育發展需要所下的政策決定，或者因應突發性教育事件緊急處理，都是屬於教育決策的一環。

(三) 教育決策的方法：教育決策不能憑個人的直覺，而須採用適切和理性的方法，亦即要經過系統思考，運用客觀和科學的方法，才能降低決策的失誤。

(四) 教育決策的目標：教育決策最主要的目標在於透過政策決定，引導政策實施，以達成所預訂的教育目標，此乃涉及教育的效率與效能。

二、教育決策品質的要素分析

　　品質一詞，經常會提到好壞、卓越、滿意或高標準。例如：一個具有品質的教育方案或政策，一般都會認爲是一個好的、卓越、滿意或高標準

的教育方案或政策。因此，教育決策品質的意義，可以視爲教育行政機關所做的政策選擇決定，能夠展現其卓越或優質，且有利於政策的實施，進而發揮其政策效能，讓教育利害關係人受益，並促進教育健全發展。

良好或有品質的教育決策，應有一些步驟可循。Bazerman 和 Moore（2009）運用理性決策過程，提出下列六個步驟：(一) 界定問題；(二) 確立標準；(三) 權衡效標；(四) 產生備選方案；(五) 根據效標評估每個備選方案；(六) 計算最優決策。Hammond et al.（2015）亦提到良好的決策步驟如下：(一) 清楚地說明需要解決的問題；(二) 確定決策標準；(三) 評估標準的價值；(四) 建立標準和富有想像力的備選方案；(五) 評估結果；(六) 透過比較備選方案並進行必要的權衡；(七) 澄清不確定性並考慮風險承受能力；(八) 做出決定。歸納這些學者的看法得知，有品質的教育決策，必須要有問題意識、建立標準、備選方案、評估方案、考慮風險及做出決策。

於此而言，具有品質的教育決策，領導者必須顧及決策過程中的周延性，遵循一定的程序，才能做出較佳的決策，千萬不能土法煉鋼或閉門造車，否則很容易做成偏失的決策。而在決策過程中，必須對整個政策或問題之背景及脈絡有所了解，然後進行分析和研判，接著根據政策建議的不同方案，進行評估決定後續行動。因此，教育決策品質要素必須建立在決策過程的基礎上，才能可長可久。茲將教育決策品質的要素分析如下：

㈠明確問題意識

教育決策的源頭，在於教育發展過程中出現問題，或者在社會變遷中，教育需要創新作爲，才能因應社會需求。例如：人口少子化造成學校缺乏生源，學校辦學困難，可能需要整併、轉型或退場，此一問題就會涉及到如何讓學校整併、轉型和退場的決策；又如因應國際化時代，教育需要新的作爲，以培育學生爲具有國際視野的世界公民，教育政策也必須有所決定。是故，任何政策決定，一定有其問題的根源，有品質的教育政策，也必須具有問題的意識，明確界定問題，以供政策設計和決策之參考。OECD（2021）提到健全決策的第一步，就是正確識別問題，並設計

正確的因應措施來解決它，此乃說明明確問題意識和辨別問題，實屬有品質教育決策重要的一環。

(二)適切決策過程

教育政策係指教育行政機關所採取的行動，以解決教育問題和提升教育品質。基本上，決策是教育政策決定的一系列過程，從問題的產生、議題設定、政策形成、採用、執行到評估等步驟，每一個步驟都會影響到決策品質。在一個動態的世界中，教育行政機關面臨著複雜的環境，針對某些問題提出解決的策略，要從各種方案中做出決策，就必須考慮決策過程之適切性。例如：教育行政機關要決定校園防疫政策，不能依首長的喜好決定，還是要遵循決策的過程，開會研商，才能讓校園防疫決策更為周延。尤其教育決策關係到多數學生的學習及福祉，有品質的教育決策更是重要。因此，適切的教育決策過程，乃是有品質教育決策的要素之一。

(三)落實選擇評估

教育決策通常都是從各種備選方案中做一最佳的選擇，然而在決定最佳選擇之前，必須做好各種方案評估，分析各種方案的價值及效益。Ferrettia et al.（2019）特別提到備選方案的設計是決策的重要組成部分。而在方案評估中涉及龐大的訊息，增加決策的難度，最好有一些效標可循，例如：內容明確性、技術可行性、整體效益性等方面，讓備選方案的決定更為周延。就以十二年國民基本教育中的免學費政策而言，當時有「排富」與「不排富」兩個方案，每個方案各有其價值性，但最後決定採取有條件免學費方案，就是經過謹慎評估，理性分析結果認為對高所得家庭提供免學費，等於錦上添花，所收的效益有限，不如將所結餘的經費用之於改善國民教育設備設施，最後採納有條件免學費。因此，落實備選方案的評估，實屬教育決策品質不可或缺的要素。

(四)充分證據支持

證據為本決策（evidence-based policymaking），向來受到高度重視。EvidenceCollaborative.Org（2016）提到證據為本的決策有二個目標：一是

利用方案評估所得知識制定決策；二是累積更多知識，爲未來更好的決策提供訊息。基本上，證據爲本決策是建立在客觀的證據基礎上，而不是憑個人的直覺、常識或意識形態。任何公共決策沒有證據支持或證據薄弱，可能會付出更大代價，教育政策亦是如此。Wiseman（2010）提到證據爲本決策是爲了有品質的教育，足以看出證據在教育決策的重要性。一般而言，決策之證據應來自於多元化和客觀訊息，才有助於做成較佳的決策，當然客觀的訊息，從大規模實驗所得的資料最眞實，但在教育場域中，要找到對照組並不容易，因而只能從小規模的實驗做起。此外，透過調查數據和建置教育資料庫，並進行大數據分析，提供教育決策證據支持，也能做出較佳的政策決定。

㈤增進學生福祉

學生爲教育的主體，任何教育決策當以學生福祉爲優先考量，才能視爲一種有品質的教育決策。一般而言，有些教育決策直接影響到學生權益及福祉，例如：入學制度方案的選擇、改善偏鄉地區師資方案的選定等；有些教育決策，看起來雖屬間接，但也影響到學生學習，例如：高中職優質化教育方案、學校家長參與教育事務政策等。因此，高品質的教育決策，除了講求決策過程的合理性和適切性外，也要將教育利害關係人的意見納入決策範圍，尤其是學生的需求、期望或滿意，才不會讓所做的決策與學生利益或福祉脫鉤，也才能彰顯教育能增進學生幸福的價值。因此，有品質的教育決策，必須對學生學習及未來發展具有正向的積極效益。

㈥回饋激發改進

European Union（2017）指出政策決定通常被描述爲「從確認問題、程序評估到爲下一輪政策設計提供訊息的循環過程」，教育決策亦是如此。爲了獲得更有品質的教育決策，應該建立回饋系統，收集各種回饋資料，有些可能是正向的；有些可能是負向的，倘若政策的回饋偏重於負向的，可能在決策過程中出現問題，或者決策結果並未產生預期效益，就必須仔細分析其原因，提供下次決策參考或作爲未來改進依據。教育決策關

係到學生福祉和教育未來發展，有品質的教育決策，才能引導教育更有效率與效能。因此，教育決策品質，不能忽略決策過程中回饋系統的重要性，一位教育領導者能夠善用回饋系統，不僅能做成更佳的決策，而且亦可促進更多的教育創新。

　　基於以上的說明，茲將教育決策品質的要素，歸納如圖 3 所示。

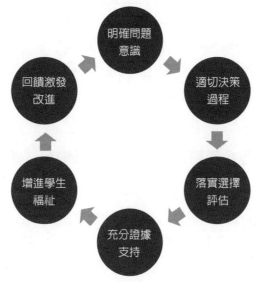

圖 3　教育決策品質要素

 ## 提升教育決策品質的實踐策略

　　教育決策之探究，就其微觀角度而言，重在了解教育決定過程中人員互動及權力運作之微妙關係；而從巨觀角度來看，則強調找尋教育決策的機制、規律及其影響因素。無論從微觀或巨觀觀之，任何決策都有其目的性，就是藉由決策能夠產生政策的效益。正如 Northern Ireland Executive（2016）提到政策決定是政府將其政治願景轉化為計畫和行動，以實現現實世界中所期望的變化結果之過程。是故，教育決策不僅是一種理論的探討，而且也重視如何透過研究轉化為決策的實踐。

　　隨著社會的變遷及發展，當前已邁入開放和民主的社會，政府的任何公共決策，較以往更爲複雜，它必須經得起社會大衆的檢驗。Dente（2014）指出當代公共政策的典型特徵：決策複雜性增加、不確定性增加、衝突性增加。其實，教育決策面對當前社會所帶來多元化、民主化、國際化、科技化等各種內外因素的挑戰，同樣充滿著複雜性、衝突性、模糊性和不確定性，大大增加教育決策的難度。因此，教育決策必須更爲愼重，才不致於產生決策失誤，造成教育難以弭補的損失。

　　爲了有效提升教育決策品質，透過全面性、系統性和前瞻性的教育決策思維，並遵循民主化、科學化、多元化、科技化、透明化教育決策原則，深信有助於做出最佳的決策，茲就提升決策品質的實踐策略說明如下。

一、建全教育決策機制，提升教育決策效果

　　教育決策模式，可採由上而下，亦可採由下而上，兩者各有其優缺點。不管採取哪種模式，要成爲有品質的教育決策，必須考慮到決策機制的健全與否。教育決策本身具有其複雜性，有時候不是純粹居於教育專業性考量，還可能面臨其他政治上的考量，例如：民意代表、政黨、意識形態等，倘若無健全決策機制作爲支撐，則可能引起決策上的風波。

　　基本上，健全教育決策機制，必須以法制爲基礎；換言之，教育決策具有法令的依據，而且決策過程符合程序，則所做的決策較不易遭受挑戰。2015 年發生高中社會科課綱微調風波，爆發高中生反課綱學運事件，雖然當時教育部堅持課綱微調「合憲、合法、合程序」，但反對者認爲課綱微調係黑箱作業，程序引人非議，顯然當初此一決策機制可能不夠健全，才會引起不滿。後來此一事件已非單純的教育議題，經有心人操弄，漸成爲政治事件，最後也只能以政治手段處理，社會和教育也都付出相當大的代價。因此，健全教育決策機制，並加以遵循，則所做的決策才能杜絕爭議，進而達到有品質的教育決策。

二、提升決策人員素養，強化教育決策效能

教育決策的主體，就正式組織結構而言，包括行政機關、立法機關和司法機關。其中行政機關，包括總統、行政院院長、教育部部長及司長等，立法機關則是立法委員，司法機關則是司法院大法官和法院的法官。就行政機關而言，總統握有最大的教育決策權，其次爲行政院院長、緊接是教育部部長和司長；而就立法機關來看，主要是立法委員有權通過、修正或否決教育法案，進而形成教育政策；至於從司法機關觀之，則是大法官釋憲，具有法律效果，法官判決會影響教育決策。因此，教育決策所牽涉的人員甚廣。

然而就教育決策的實體而言，總統和院長都是針對國家重大教育政策表示意見，例如：十二年國民基本教育政策，但對於屬於教育專業或技術層面者，例如：十二年國民基本教育課程綱要等，都是由教育部部長處理，至於立法機關或司法機關相關人員，可以視爲間接性影響教育決策，教育決策權較多還是落在教育部部長和司長身上。因此，提升部長和司長的決策知能和技巧等素養，包括政策的全盤了解、決策過程具合法與合理性、決策意見的諮詢、決策訊息的掌握、決策風險評估等，顯得格外重要，此關係到整個教育決策品質與效能。

三、考量利害關係人利益，確保決策滿意度

一般而言，教育利害關係人（stakeholders）通常包括學校人員（校長、教師和學生）、家長及與教育有關係的其他人員。Burns 和 Köster（2016）曾提出教育的潛在利害關係人，如圖 4 所示。

從圖 4 資料來看，教育潛在利害關係人範圍甚廣，不僅是包括學校人員、教育行政人員、教材研發和師資培訓人員，而且包括學校以外的家長、學者專家、非營利組織、大眾媒體、私人企業，甚至國際組織。基本上，教育決策無法滿足所有潛在教育利害關係人的需求，應該優先考量決策是否滿足學生、教育人員和家長的需求和期望，更重要的是決策是否符合學生的利益，才能確保決策的滿意度，才能有效提升教育決策品質。

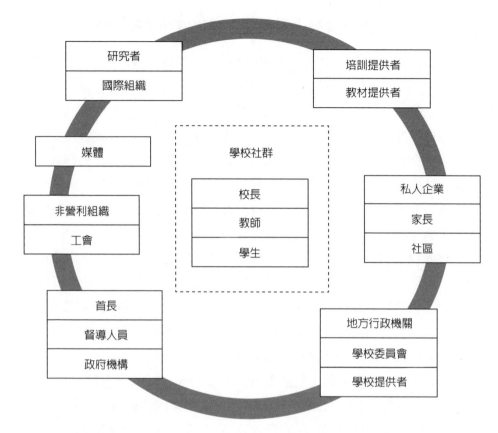

圖4 教育利害關係人

資料來源：Burns, T. & Köster F. (eds.) (2016). *Governing education in a complex world*. (p. 25). Paris: OECD.

四、力行公開透明決策，增進社會大眾支持

教育決策影響教育發展深遠，必須相當慎重，處在開放和民主的社會，教育決策不能閉門造車或黑箱作業，否則決策將遭致批評和引起反彈。因此，力行公開透明的教育決策，除了可預防不當的決策之外，亦可提升教育決策的品質，符合社會大眾利益。教育決策過程公開透明，最重要讓教育利害相關人能夠參與決策，得到決策訊息，針對決策能夠表示意見，此將有助於監督和檢驗決策，讓教育決策更具品質。

Koyama 和 Kania（2016）指出透明化本身並不一定是壞事，它是透過話語實踐，獲得確定性、穩定性和合法性，作為教育問題的解決方案。Moura e Sá, Lourenço et al.（2016）曾提到近年來，透明化已成為品質管理的優先事項，在許多領域的組織都受到關注，而透明化是開放政府議程的核心要素，對於教育機構來說，如果要強化參與和協作，提高透明化是一個重要的條件。因此，教育決策要具有品質，公開透明實屬不可或缺的必要作為，此將更有助於社會大眾對於決策的支持。

五、善用決策溝通管道，建立決策共識基礎

任何一個公共政策決定，為增進社會大眾對於決策理解，有必要徵詢不同社群或團體的意見，以及收集社會大眾對於決策想法，透過各種溝通管道，例如：面對面溝通、書面文字溝通、網路媒體溝通、或電話溝通等，都有利於決策的形成。教育決策是一個動態的溝通過程，無論何種方式或管道的溝通，都具有提高參與感和增加對話機會的效益，透過理性與客觀的交換意見，可增進彼此了解、信任與包容，化解歧異或衝突，進而成為教育決策共識的基礎。因此，良好的教育決策溝通，將是做好教育決策很重要的作為。

一般而言，握有教育決策權限的人物，都很忙碌，但是不能忽略政策溝通的重要性，尤其要充分掌握政策溝通的對象（audience），才不會讓政策溝通失焦，進而達到溝通的效果。教育決策攸關教育健全發展，常常成為社會大眾關注的焦點，例如：大學入學制度的變革，關係到學生受教機會和權益，即使是考科的變動，教育決策者要做好雙向溝通的工作，則所做的決策，才能符合社會的期待。

六、統整多元人員觀點，提高教育決策價值

當前處於後現代的多元社會，社會大眾具有多元的聲音，亦屬正常現象。王立昇等（2002）提到：「教育政策的制定要多元，要考慮各方面的意見，特別是政策利害相關人（如學生、家長、老師、校長等）的想法。

可進行愼議式（Deliberative，或譯爲審議式、協商式）民調掌握民意，眞正做到民主深化。」（第 3 頁）顯然，多元也是一種民意的展現，教育決策除了考慮專業，也不能忽略民意。然而民意的多元聲音各有其價值觀和不同立場，常常增加教育決策的複雜性和困難度，因此，爲使教育決策容納多元意見，仍必須收集各種不同多元的資訊，以了解多元的想法，作爲決策判斷參據。倘若教育決策不能廣納建言，將流於決策偏聽，無法具有統觀的格局，可能造成決策失誤。

當然身爲一位教育決策者，不可能將所有的多元意見都納入決策，最重要的是要將所收集的資訊信息，透過有系統地歸納統整和綜合研判分析，作爲決策判斷的考量，以提高教育決策價值。

七、運用證據導向決定，作為決策判斷依據

教育現象相當複雜，增加決策的難度。即使一位天縱英明的教育領導者，所做的決策，也未必毫無瑕疵，主要原因在於人屬於有限理性，而教育系統環境經常隨著外在環境變化有所改變，所以憑個人直覺或理念進行決策，難免有思慮不周之處，因而必須藉助於科學的方法，透過資料分析所得到的證據，作爲決策判斷依據，可以降低決策的失誤或偏差。

Oakley（2002）曾提到世界各地的教育政策制定，已經邁入透過證據導向來驗證和合法化教育過程的一種趨勢，此乃彰顯證據導向決策的時代需求性。基本上，證據導向的教育決策建立在「甚麼有效」（what works）的基礎上，而「甚麼有效」類似於「最佳實務」（best practice）（Wiseman, 2010）。基本上，教育決策有了證據支持，轉化爲教育實務，才能看到其效果。例如：教育決策要提升偏鄉學生學業成就，必須有偏鄉學生的背景資料（家庭和學校）和學生在縣市基本學力測驗與會考成績，進行綜合分析，則所做的決策才有實務的可行性和價值性。

值此科技化和網路化的時代，教育行政機關必須建置大型教育資料庫，並妥善運用資料庫資料，進行教育大數據分析，以取得決策更多的證據或數據支持，則將有助於提升教育決策品質。

結 論

　　教育決策與教育治理關係極為密切，高品質的教育決策乃是高效能教育治理的基礎。因此，追求有品質的教育決策，成為教育治理的重要課題。

　　隨著社會的變遷，已走向開放、多元和民主的社會，人民自主意識大為提高，關注教育政策愈來愈熱絡，大大增加教育決策的複雜性、困難度和不確定性，因而傳統由上而下的菁英決策模式，受到相當大的挑戰。身為一位教育決策者，如何在專業理想和民意洪流中，取得平衡，做出最佳的教育決策，的確面臨到很大的考驗。

　　由於教育決策影響教育發展和學生福祉極為深遠，在決策過程中必須相當謹慎，否則一旦造成決策失誤，可能衍伸教育難以彌補的損失。教育決策者擁有教育決策權，也必須為其決策成敗負起責任。因此，無論在決策前、決策中和決策後，都必須評估可能的各種影響，尤其所做的決策，絕對不能忽略少數人和弱勢者的聲音，才能視為有品質和具公平的教育決策。

　　為了有效提升教育決策品質，本文特提出下列七大項實踐策略：一、建全教育決策機制，提升教育決策效果；二、提升決策人員素養，強化教育決策效能；三、考量利害關係人利益，確保決策滿意度；四、力行公開透明決策，增進社會大眾支持；五、善用決策溝通管道，建立決策共識基礎；六、統整多元人員觀點，提高教育決策價值；七、運用證據導向決定，作為決策判斷依據。

　　教育政策是教育施政的指引和依據，邁向有品質的教育決策，將是教育政策的發展趨勢。因此，未來教育決策在兼顧教育專業和民意的基礎下，如何有效運用科技的力量和科學的方法，讓教育決策更有品質，展現其價值和公信力，將是未來教育決策努力的重要課題。

參考文獻

王立昇、黃光國、吳武典和孫志麟（2002）。**教育政策制定程序建議書**。國家發展委員會委託研究。

王曉暉（2007）。**教育決策：國際比較的視野**。臺北：高等教育。

百度百科（2022）。**教育決策**。https://baike.baidu.com/item/ 教育決策 /6738366。

吳清山（2018）。近 50 年來國民教育發展之探究：九年國民教育與十二年國民基本教育政策之分析。**教育研究集刊，64**(4)，1-36。

周祝瑛（2003）。**誰捉弄了臺灣教改**？臺北：心理。

秦夢群、莊清寶（2019）。臺灣中小學實驗教育政策之推動與現況分析。**教育研究月刊，299**，55-74。

財經中心（2016）。批「加稅」沒效率　郭臺銘：錯誤的決策比貪污更可怕。**三立新聞網**。取自 https://www.setn.com/News.aspx?NewsID=157864

許秩維（2022，5 月 9 日）。學生連署反九宮格停課制教部：有疑慮可請防疫假。**中央社**。取自：https://www.cna.com.tw/news/ahel/202205090191.aspx

陳雅玲、蔡容喬、張曼蘋、吳淑君、朱冠諭（2022，5 月 18 日）。停復課輪迴教師兩頭燒。**聯合報**，A3。

彭錦鵬、許添明、陳端容、李俊達、吳濟安（2006）。**偏鄉教育政策之檢視與未來發展：「偏鄉資源配置」與「偏鄉學生能力提升」**。國家發展委員會委託研究。

劉素珠、林念臻、蔡金田（2018）。我國國際教育政策之比較分析。**教育行政論壇，10**(2)，33-58。

聯合報社論（2022，5 月 23 日）。聯合報社論／全民與病毒共存，校園先變病毒培養皿？**聯合報**，A2。

顏國樑、任育騰（2014）。十二年國民基本教育政策問題形成之探討。**教育研究月刊，248**，58-72。

魏麗娜（2021）。美國教育決策機制：主體構成、作用原則與關鍵模型。世界教育信息，**5**。https://world.ict.edu.cn/worldnetwork/shijzt/gghot/n20210223_77357.shtml

Bazerman, M. H. & Moore, D.A. (2009). *Judgment in managerial decision making*. Hoboken, NJ: John Wiley & Sons.

Burns, T. & Köster F. (eds.) (2016). *Governing education in a complex world*. Paris: OECD.

Cairney, P. (2013). *Policy concepts in 1000 words: The policy cycle and its stages*. https://paulcairney.wordpress.com/tag/stages-heuristic/

Dente, B. (2014). *Understanding policy decisions*. New York, NY: Springer.

Encyclopedia.com (2019). *Public policy decision makin*g. https://www.encyclopedia.com/environment/educational-magazines/public-policy-decision-making#:~:text=Public%20policy%20decision%20making%20refers,at%20any%20level%20of%20government.

European Union (2017). *Quality of public administration: A toolbox for practitioners*. Luxembourg: Publications Office of the European Union.

Evidence Collaborative. Org (2016). *Principles of evidence-based policymaking*. Author.

Ferrettia, V., Pluchinottac, B. & Tsoukiàsc, A. (2019). Studying the generation of alternatives in public policy making processes. *European Journal of Operational Research*, *273*(1), 353-363.

Hammond, J.S., Keeney, R. L. & Raiffa, H. (2015). *Smart choices: A practical guide to making better decisions*. Boston: MA : Harvard Business School Pres.

Koyama, J., & Kania, B. (2016). Seeing through transparency in education reform: Illuminating the "local." *Education Policy Analysis Archives*, *24*(91). http://dx.doi.org/10.14507/epaa.24.2379

Moura e Sá, P., Lourenço, R. P. & Papadimitriou, A. (2016). H*ow is transparency being regarded in education management*. 19th Toulon-Verona International Conference, 5-6, September , University of Huelva, Huelva: Spain.

Northern Ireland Executive (2016). *A practical guide to policy making in Northern Ireland*. Author.

Oakley, A. (2002). Social science and evidence-based everything: The case of education. *Educational Review, 54*(3), 277-286.

OECD (2019). *Education policy outlook 2019: Working together to help students achieve their potential*. Paris: Author.

OECD (2021). *Policy framework on sound public governance: Baseline features of governments that work well*. Paris: Author.

Viennet, R.& Pont, B. (2017). *Education policy implementation: A literature review and proposed framework*. Paris: OECD.

Wiseman, A. W. (2010). The uses of evidence for educational policymaking: Global contexts and international trends. *Review of Research in Education, 34*(1), 1-24. DOI:10.3102/0091732X09350472

教育政策與決策篇

第二章

十二年國民基本教育政策決策過程分析與建議

顏國樑

國立臺灣師範大學教育學博士
國立清華大學教育與學習科技學系教授兼主任

葉佐倫

國立清華大學教育與學習科技學系博士生

摘要

十二年國教已於 2013 年開始實施，是近年來最大的教育改革工程之一。本文針對十二年國教政策決策過程之政策問題形成、政策規劃、政策合法化進行探討。

在政策問題形成方面，分析偏離教育目標之組織願景的迷思、簡化教育公平與卓越的核心價值、國民基本教育特性有待釐清與免學費政策宜落實、免試入學方式應該改善等問題。在政策規劃方面，分析十二年國教之政治可行性、經濟可行性、法律可行性、時間可行性、技術可行性。在政策合法化方面，探討十二年國教之立法時間匆促、政治的影響。

透過對十二年國教政策決策過程分析，提出幾點建議，包括：教育政策決策宜進行教育政策問題認定與重認定、邁向證據導向的教育政策決策的創新文化、建立適當的教育決策模式與程序並強調公民參與決策、進行政策規劃可行性分析、提升政策規劃人員專業素養並進行周詳與明確性的規劃、加強與政策利害關係人的溝通與協調，以作為未來類似政策資源重分配重大教育政策決策的參考。

關鍵詞：十二年國民基本教育、教育政策決策、教育政策問題、教育政策規劃、教育政策合法化

緒論

　　十二年國民基本教育（以下簡稱十二年國教）的歷史發展，是在 1968 年實施九年國民教育之後，教育部於 1983 年開始提出延長國民教育的政策構想，歸納十二年國民基本教育政策的發展脈絡，歷經了五次關鍵的政策之窗（孫志麟，2012；教育部，2011；陳盛賢，2008；鄭永志，2016）：第一次政策之窗：1989 年李煥教育部長提出「希望三年內延長國民教育爲十二年」。第二次政策之窗：2000 年總統大選連戰副總統提出「三年內完成十二年國教」。第三次政策之窗：2003 年黃榮村教育部長歸結「審愼規劃十二年國民教育」。第四次政策之窗：2007 年蘇貞昌行政院長宣示「2009 年全面實施十二國教」。第五次政策之窗：2011 年元旦馬英九總統宣布「十二年國教將於 2014 年正式實施」。

　　十二年國民基本教育的推動，走過近 30 年，歷經數次改朝換代、經手多任教育部長，雖然討論延長國民教育年限爲共通目標，但各時期提出的版本在政策面上卻有明顯的差異。其中，除目前版本外，其餘版本即便喊出時程或其他細節，但皆在提出後不久便不了了之。事實上，若是馬英九總統不宣布於 2014 年要全面實施十二年國教，第五次政策之窗也不會被開啓，而延長國民教育的政策也將持續停留在規劃中（吳清山，2022；孫志麟，2012）。

　　十二年國教已於 2013 年開始實施，其政策系統架構爲三大願景、五大理念、六大目標、七大面向、廿九個方案，強調不放棄任何一位孩子，開啓孩子的無限可能，可謂是近年來最大的教育改革工程，對國民未來影響相當深遠，更攸關國家人才培育與國家競爭力（林海清，2012；林繼生，2013；教育部，2011）。教育部過去積極規劃許多配套措施，如學區劃分、入學方式、課程與教學、高中職優質化、教師專業成長措施等，但在 2014 年第一屆國中畢業生入學高中職新制度實施之後，也產生許多問題仍待改善，包括升學壓力未能紓解、適性揚才與就近入學目標無法達成、高中職特色流失、教師教學困難、學校優質化未竟全功、私校定位未明、經費不足等，以及特色招生中考試入學名額、免試入學超額比序方

式、會考等級標示、免試入學與特色招生辦理時間、私校職生名額等問題的產生（林芬妃，2013；林書鴻，2013；黃柏叡，2021；黃政傑，2012；傅振宇，2012；楊朝祥，2013；顏國樑，2014a，2015a）。由以上十二年國教實施之後產生的問題反思教育決策過程是否合乎教育政策制定過程的原理原則？決策模式合理嗎？是否進行政策問題的價值認定？是否進行政策規劃可行性評估？是否具備政策推動法源依據等？都是值得再重新審視十二年國教政策決策的過程與問題，並研議適當的決策機制與程序，以提供重大教育政策決策的參考。

 ## 貳　教育政策決策的學理分析

要進行某項教育政策決策進行分析，宜針對教育政策決策的相關學理進行分析，以作為分析的基礎。以下針對教育政策決策的意義、政策決策模式、政策決策過程進行探討。

一、教育政策決策的意義與模式

㈠教育政策決策的意義

教育政策屬公共政策一環，綜合專家學者的看法（吳清山，2016；張芳全，2006；顏國樑，2014b，2022；Delaney, 2002；Fowler, 2013；Lindblom,1979；Trowler, 2003），所謂教育政策（educational policy）係指主管教育行政機關，為配合國家與社會發展的需要，解決或滿足社會大眾教育的需求，根據國內外環境情勢，以及相關團體與利害關係人的意見，經過資源分配與教育價值選擇的決策過程，提出的法令、計畫、方案等，以作為推動的準則或依據。而教育政策決策（education policy decisions 或 policy-making in education）的意義是指教育主管機關在蒐集教育相關問題所掌握的訊息下，綜合當代社會或未來發展的其他方面之需求，盤點得以支配運用資源，以滿足平衡各方利益群體需求的行動過程（戴成林，2012）。教育政策決策可分為廣義的與狹義的，就廣義而言，係將教育政

策的問題形成、政策規劃、政策執行、政策評估等階段，皆視為教育政策決策過程；就狹義而言，係將運用教育政策決策之概念，將其認為僅是教育政策制定過程中的政策問題形成、政策規劃、合法化三個階段。本研究採取狹義的觀點，針對十二年國教政策決策過程政策問題形成、政策規劃、政策合法化進行探討，政策執行與政策評估不是本研究分析的重點。

㈡教育政策決策的模式

教育政策決策的模式可從不同角度的觀點分類，有的重視決策參與者或主體者，例如菁英決策模式、團體決策模式、公民參與決策模式。有的著重於決策歷程因素，例如理性決策模式、滿意決策模式、漸進決策模式、綜合掃瞄決策模式、系統決策模式。有的則著重於決策情境因素，例如政治決策模式、垃圾桶決策模式（謝文全，2022；顏國樑，2014b；Anderson, 2003; Cohen, March, & Olsen,1972；Robbins, 1993；Tarter& Hoy, 1998）。

謝文全（2022）也指出各種政策決策的模式，各有其適用時機。原則上應以理性模式的嚴謹態度與程序來進行。如果時間與條件不許可，則選擇以獲得較佳方案的滿意模式與漸近模式。當組織面對目標模糊、利益團體林立的情境時，要解決具有高度爭議性的問題，常採取政治決策模式，透過協商，使各方利益團體取得和解（黃乃熒，2001）。公共政策是統治菁英之價值與偏好的表現結果，絕大多數的社會大眾並未參與制定過程，因此實際上許多重要政策大多採取菁英決策模式。而當組織處於無政府狀態、目標不明確、成員不清楚決策過程，以及成員具有流動性的教育決策時，選擇垃圾桶決策模式，努力打開「政策窗」（policy window），把握機會，以制定政策（吳定，2013；Kingdon, 1995）。

二、教育政策決策的過程

教育政策決策的過程須依憲法及教育法令來推動教育工作，並強調民主參與、專業化及科學化的要求，以提升教育政策運作的效能。現有我國教育行政組織分為教育部與直轄市政府教育局、縣市政府教育處二級。

一般而言，教育部決策的運作大都是政策的決定，影響全國教育的發展。本研究十二年國教政策屬於中央教育部職權，其決策運作過程如下（黃昆輝、吳清基，1984；顏國樑，2001、2014b；謝文全，2022）。

(一)教育問題的提出

教育問題的提出實為教育政策制定的第一步。在教育部政策決策過程中，教育問題的提出有多方面的不同來源包括：來自中央行政首長或上級行政機關的交議研辦、基層縣市教育行政機關的向上反應建議、教育部全國教育會議的建議、教育部內部行政單位工作人員自行提出、立法院民意代表機構的意見、執政黨中常會或全會的決議、社會一般輿論的反映、學術與社團單位的研究建議、教育學者個人研究心得的建言等。

(二)教育問題的商議座談或委託研究

經過確實認定的教育問題被提出之後，教育部邀請有關專家學者、承辦行政業務相關的教育部與縣市教育人員、相關利益團體代表（如教師、家長、學校行政團體代表），共同研議座談，俾求集思廣益之效。問題性質簡單的，僅需一、二次的座談研商，即可獲得一致性的結論，但若問題性質較複雜的，則邀集研商的次數將增多，甚至指定專案小組長時間定期研討，或委託學術單位提專案研究報告建言。

(三)教育政策的研擬

教育部在多方蒐集資料，並經過共同研究討論與分析過程後，將可獲致可行的問題解決變通方案。政策草案研擬完成後，有時需要再重赴各地區辦理座談修訂之，有時則逐送法制處進行法規審議工作。

(四)教育法規的審議

一般說來，經研擬完成的教育問題決策方案，若屬行政命令之功能性質者，則可逐由教育部長核定發布實施。但若涉及法律之功能性質者，則須送請教育部法制處法規委員會審議，經法規委員會審議通過的決策方案，再經教育部主管會報討論通過後，方可送請行政院審議。

㈤立法審議

　　教育法律經行政院院務會議通過的教育政策法案，尚須再送立法院審議，以完成立法程序。通常須經立法院三讀通過，行政院所送的教育政策才算完成合法化的程序。不是法律層次的教育政策，則視教育部的權責規定發布實施。

㈥公布施行

　　經立法院三讀通過的教育法律，最後要咨請總統明令公布實施，至此教育政策的制定過程乃告完成。

十二年國教政策決策過程分析

　　政策運作過程的階段，因不同的研究者而有不同的分析架構。Dunn（1994）與 Dye（2007）將政策運作過程劃分為五個階段，包括：議程設定、政策規劃、政策採納、政策執行、政策評估。吳定（2005）強調政策階段之間的循環關係與環境系絡的影響因素，將公共政策分析成為五個階段（如圖1），五個階段包括政策問題形成、政策規劃、政策合法化、政策執行、政策評估；環境系統是指環境的各種因素，影響到各個階段的運作。回饋則是皆可回饋到政策過程每個階段。吳定所提出的政策運作過程

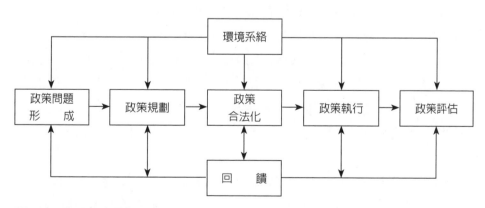

圖1　公共政策研究架構

資料來源：吳定（2005）。公共政策（頁23）。新北市：國立空中大學。

架構較周全，故本文參考吳定所提出的架構為依據，採取狹義的觀點，僅針對十二年國教政策決策過程政策問題形成、政策規劃、政策合法化進行分析。

一、十二年國教政策問題形成分析

㈠教育政策問題形成的重要

由於政策的制定在於針對政策問題，解決政策問題。瞭解政策問題如何形成相當重要，但我們大都忽略其重要性。政策問題形成位居整體政策運作過程的開始階段。從政策階段論的觀點，「教育政策問題形成」的重要性如下（賴怡華，2010；丘昌泰，2022）：1. 教育政策問題形成是政策運作過程的第一個階段。2. 教育政策問題形成是對教育政策問題開始蒐集形成因素並進行分析的啟動步驟。3. 教育政策問題形成是規劃教育政策方案的基礎。4. 在規劃政策方案之前，於「教育政策問題形成」階段之中，政策問題認定（policy problem identification）就占了百分之五十的精力及時間。5. 教育政策問題形成所確定的政策目標是評估政策執行的依據，足以判斷政策成果是否已解決教育政策問題。

㈡教育政策問題形成的過程

教育政策問題形成是政策運作階段之一，亦位居教育政策運作過程開始的重要地位。主管教育機關在接納民眾所反映的教育問題之後，應進行教育政策問題認定，以掌握教育政策問題的情境、形成原因及相關實施條件，以作為確定政策目標與後續規劃工作之用。教育政策問題形成階段是一種循環的過程，其過程包括「教育問題的發生」、「教育問題的提出」、「教育問題的接納」及「教育政策問題的認定」等過程，如圖2，而教育機關對教育政策問題的認定，則為教育政策問題形成階段的核心工作。

任育騰（2015）指出十二年國教政策教育政策問題認定的過程隱而不現，直接進入政策規劃，經過分析，十二年國教具體存在「教育問題之發生」、「教育問題之提出」、「教育問題之採納」等三個過程，並無政

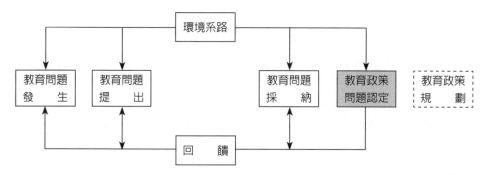

圖 2　教育政策問題形成之分析架構

資料來源：修改自吳定（2005）。公共政策（頁 54）。新北市：國立空中大學。

府對教育政策問題進行認定的過程，而直接進入十二年國教之規劃程序。其間，於 2003 年教育部雖曾委託學者進行十二年國民教育的理論基礎、辦理模式、教學資源和課程，以及教育經費需求推估等四項議題之規劃的研究計畫（楊思偉，2006），或可視爲是某種程度的「教育政策問題認定」，但其跡象與政策甚爲薄弱。例如哪一項研究探討教育公平、卓越政策目標的問題；又如免試入學與特色招生是從哪一項研究成果。有關於政策之決策應以「問題解決」（problem-solving）爲基礎，從而能獲得充分正確的資訊，掌握政策問題形成的情境，順利規劃政策方案。

㈢十二年國教政策問題形成分析

Cockran, Mayer, Carr 與 Cayer（2009）提出的政策過程模式，如圖 3。除關注政策問題之形成，並凸顯了「政策問題重認定」（policy problem redefinition）的重要，指出在「政策問題形成」之期間，對於政策問題認定不足或分析不夠徹底之處，應該進行「政策問題重認定」。這是強調若要成功解決問題，必須針對政策問題形成，清楚界定政策問題的成因，以找到正確解決方案（顏國樑、任育騰，2014）。因此如果未能確認「十二年國教」教育政策問題，所規劃出的政策，無法解決教育困境，可以對十二年國教執行之後的問題進行政策問題重認定。

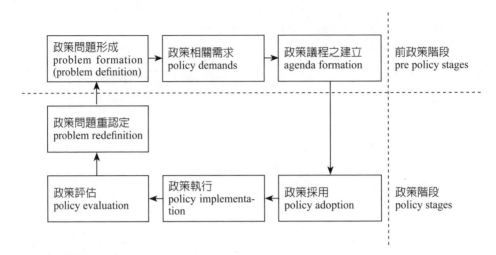

圖3　政策過程階段

資料來源：Cockran, Mayer, Carr & Cayer (2009). *American public policy: An introduction* (p.9). Boston, MA.: Wadsworth Cengage.

1.偏離教育目標之組織願景的迷思問題

任何重大政策之實施，一定要提出願景，作爲政府與學校追求的目標與努力的方向。十二年國教系統架構明列三大願景：「提升中小學教育品質」、「成就每一個孩子」、「厚植國家競爭力」（教育部，2011）。從政策目標的觀點，非關教育目的之「厚植國家競爭力」不宜置於系統架構上端，且不應引用企業競爭願景，引導教育政策目標。其未妥適的原因爲（梁敬賢，2012；顏國樑、任育騰，2014）：(1) 教育願景非企業願景能夠相提並論，其廣大視野遠勝於個別企業組織之營利目標。(2) 厚植國家競爭力並非政策主要目標，而爲教育所衍生的次要目的，公共教育的使命本來就是在於滿足人民的教育基本需求。故不宜將競爭力列爲教育願景。因此，厚植國家競爭力不宜列爲教育願景或目標，宜以「奠定人才培育的基礎」取代作爲教育目標（任育騰，2015）。

2.簡化教育公平與卓越的核心價值問題

教育決策應揭示政策的核心價值，方能確保教育政策的制訂能符合時代和人民的需求，也才能符應全球和社會的變化。決策者應洞悉教育政策

的核心價值，作為決策的依循，才不會政策朝令夕改。黃柏叡（2021）指出十二年國教整體政策規劃時未能將理念目標、課程規劃、入學方式與學區資源等面向進行整體性規劃，而且在實施計畫與執行過程中將各個部分脫鉤處理，並指將具體目標侷限在免試入學、特色招生與劃分就學區等層面上，導致整體十二年國教政策缺乏主軸論述與理論基礎，而包括升學制度和考試方式也因為缺乏核心價值，而在實際執行過程中的種種爭議遂成為批評的焦點。因此，十二年國教應檢視整體與相關計畫，致力於無論學生的身分背景為何，都不能影響學生學習的機會與學習成就，應提供所有學生獲得優質教育的充分機會，以及降低與改善各種可能影響學生參與社會和教育的不利條件等方向上。

3. 國民基本教育特性與免學費政策的問題

　　有關十二年國教的內涵、性質與目標之論述，主要是圍繞在「國民教育」是否等同於「義務教育」的問題上。就一般學理而言，「義務教育」的定義，應包含免費、免試、學區入學、等質同量及強迫入學等條件，但一般比較習慣取其免費、免試、學區入學之性質，並強調「強迫性」之條件，這正如國內推動九年國民義務教育的內涵，即具備這些性質與內涵（楊思偉，2006）。

　　就國內相關法條來看，《憲法》第 21 條規定人民有受國民教育之權利與義務；《國民教育法》第 2 條規定凡六歲至十五歲之國民，應受國民教育。另外，《憲法》第 160 條又提到「基本教育」的用語，而《教育基本法》第 11 條也提到國民基本教育應視社會發展需要延長其年限，可見在法律條文中，對於「義務教育」並未直接提到，而「國民教育」的用語亦有「基本教育」、「國民基本教育」等用語，在法律條文中其用語仍未統一。正因為上述原因，所以「十二年國民教育」之定義，仍有釐清之空間與必要性（顏國樑，2007）。

　　依據《高級中等教育法》第 2 條界定十二年國民基本教育的性質，在第 2 條第 1 項規定十二年國民基本教育之內涵，九年國民教育及高級中等教育，合為十二年國民基本教育，但兩者性質不同。第 2 項強調十二年國民基本教育中，九年國民教育採免試、免學費及強迫入學；高級中等教

育採免試爲主及一定條件免學費，由學生依其性向、興趣及能力自願入學。由上述法規內容來看，「十二年國民基本教育」是臺灣特有的教育政策名詞，國民教育爲免試、免學費及強迫入學，而高級中等教育爲免試爲主、一定條件免學費、非強迫，這與國際與學理上免試、免費及強迫的義務教育不同，很難讓國內與國外相信臺灣義務教育已延長到十二年。吳清山（2022）指出就學理或先進國家的教育經驗來看，免費仍爲十二年國教的特性之一，臺灣對高級中等教育階段實施有條件免學費政策，仍有待商榷。因此，建議政府應針對免學費議題再進行分析，重新檢討回歸到國民基本教育的特性，讓政策從有條件免學費調整爲免學費政策。

4.免試入學方式應該改善的問題

免試入學的方式，是指高中、高職及五專前三年均以免試爲主，自103學年度開始，免試入學應達75%以上。期待透過免試入學，消除升學競爭的壓力，並讓國中教學正常化、學生五育能夠均衡發展。

然而，在會考的制度之下，各升學區已有模擬會考、各科成績之統計、三能力等級區分、三等級七標示、總積分累計人數統計表等等資料，一切似乎仍未擺脫考試升學爲主的軌跡。十二年國教雖強調免試入學，卻仍將國中教育會考成績列入比序項目之作法，不但背離了免試的理想，亦難以達到降低學生升學壓力的目的；且國中教育會考比起國中基本學力測驗似乎更難準備，令人擔憂學生要花更多的時間念書。此種名不符實的現象，更易造成社會大眾的誤解（顏國樑、任育騰，2015）。黃政傑（2014）指出入學制度設計不當，包括：學生升學壓力未降低、免試入學是假免試、先免試後特色招生造成學生焦慮、入學標準變得更爲複雜且具爭議、志願序成爲賭博、免試入學產生更多考試和補習。

楊朝祥（2013）指出免試入學與大學的申請入學極爲相似，十二年國教應有可以學習、借鏡之處頗多，免試入學可以逐漸採納大學甄選入學的精神與做法，由學生申請、學校審核，如此，學校可以選才、學生可以選校，十二年國教的「適性揚才」及「紓解升學壓力」目標方可眞正落實。任育騰（2015）指出十二年國教政策規定各高中職之免試入學，不得訂定登記條件。實際上，卻以教育會考作爲免試入學的依據，引起利害關係人

的極大誤解，並失去對十二年國教的信心。如果無法達成眞正免試入學，建議以「適性入學」一詞取代免試入學的說法，宣導完整的「適性入學」內涵，基本上是從學校的「適性輔導」、教師的「適性教學」、學生的「適性學習」，以及學生個人的「適性發展」等面向，作爲學校教育與學生學習的理念。因此，如果不能達成眞正免試入學，可以透過修正《高級中等教育法》將入學方式改成「適性入學」，以符合實際現況。

二、十二年國教政策規劃分析

(一)教育政策規劃的重要

在教育政策問題形成之後，教育政策規劃是替教育政策問題尋找解決方案的藝術，連結運作手段與預定政策目標之間的因果關係，爲教育政策過程中的重要階段與樞紐，惟有實施政策之前進行妥善的政策規劃，得到社會所接受的可行方案，政策過程才能進展順利。換言之，如果沒有良好的政策規劃，政策執行必然遭遇許多窒礙難行之處，當然就不會產生理想政策評估結果（丘昌泰，2022；林水波、張世賢，2012；Anderson, 2003；Dye, 2007）。若未能進行政策規劃，可能產生之結果如下（張芳全，2006）：1. 無法明確掌控資源；2. 對政策規劃執行人員及資源無法有效分配；3. 對政策規劃執行之後的每個階段，將無衡量標準是否達到預期效果；4. 無法告知社會大眾及政策執行人員要執行何種政策、如何進行，以及如何分配政策任務；5. 無政策規劃將無法讓政策延續。

(二)十二年國教政策規劃可行性分析

十二年國教政策屬於政策重分配性質，因此對於重大的教育政策，通常需要進行政策規劃可行性分析（吳定，2013；林天祐、謝惠如，2005；林水波、張世賢，2012；陳輝科，2009；楊思偉，2004；顏國樑，2014a）。教育部雖然有周詳的願景、理念、目標、面向、方案，但在相關報告中並未對政策方案進行整體性可行性評估，以致未能在政策實施之前，事先正確掌握可能產生的困境加以再規劃改進，可是較爲可惜之處。以下針對十二年國教政策規劃進行可行性分析。

1. 政治可行性

政治可行性係指政策方案在政治方面受到一般人民、標的人口、行政首長、意見領袖、政黨、利益團體、大眾傳播媒體、民意機構等支持的可能性如何。楊思偉（2006）指出十二年國教規劃多年卻未推動，主要乃在教育部之政策決策時程一直未定，加上人事異動，以及學雜費補助仍未確定採取何種補助方式，所以有所延宕。顏國樑（2014a）研究發現，教育行政人員認為「十二年國教」政策規劃受到朝野立委問政的影響，無法順利推展。又如在立法院立法委員、政黨，對於十二年國教性質、學費政策、入學方式等，都提出不同意見與看法，而影響法條的內涵（立法院2022；吳清山，2022，黃筱君，2008）。顏國樑（2014a）研究發現「十二年國教」之規劃內容未能與教師、學生、家長、學校行政人員、縣市教育行政人員等利害關係人充分溝通。因此，教育部宜針對十二年國教執行的影響對象，以及制定政策相關人員進行政治可行性分析，及早因應，採取適當溝通策略，讓政策順利執行。

2. 經濟可行性

經濟可行性係指執行政策方案時所需要的經費、人力、物力、資訊之可得性如何。以學費規劃方面分析，行政院《高級中等教育法》草案中之原始條文為「全面免學費」，惟於立法院二讀時，國民黨團立委認為政府財政受限於經費，全面免學費將造成財政問題，第2條修正為「依一定條件採免學費方式辦理。」此條文與原規劃草案相比，免學費的適用對象大幅地縮減。在第56條授權教育部訂定辦法實施，依據現行規定，就讀公私立高職與五專前三年是免學費的，高中學生則為家戶年所得總額於補助基準以下者免學費，免學費基準係參考行政院2011年12月所發布《國民住宅出售出租對象家庭收入標準》的臺北市國宅出售基準，以家戶年收入新臺幣148萬元為基準，低於148萬元年收入的家庭，其子女就讀高中得免學費（立法院，2012，2022；吳清山，2022）。此項學費政策由全部免費到一定條件免費的轉折，如果當時能夠進行詳細經費可行性分析，以數據較能說服立法委員經費是足夠的，並符合國民教育的基本特性。

3.法律可行性

法律可行性指政策方案在執行時，能否克服法規方面的障礙而言。是否違反法律規定？是否受到法規限制？是否制訂新法規或修改舊法規？是否不涉及法律，只須行政命令即可實施。十二年國教為資源重分配政策，涉及人民權利與義務，因此必須制定法律作為政策執行的依據。因此於2013年7月10日公布《高級中等教育法》，整併了《高級中學法》及《職業學校法》，以作為十二年國教執行的法源依據。吳清山（2022）指出就長遠發展而言，應該盤點現行的《國民教育法》與《高級中等教育法》，另行制定《十二年國民基本教育法》，使其具完整性，一般社會大眾較容易理解。

4.時間可行性

從時間幅度考慮政策方案執行的可能性如何而言，包括政策方案規劃的研究發展時間、政策方案執行所需的時間、政策方案產生預期後果所需的時間。張慶勳、許文寬（2000）認為十二年國教涉及升學制度、經費財務分析與規劃、課程與教學、少子女化教育品質提升等問題，不宜匆促貿然實施十二年國教。顏國樑（2014a）研究發現，教育行政人員與國中教師皆認為「十二年國教」政策規劃問題最大的是政策規劃受到時間壓力，導致規劃過於倉促。這是因為十二年國教政策在政策類型上係屬於資源重分配政策，涉及範圍廣泛複雜，包括入學方式、學區劃分、課程綱要等，受到政策影響的對象包括教育政府機關與學校教育人員、學生、家長等，無法在短暫時間適應。

5.技術可行性

技術可行性係指執行機關的能力與專業知識是否足以承擔政策方案的執行工作，以及執行機關的結構性質與溝通協調情形。教育部（2011）為了執行十二年國教政策，訂定七個面向，包括全面免學費、優質化與均質化、課程教學、適性輔導與國民素養、法制、宣導、入學方式。在七個面向之下訂定廿九個方案來推動。這些方案包括幼兒五歲、高中職及專科學校前三年免學費、高中職優質與均質化、建置十二年一貫課程體制、免試就學區、免試入學、特色招生等，這些方案涉及執行人員的專業能力與專

業知識水準的提升。顏國樑（2014a）研究發現，政策規劃人員的因素，例如規劃人員的專業知能、工作熱忱與信心、教育理念等，以及教育行政機關結構的因素，例如：科層體制、組織人員、各單位間的溝通協調等，會影響教育行政機關對「十二年國教」的政策規劃。此外，研究結果亦顯示，影響十二年國教政策的規劃，以「政策本身的因素，包括十二年國教之政策目標的建立、實施期程、政策問題的認定、政策方案的訂定、政策執行標準、評估等」，在影響程度上為次高。

三、十二年國教政策合法化分析

㈠教育政策合法化過程

依臺灣教育政策的決策過程，如果是教育法律主要是經由立法的程序以形成法案，完成教育政策的制定。其過程包括提案、一讀會、審查、二讀會、三讀會、公布等六階段（顏國樑，2014b，2015b，2022）。如果是一般教育法規命令，則透過教育行政計畫或教育行政命令的方式進行，依循提議、研擬草案（聽證）、公告的行政程序進行。

㈡教育政策合法化的重要性與影響因素

民主法治國家的特質是法治政治，由於法制化的重視，教育政策須有法令作為推動的依據，因此不能僅依照決策者的意志執行（顏國樑，2015b）。重大教育政策（指關乎人民權利、義務或涉及社會公益、公共福祉者）必須以「法律」的形式呈現，方能受到更為理性、嚴謹且廣泛的參與監督，即須經過民意機關依法定程序審議，此即「立法」。重大的教育政策，應以法律的形式呈現，可免行政機關之專擅，且較具有穩定性（顏國樑，2014b，2022）。在缺乏法源的依據，若僅依決策者意志執行，會造成百姓對政策的質疑，可能會因違法而失敗（顏國樑，1997）。教育政策制定的過程屬依序而成，並具有階段性。而決策過程中有些許影響因素，其為影響教育政策的主要參與者（如圖4）。

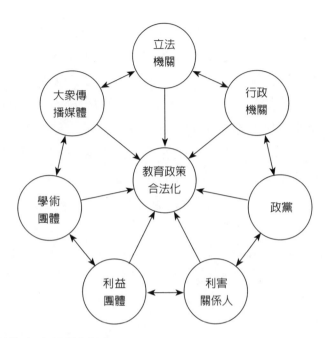

圖 4　影響教育立法主要參與者

資料來源：顏國樑（2015b）。**教育法規大意與政策**（頁 86）。臺中市：悅翔。

㈢十二年國教政策合法化分析

　　我國自 1968 年起實施的九年國民義務教育，1983 年提出以延長職業教育的國民教育的政策構想，政府與歷任教育部長皆想推動延長國民教育年限，至 2013 年《高級中等教育法》公布，歷時三十餘年（任育騰，2014；孫志麟，2012；陳盛賢，2008）。為了實施十二年國民基本教育，我國政府於 2013 年 7 月 10 日公布《高級中等教育法》，整併了《高級中學法》及《職業學校法》。以下從立法的時間匆促、政治影響等方面進行探討。

1. 立法時間匆促

　　《高級中等教育法》於 2013 年 7 月 10 日公布實施，立法時間過於匆促，導致影響政策的執行成效。楊思偉（2004）提到規劃十二年國教要正式推動必須先在法律層面上取得合理的解決，也就是先從修法開始，

等到法律層級全面處理完畢之後，才正式推動。又如劉俊源（2012）指出「十二年國民教育」至今於法無據，教育當局及媒體卻又習慣將「十二年國民基本教育」簡稱「十二年國教」，而以之自欺欺人！王立昇、黃光國、吳武典、孫志麟（2012）指出十二年國教措施尚未經立法院審議立法，即進入全面實施的階段。未有足夠法律依據、又未達成全民共識的政策恐難以順利推行。吳清山（2022）指出十二年國教包括九年國教和高級中等教育，其實施法源依據為《高級中等教育法》，是一種奇特的教育立法。但實際上九年國教實施依據為《國民教育法》，高級中等教育依據《高級中等教育法》，當初之所以無法整合為《十二年國民基本教育法》，係受限於政策推動和立法時間的壓力。由上述敘述顯示十二年國教政策合法化受到時間壓力的影響，導致法制內容不周全，影響政策的執行甚為深遠。

2.政治的影響

如免學費政策之爭議，原先教育部規劃是全部免費，也提出財務規劃方案，但在立法院審查《高級中等教育法》時，免學費政策之爭議，全部免除學費的政策，可能導致政府原本財務沉重負擔更無法負荷（健保、勞保、公務人員退休俸），當時行政院長江宜樺親自反對，反對全面免學費，談到「偏鄉教育經費、設備老舊、資源有限，不能將錢全用於免學費政策，要花在刀口上；這兩年財政困難，全免學費恐排擠其他教育經費」（立法院，2022；吳清山，2022）。這也導致學費政策無法全部免學費，而採取依一定條件採免學費方式。

肆 教育政策決策的建議

本文由十二年國民基本教育政策決策過程分析，從問題形成、政策規劃及政策合法化過程加以分析。在政策問題形成過程方面，提出偏離教育目標之組織願景的迷思、簡化教育公平與卓越的核心價值、國民基本教育特性宜再釐清與應全面免學費政策、免試入學方式應該改善等問題。從政策規劃過程方面，從政治、經濟、法律、時間、技術可行性等角度加以

分析。從政策合法化方面，提出立法的時間匆促、政治影響等方面進行探討。透過上述，對十二年國教政策決策過程分析，以下提出幾點建議作為未來類似政策資源重分配重大教育政策決策的參考。

一、教育政策決策宜進行教育政策問題認定與重認定

依據本文研究發現，十二年國教具備「教育問題之發生」、「教育問題之提出」、「教育問題之採納」等三個過程，但是，較乏教育政策問題認定的過程，其跡象甚為薄弱。因此產生目標之間公平與卓越、目標與手段之間的矛盾，由於無法確立十二年國教的核心價值，導致教育政策決策不適當與非合理。因此未來對於重大教育政策宜進行教育政策認定的過程，釐清教育政策目標的價值性，對教育政策價值的內涵包括人本、公平、自由、品質、效能、永續等進行分析（顏國樑、宋美瑤，2013），以確保教育政策決策適當合理。此外，對於已實施的教育政策，針對產生的問題，由教育政策研究機構，對於有關之教育政策問題和相關利害人與團體的主張與訴求，可再從教育政策價值的人本、公平、自由、品質、效能、永續等角度加以再檢視與考量，並依據教育問題形成之相關政策學理，進行教育政策問題形成之研究分析，或對現行政策目標進行重認定的研究，妥適修正建構教育目標之後，擬訂適切教育的政策方案。

二、邁向證據導向的教育政策決策的創新文化

研究結果顯示，影響十二年國教政策的規劃，以政治的因素，包括：政治制度、政黨因素、政治文化、總統選舉政見、立法院法律修正案、施政質詢等狀況被認為影響最大。當然政策規劃要完全不受政治的影響是不可能的，但如果能建立證據為導向的教育決策，彰顯教育專業性，則較能避免教育決策受到政治的影響，至於如何實踐證據導向的教育政策決策，其做法有（蔡進雄，2021）：形成重視證據的教育政策文化、建立整合的資料庫、進行小規模的教育實驗或試行、進行長期行性與系統性的教育研究、促進學術研究社群與教育制定者的連結合作關係、質量並重多元視野

的交融。

三、建立適當的教育決策模式與程序並強調公民參與決策

就十二年國民基本教育的推動來看，我國教育決策模式主要是一種精英決策模式，政策利害關係人不參與決策過程，由政府及其官員做出政策選擇。十二年國民基本教育政策中所體現的是有利於城市地區、高社經者，而不利於偏遠地區、低社經者，這就是精英決策模式的選擇結果（孫志麟，2012）。菁英決策模式雖然反映政策決策結構的實情，但菁英決策模式受到負面的批評，例如菁英不見得就能夠制定良好的、正確的政策；菁英間對政策很難對政策議題取得一致的共識，因此也同樣會產生競爭、討價還價、相互結盟的狀況。至於如何建立適當的教育決策模式與程序並強調公民參與決策，其做法有（顏國樑，2014b）：首先採取系統模式作爲政策決策分析的主要架構，而在政策決策過程中，以行政部門與立法部門爲決策主體，皆強調公民參與決策。其次，在教育政策決策過程皆有其程序性，從政策問題形成、政策規劃、政策合法化，依其程序皆具適當與合理性。再者，由於決策情境的不同，採取權變決策的觀點，以不同決策情境而採取理性、漸進、綜合掃瞄、垃圾桶、政治等決策模式。最後，由於決策人員的不同，而採取菁英、團體的政策決策分析模式。

四、進行政策規劃可行性分析

十二年國教規劃完成時，並未進行方案的可行性評估，因此無法掌握方案的缺點，事先針對窒礙難行之處進行研究及擬訂因應方案，導致十二年國教推動遭受相當大的阻力。因此對於重大教育政策，政策規劃應進行可行性分析有四個層次（顏國樑，1997）：(一) 適當：政策的規劃必須適當，不能違反相關人員的心理感受，因此規劃時應讓相關執行人員參與；(二) 可能：政策縱使規劃適當，也不一定能實現，應分析政策資源、共識、權力等是否具備；(三) 可行：指政策雖尚未獲得驗證，但似乎極有可能實行，此項分析可由經濟三上的可行性、技術上的可行性、政治上的可

行性、法律上的可行性等方面評估；(四) 實驗：政策在全面實施前應先進行實驗工作，以掌握不確定的影響因素。因此，教育政策規劃如能進行可行性分析，則可修正規劃不周全之處，及早準備因應措施，應有助於政策順利推展。

五、提升政策規劃人員專業素養並進行周詳與明確性的規劃

根據十二年國教政策規劃可行性分析，其決策受到政治、經濟、法律、時間、技術可行性的影響，需要提升執行人員的專業能力與專業知識水準與周詳的政策規劃。在提升政策規劃人員專業素養方面，在作法上，政策規劃人員應研習政策方面相關的專業知能，進行政策問題認定，確認政策真正問題所在，以及規劃時應納入教育現場之教育人員，聽取相關問題資訊，以期能規劃適當方案，真正解決教育問題。在重大教育政策的規劃應具有周詳與明確性，在作法上，首先，應成立政策規劃與諮詢小組，建立長期性、系統性與整體性的規劃。其次，制定政策的法源依據與籌備穩定的經費預算來源。再者，建立管理考核系統，進行政策規劃可行性評估。此外，選擇若干就學區先行試辦，以作為修正政策的參考。

六、加強與政策利害關係人的溝通與協調

根據十二年國教政策決策過程分析，在教育政策形成、政策規劃及合法化過程皆需要政策利害關係人進行有效的溝通與協調，以利十二年國教順利執行。因此，重大教育政策的決策應加強與政策利害關係人溝通與協調。在作法上，首先，應與教師、學生、家長、學校行政人員、縣市教育行政人員等利害關係人充分溝通，廣泛蒐集問題資訊。其次，應考量利害關係人的需求，以降低其抗拒。再者，建立溝通管道，縮小教育部與直轄市政府教育局、縣市政府教育處、學校之間對政策決策的分歧意見。此外，建立相關資訊網站平臺，公開政策決策相關資訊，並建立意見反映回饋機制。

參考文獻

丘昌泰（2022）。公共政策—基礎篇。臺北市：巨流。

立法院（2012）。高級中等教育法草案。立法院關係文書院總第 1013 號。立法院法律系統。

立法院（2022）。高級中等教育法修正異動條文、理由及立法歷程。立法院法律系統。

任育騰（2015）。十二年國民基本教育問題形成分析（未出版之博士論文）。國立清華大學，新竹市。

吳定（2013）。公共政策。新北市：國立空中大學。

吳清山（2016）。教育政策的延續與創新。師友月刊，587，1-5。

吳清山（2022）。當代教育議題研究。臺北市：高等教育。

林天祐、謝惠如（2005）。國民教育向下延伸政策理念：規劃之可行性分析。教育資料與研究雙月刊，63，67-83。

林水波、張世賢（2012）。公共政策（第四版）。臺北市：五南。

林芬妃（2013）。十二年國民基本教育政策入學方式之研究—以竹苗區為例（未出版之碩士論文）。國立新竹教育大學，新竹市。

林書鴻（2013）。高雄市國中生對體適能納入十二年國教超額比序項目政策認知與接受度之研究（未出版之碩士論文）。國立屏東教育大學，屏東縣。

林海清（2012）。十二年國民基本教育政策方案的評析與展望。教育研究月刊，223，5-15。

林繼生（2013）。十二年國民基本教育下學習領導的實施與挑戰：高中階段。教育研究月刊，229，32-47。

孫志麟（2012）。從爭議中重新思考教育決策機制。載於臺灣大學公共政策及法律研究中心：教育政策制定程序建議書（19-20）。臺北市：作者。

張芳全（2006）。教育政策規劃。臺北市：心理。

張慶勳、許文寬（2000）。從延長國民教育年限探討教育決策之適切性。國教天地，**140**，37-48。

教育部（2011）。**十二年國民基本教育實施計畫**。臺北市：作者。

梁敬賢（2012）。12 年國教的首要目的─國家競爭力？菁英教育？**臺北市教育 e 週報，578**。取自 http://enews.tp.edu.tw/paper_show.aspx?EDM=EPS201210

陳盛賢（2008）。**十二年國民教育政策之論述**（未出版之博士論文）。國立臺灣師範大學，臺北市。

陳輝科（2009）。**地方教育行政機關教育政策規劃之研究**（未出版之碩士論文）。國立新竹教育大學，新竹市。

傅振宇（2012）。**臺北市國中教師對十二年國民基本教育政策規劃之認同及相關意見調查**（未出版之碩士論文）。淡江大學，臺北縣。

黃乃熒（2001）。**後現代教育行政學**。臺北市：師大書苑。

黃昆輝、吳清基（1984）。**我國教育行政制度**。載於黃昆輝主編：**中外教育行政制度（1-58）**。臺北市：中央文物供應社。

黃政傑（2014）。十二年國教高中高職入學制度啓動的問題與展望。**臺灣教育評論月刊，3(9)**，102-132。

黃政傑主編（2012）。**十二年國教改革、問題與期許**。臺北市：五南。

黃柏叡（2021）。十二年國教中等教育升學政策之爭議、困境與可能出路。載於楊洲松、王俊斌：**台灣重大教育政策與改革的許諾與缺失**（205-222）。臺北市：學富。

黃筱君（2008）。**十二年國民基本教育政策的批判論述分析─以立法院公報爲例**（未出版之碩士論文）。國立東華大學，花蓮市。

楊思偉（2004）。規劃 12 年國教理論之分析。**教師天地，129**，64-71。

楊思偉（2006）。推動十二年國民教育政策之研究。**教育研究集刊，52(2)**，1-31。

楊朝祥（2013）。釐清十二年國教政策爭議。**教育資料與研究，109**，1-23。

劉俊源（2012）。論「十二年國民基本教育」與教育決策。**臺灣教育評論，2(1)**，85-87。

蔡進雄（2021）。**教育政策研究**。臺北市：五南。

鄭永志（2016）。十二年國教政策形成研究：多元流程觀點。**國立屏東大學學報—人文社會學類，1**，95-132。

賴怡華（2010）。利害關係人觀點之政策問題建構—以低分上大學為例（未出版碩士論文）。國立臺灣師範大學，臺北市。

戴成林（2012）。**教育政策決策的利益邏輯**。上海：華東師範大學。

謝文全（2022）。**教育行政學**。臺北市：高等教育。

顏國樑（1997）。**教育政策執行理論與應用**。臺北市：師大書苑。

顏國樑（2001）。**教育行政發展與革新**。載於吳清基、陳美玉、楊振昇、顏國樑合著：**教育行政**（295-313）。臺北市：五南。

顏國樑（2007）。十二年國民基本教育政策法制化內涵分析及制定策略。**教育研究月刊，158**，101-114。

顏國樑（2014a）。**十二年國民基本教育政策規劃之研究**。科技部補助專題研究計畫成果報告期末報告。

顏國樑（2014b）。**教育政策合法化理論與實務**。高雄市：麗文。

顏國樑（2015a）。**十二年國民基本教育政策執行之研究**。科技部補助專題研究計畫成果報告期末報告。

顏國樑（2015b）。**教育法規大意與政策**。臺中市：悅翔。

顏國樑（2022）。**教育法規理論與實務**。臺北市：元照。

顏國樑、任育騰（2014）。十二年國民基本教育問題形成分析。**教育研究月刊，248**，41-56。

顏國樑、宋美瑤（2013）。我國教育政策制定的價值分析。**教育行政研究，3**(2)，1-31。

Anderson, J. E. (2003). *Public policymaking: An introduction.* Boston, N.Y.: Houghton Mifflin.

Cockran, C. E., Mayer, L. C., Carr, T. R., & Cayer, N. J. (2009). *American public policy: An introduction.* Boston, MA.: Wadsworth Cengage.

Cohen, M. V., March, J. G., & Olsen, J. P. (1972). A garbage can model of organizational choice. *Administrative Science Quarterly, 17,* 1-25.

Delaney, J. G. (2002). *Educational policy studies: A practional approach*. Calgary, AB: Detselig Enterprises.

Dunn, W. N. (2008). *Public policy analysis: An introduction* (4th ed.). Englewood Cliffs, N.J.: Prentice Hall.

Dye, T. R. (2007). *Understanding public policy* (12th ed). Englewood Cliffs, N.J.: Pearson Prentice Hall.

Fowler, F. C. (2013). *Policy studies for educational leaders: An introduction* (4th ed.). NY.: Pearson Education.

Kingdon, J. W. (1995). *Agendas, alternatives, and public policies* (2nd ed.). NY: Longman.

Lindblom, C. E. (1979). Still muddling, not yet through. *Public Administration Review*, *39*(6), 517-526.

Robbins, S. P. (1993). *Organizational behavior: Concept, controversies, and applications (6th ed.)*. Englewood Cliffs, N.J.: Prentice-Hill.

Tarter, C. J., & Hoy, W. K. (1998). Toward a contingency theory of decision making. *Journal of Educational Administration, 36*(3), 212-228.

Trowler, P. (2003). *Educational policy* (2nd ed.). NY.: Routledge.

第 3 章

實施雙語國家教育
政策的問題與思考

梁金盛

國立政治大學教育學博士
國立東華大學教育行政與管理學系教授

摘要

　　2030 雙語政策整體推動方案聚焦於加速推動高等教育雙語化、均衡完善高中以下教育階段雙語化條件、數位學習、英檢量能擴充、提升公務人員英語力、及成立行政法人專責推動等六項主軸。雙語國家教育係邇來的重要教育政策之一，本研究以文件分析的方法探究我國雙語教育政策的內涵、雙語教育的教學模式、學校實施雙語教育可能面臨的問題等。

　　經由政策計畫的分析與現況檢討，建議實施雙語教育政策可思考以下措施：

　　一、高等教育考慮開設國語文與全英語雙軌學程。

　　二、高級中等以下學校實施加式雙語教學為主的模式。

　　三、規劃高級中等以下學校學用合一的師資培育。

　　四、實施學科能力分組為主的英語教學。

　　五、完善線上學習機制。

　　六、建置合適之英語文學習力檢核分級制度。

　　七、鼓勵編輯出版符合課綱核心素養的英文版教科書。

　　八、實施平等無差別的教與學氛圍。

關鍵詞：雙語教育、雙語國家教育政策、教育政策

在我國的學校教育實施內容中，早期係自中等教育前期（1968 年前為初級中學，1968 年後稱為國民中學）開始方有英語課程的實施，由於全球化浪潮的推進，使得不同國家間的國民之互動日益熱烙，被列為強勢語言的英語更被加以重視。因此，2001 年開始實施的九年一貫課程，將英語改為從國民小學五年級開始實施，又於 2019 年實施的十二年國民基本教育課程綱要總綱（以下簡稱 108 課綱），將英語的教學改成自三年級開始施行，事實上，面臨少子女化造成生源不足的衝擊，許多縣市或學校均將英語課程提早實施，甚至從小學一年級開始。然而英語教學所遇到最大問題即為雙峰現象（張武昌等，2004），從國中會考實施以來的學生表現，英語科的表現可從表 1 得知，其待加強的比例在 26%-33% 之間，雖最近二年（2020 及 2021）已低於 30%，然仍有超過 25% 以上的學生屬於待加強的情形，又從應考人數來看，除了 2014 年之外，都是英語科應考人數最少，缺考的可能性是否是乾脆放棄？

表 1　2014-2021 學年間國中會考「待加強」情形一覽表

科別	類別	2014	2015	2016	2017	2018	2019	2020	2021
國文	總人數	267,405	281,968	272,387	240,807	228,005	212,728	206,459	192,413
	比例	13.74%	17.98%	16.17%	16.53%	15.91%	15.46%	13.28%	13.80%
	人數	36,741	50,697	44,044	39,805	36,275	32,866	27,417	26,552
英文	總人數	267,475	280,204	271,021	239,651	227,040	211,839	206,303	191,793
	比例	33.73%	33.20%	31.54%	30.62%	30.77%	30.20%	26.74%	27.83%
	人數	90,219	93,027	85,480	73,381	69,860	63,975	55,165	53,375
數學	總人數	266,719	281,935	272,433	240,844	228,026	212,731	206,469	192,424
	比例	33.40%	33.22%	31.98%	30.15%	28.72%	27.35%	27.63%	26.69%
	人數	89,084	93,658	87,124	72,614	65,489	58,181	57,047	51,357
社會	總人數	266,718	282,022	272,494	240,924	228,087	212,776	206,549	192,438
	比例	19.95%	14.77%	13.21%	14.72%	14.35%	14.15%	14.84%	13.80%
	人數	53,210	41,654	35,996	35,464	32,730	30,107	30,651	26,556

科別	類別	2014	2015	2016	2017	2018	2019	2020	2021
自然	總人數	267,457	281,295	271,836	240,362	227,618	212,339	206,131	191,921
	比例	25.25%	22.81%	22.24%	22.13%	20.25	20.14%	21.96%	20.62%
	人數	67,532	64,163	60,456	53,192	46,092	42,765	45,266	39,574

資料來源：研究者根據國立臺灣師範大學心理與測驗研究發展中心公布之歷史資料整理。
註：
1. 表中之人數部分乃總人數乘以比例所得，並採無條件捨去法而得。
2. 最近的 8 學年度之參與考試人數來看，英語的應考人數除 2014 年之外，其餘 7 年都是應考人數最少者。
3. 最近的 8 學年度之各科待加強比例分別為：國文科 13%～17 之間；英文科 26%～33% 之間；數學科 26%～33% 之間；社會科 13%～19% 之間；自然科 20%～25% 之間。

　　然而，加強國人英語能力實為當前教育的重心，2018 年 12 月 6 日行政院第 3629 次院會中，確認國家發展委員會陳報之「2030 雙語國家政策發展藍圖」報告，當時的賴清德院長在會中指示，本藍圖係為提升國家整體競爭力，非以考試為目的，重視的是提升國人英語力，盼帶動全民學英語風氣，非僅針對學生（行政院，2018）。可知雙語國家政策藍圖的對象是全民，而不是只針對在校的學生。然而，最被重視的對象應是在校的學生，也是政策執行中較易著力的部分。

　　再於 2020 年 8 月，由國家發展委員會與教育部協同相關單位共同制定「2030 雙語國家政策（110 至 113 年）」計畫（國家發展委員會、教育部，2020），預計在 4 年間花費 100 億元推動各項雙語國家策略，以全面提升國人的國際溝通能力和國際視野，其主要工作項目計有大學教學英語化、高中以下英語教育之課程及課外學習、增加英語師資提升英語教學能量、社會系統輔助英語學習、延攬英語系國家之專業人才及學生來臺、學生英語力評量、公私協力開發檢測系統、提供誘因鼓勵弱勢民眾及學生學英文、並成立專責單位推動等，藉由此四年的推動經驗，預計將有利於後續 6 年的計畫規劃研擬與執行落實，使 2030 年的預期目標達成更為可能。

　　又於 2021 年 9 月公布 2030 雙語政策整體推動方案，除聲明高中以下階段之各項雙語化策略，不會調整 108 課綱的推動，亦不會排擠既有課程

資源，而是以外加資源強化 108 課綱意旨，且希望學生不只於英語課程中學習英語，也能用英語學習其他領域知識，並對未來雙語政策的推動有更為詳實的方向，分別就大學及高級中等以下學校等層面進行分析及指引推動的策略與目標（國家發展委員會、教育部、人事行政總處、考選部、公務人員保障暨培訓委員會，2021）。

從雙語政策藍圖的確認、雙語國家政策四年計畫、及雙語政策整體方案的發展，可說政府的政策目標甚為明確，計畫的實施策略、工作要項、經費、環境建置、及對象等亦都已關注到，唯是否能夠確實達到預期的目標，則宜視第一現場的條件而定。以下即就雙語國家政策的內涵、學校實施雙語教育過程中可能面臨的問題、以及學校實施雙語教育可再思考的方向等分別敘述如下：

 ## 壹　雙語國家政策的內涵

就 108 課綱的內容來看，在總綱之陸的課程架構中，將高級中等以下學校分為國民小學、國民中學、及高級中等學校三個層級，在其各階段領域課程架構中，將高級中等以下學校教育分為五個學習階段，國民小學一二年級為第一學習階段；國民小學三四年級為第二學習階段；國民小學五六年級為第三學習階段；國民中學三年為第四學習階段；高級中等學校三年為第五學習階段，英語的教學是一門科目，是在語文領域的範疇，語文領域包含國語文、本土語文／臺灣手語、新住民語、及英語文等，該表底下註明依據《國家語言發展法》第 3 條之定義，國家語言包含本課綱所列之國語文、本土語文及臺灣手語。另在課程規劃說明之領域學習課程之 3 指明國民本土語文每週 1 節課，由學校調查學生實際需求與意願，於本土語文開設課程供學生選修。另於領域學習課程 5 敘明「英語文於第二學習階段每週 1 節課，若學校在實際授課安排上有困難，在不增加英語文第二、三學習階段總節數的前提下，經學校課程發展委員會通過後，可合併於第三學習階段實施。」（教育部，2021a），可知在 108 課綱中的語言學習至少有國語文、本土語言、及英語文三種，而且英語文是從國民小學

三年級才開始，如果有困難時，尚可經學校課程發展委員會決定，於國民小學五年級開始實施。

至於2030雙語政策整體推動方案（以下簡稱雙語政策方案）則提及，將聚焦於加速推動高等教育雙語化、均衡完善高中以下教育階段雙語化條件、數位學習、英檢量能擴充、提升公務人員英語力、及成立行政法人專責推動等六項主軸，經由立法及預算保障，使此政策能依序推動（國家發展委員會、教育部、人事行政總處、考選部、公務人員保障暨培訓委員會，2021）。以下即就雙語政策方案與學校直接相關的高等教育雙語化、高級中等以下教育階段雙語化條件、數位學習等3項的內涵簡述如下：

一、加速推動高等教育雙語化

為了推動高等教育的雙語化教學，教育部（2021b）於2021年4月公布「大專校院學生雙語化學習計畫」，預計於2024年產生3所標竿大學與18所標竿學院，2030年時則有6所標竿大學與30所標竿學院。而雙語化是以學生表現為最重要的關鍵績效指標（key performance indicator, KPI），特別著重學生的英語聽說讀能力及學生修習一定比例以上的全英語課程」（English as a Medium of Instruction, EMI），在學生英語的KPI則要相當於「歐洲語言學習、教學、評量共同參考架構」（Common European Framework of Reference, CEFR）的B2等級或以上的C等級（相當於全民英檢中高級等級、新制多益聽力與閱讀測驗785以上、托福紙筆測驗543以上，托福電腦測驗72以上、雅思5.5以上）。

至於標竿大學與標竿學院的標準部分，則為2024年時達成「25-20-20」，2030年時為「50-50-50」。即是於2024年時全校或全院至少有25%的學生英語文能力達到CEFR B2以上，全校或全院至少有20%的大二學生和碩一學生全年所修學分中有20%以上的全英語課程。到了2030年時全校或全院有一半以上的大二學生與碩一學生在當年學分中的50%以上為全英語課程。為能順利推動此計畫，學校尚需取得全校師生推動共識，並要有校級專責單位整合推動，且對師生提供充分的培訓與支持。因之教

育部預計於 2024 年將從重點培育大學中選 4 個區域中心，提供 124 門全英語線上共享課程，2030 年時將有 6 個區域中心，提供 558 門全英語線上共享課程。

二、均衡高級中等以下教育階段的雙語化條件

高中以下教育階段的雙語化條件推動策略著重於普及提升、弭平落差及重點培育等三大主軸，分別如下：

(一) 普及提升方面，將強化學生在生活中應用英語的能力、推動國內外校際合作、精進數位學習、及擴增雙語人力等方向努力，有關強化學生應用英語能力與推動國內外校際合作部分，預計 2024 年有 60% 高中以下學校的英語課採全英語授課，每 7 所學校就有 1 所於部分領域課程實施雙語教學，另每 14 所學校就有 1 所學校與國外學校締結姊妹校；2030 年時，全國 100% 高中以下學校落實英語課採全英語授課，每 3 所學校就有 1 所於部分領域課程實施雙語教學，每 6 所就有 1 所學校與國外學校締結姊妹校。

至於精進數位學習部分，包含導入人工智慧強化 Cool English（亦稱優酷網）平臺互動功能及招募大學生運用平臺資源陪伴偏遠地區學生即時進行英語會話練習，預期 2024 年全國 40% 高中以下學校運用 Cool English 平臺資源，辦理英語線上測驗，檢測學生聽說能力，2030 年則全部高中以下學校運用 Cool English 平臺資源，辦理英語線上測驗，檢測學生聽說能力。

有關擴增雙語人力方面，則有雙語教學師資培育、在職教師雙語教學增能學分班、選送教師赴海外短期進修、英語科教師國內全英語教學培訓、引進外籍英語教師及外籍英語教學助理等計畫，預計 2024 年時，已累計培育 6 千名本國籍雙語教學師資，全國每 5 所學校就有 1 所學校引進外籍英語教學人員或部分工時之外籍英語教學助理；2030 年時累計培育 1 萬 5 千名本國籍雙語教學師資，達成全國公立國中小均引進外籍英語教學人員或部分工時之外籍英語教學助

助理，另每 3 所公立高中就有 1 所有外籍英語教學人員。

(二) 弭平落差方面，除補助所有偏遠地區國中小於 2022 年均獲配行動載具，提供學生借用行動載具，便於課餘使用載具連結平臺資源，自我學習英語，另補助大學生透過網路或實際到校陪伴偏遠地區或資源缺乏的學生學習英語，以消弭英語學習城鄉差距。

(三) 重點培育部分，主要的對象是高級中等學校的學生，亦即在高級中等學校設置雙語實驗班，課程除英語課程採全英語教學，國語文及社會領域採國語文教學外，其他領域採雙語教學，預計 2024 年時，全國每 8 所高中就有 1 所開設雙語實驗班，2030 年時全國每 4 所高中就有 1 所開設雙語實驗班，而就讀雙語實驗班的學生英語聽說讀寫能力均達到 CEFR B1（相當於全民英檢中級複試等級、新制多益聽力與閱讀測驗 550 以上、托福紙筆測驗 460 以上、托福電腦測驗 42 以上、雅思 4 以上）以上的流利精熟等級。

三、數位學習

如今已是數位的時代，可以透過數位科技與數位學習平臺等工具縮短城鄉差距，甚至可以進行跨國校際合作進行雙語教育的課程，有關數位學習方面的規劃主要為數位學習硬體環境建置、數位教材研發、及高中以上學分採認等。

(一) 數位學習硬體環境建置方面，數位硬體環境及個人化的數位學習設備是實施數位學習的最基本條件。至於數位硬體環境部分著重於學校內之數位硬體環境的建置，高級中等以下學校之頻寬於 2021 年將全面提升至 300Mbps 至 1Gbps，亦即全面光纖化。

(二) 數位教材研發部分，教育部為提供 9 歲至 15 歲的學童自學使用所建置「Cool English 英語線上學習平臺」，自 2015 年 6 月 25 日啟用。該全方位英語學習平臺，包含基本學習內容、情境動畫聽講、開口說英語、圖解式閱讀、主題式字彙練習、文法闖關大挑戰、RPG（Role-Playing Game）任務闖關式角色扮演遊戲及各式英語學習小遊

戲讓英語學習變得更生動活潑（教育部國民及學前教育署，2016），此平臺再於 2019 年 11 月起擴充至高級中等教育階段，規劃聽說讀寫、文法、字彙、遊戲及歷屆試題，和寫作及課程戰力提升包等功能，且免費提供。另教育部於 2019 年 3 月推出因材網，目標爲 3 年內所有教師都能用因材網教學（蔡永彬，2019），因材網的內容包含各版本的教科書，教學影片（含線上隨堂考），分年級及單元呈現，其中亦包含英語文，在防疫線上教學期間發揮強大的效果。

(三) 建立學分採認方面，依據《高級中等教育法》第 46、47 條規定，採課程或學分計算，其學分（課程）抵免由中央主管機關定之。是以高級中等教育階段的學分抵免需由教育部訂定。另依《專科學校法》（行政院，2019a）第 38 條、及《大學法》（行政院，2019b）第 28 條規定，專科學校及大學之學分抵免由學校編入學則報教育部備查即可。是以雙語政策方案將責成教育部將高中學分採認機制，及鼓勵大學訂定國外線上課程納入校內學分採認及相關獎勵辦法。

爲落實雙語教育政策，雙語政策方案可說宣示了雙語教育政策的重要內容，不但有現況分析，推動策略，短期的 2024 年目標、及中長期的 2030 年目標，至於 2030 年雙語國家政策（110 至 113 年）則對於 2021 年至 2024 年間的計畫目標、現行相關政策及方案檢討、分年之執行策略方法及分工、期程資源需求、預期效果、財務計畫、及風險管理等，這些內容中最爲具體的是執行策略方法及分工、和期程資源需求等二項。例如在高等教育中設立標竿學校和標竿學院是由教育部及大專校院負責，於 2021 年 6 月公布結果，事實於 2021 年 9 月 2 日公布 110 學年度共核定補助重點培育學校 4 所、重點培育學院計 25 校 41 個學院及普及提升學校 37 所，核定補助經費計 5 億 8,748 萬元，於 110 年 9 月正式啓動本計畫，可知已逐步依計畫目標邁進。

 ## 貳　雙語教育的定義與教學模式

從前述的政策說明，可知雙語教育的實施乃勢在必行，並已依計畫逐

步推進中，惟什麼是雙語教育，以及如何實施等亦需加以釐清，以下即就雙語教育的定義及雙語教學模式等加以陳明。

一、雙語教育的定義

依據《教育大辭書》（Guthrie, James W., 2003；陳幼君，2007）的說明，雙語教育（bilingual education）是以兩種語言作為教學媒介的教育系統，其實施旨在維繫既有的語言能力，並促進新語言的學習，最終目標是使學生能精通這兩種語言，建立對不同語言文化的尊重與包容。

陳幼君（2007）指出「雙語教育」一詞源自美國，在17、18世紀大批移民湧入美國，多種民族文化交相衝撞，「大熔爐理論」擁護者主張弱勢族群文化應融合入主流文化，另一派「沙拉盤理論」擁護者則主張各文化應多元並存共容，兩相激盪之下，建構出多元文化的社會環境。以沙拉盤理論而言，為保障弱勢族群子女的受教權，提供以英語為第二種語言（English as Second Language, ESL）的教育，使得非英語移民因語言隔閡而產生學習落差的得以減少，造就較為平等的教育機會。根據中華民國主計總處（2022）發布的統計資料（如表2）來看，我國目前主要使用的語言方面來看，國語文占最多數（66.40%），然如從次要使用的語言部分則為閩南語（54.31%），但究竟我們的母語是什麼似乎沒有明確的訂定，國家語言法則將本土語言視為母語的範疇之列，而九年一貫課程綱要開始即將語文領域中除了國語文外，尚包含英語文、本土語言等項，甚至在108課綱時，還增加新住民語一項，而且於2021年最新版的課程綱要，還將本土語言部分延伸到高級中等教育階段，可見我國的學生在高級中等以下學校期間必須修習至少三種語言-國語文、本土語言、英語文，又在高中教育階段尚可修習第二外國語。另以沙拉盤理論的觀點，對照我國日常生活使用語言的習慣而言，似乎我們的第二種語言應為國語文才是，如何萬順（2020）即提及，臺灣是一個多語言的國家，從人口普查的資料的語言選項之加總觀之，平均每人使用1.75種語言，反映多數臺灣家庭為雙語、多數臺灣人也至少會雙語，而最大宗的雙語是華語（國語文）和臺語（閩南語）。

表 2　2020 年 11 月我國 6 歲以上常住人口使用語言普查情形

類別	主要使用語言人數	占比 %	次要使用語言人數	占比 %
總計	21,786,490	100%	21,786,490	!00%
國語文	14,465,657	66.40%	6,626,640	30.42%
閩南語	6,897,828	31.66%	11,832,116	54.31%
客家語	329,487	1.51%	863,384	3.96%
原住民語	50,017	0.23%	199,233	0.91%
其他語言	43,501	0.21%	427,820	1.96%
無或不知	0	0	1,836,797	8.43%

資料來源：行政院主計總處（2022）中華民國統計資訊網。https://www.stat.gov.tw/ct.asp?
　　　　　xItem=47698&ctNode=549&mp=4
註：其他語言包括手語、各地方語言及外國語等。

　　然而，我國推行的 2030 雙語國家教育政策則為國語文和英語文二項，是以所謂的雙語教育，亦即在教育實施的過程中，係使用國語文和英文兩種語言作為領域內容的意思溝通與詮釋，從人口普查統計結果和現場實際的狀況而言，國語文在課堂上的運用固然沒有太多問題，但對師生而言，要用英語文來詮釋其他領域的知識，則可能是一大挑戰。

二、雙語教學的模式

　　雙語教學的進行方面，段慧瑩（2000）指出雙語教育是以學習者的本國語言配合社會語言學習的一種教學模式。而在教學過程的可分為以時間或學科的方式劃分二類，在時間劃分方面，係採某日使用某一語言，另一日則使外另一種語言，預期學生能夠在各種場合都能使用雙語的目標。至於以學科劃分者，則為選定某些科目使用目標語，某些科目則使用母語進行。就 2030 雙語政策的目標觀之，在高等教育部分即明確的指出採用接近以學科劃分方式進行，亦即要求某些學分採全英語授課方式進行，而高級中等以下學校部分，除了高級中等學校雙語實驗班亦採全英語方式進行外，其餘部分則並未有明確的說明。
　　至於雙語教育模式方面，段慧瑩（2000）將之分為以下三種：1.「過

渡模式」（transitional model）：在教學過程中使用學習者母語，透過母語而學到目標語，母語的使用只是過渡性質。2.「保存模式」（maintenance model）：在過程中，盡量維持母語的基本能力，但不會增長與發展，終極目標在於使學習者能投入以目標語爲主要語言的社會。3.「多元化模式」（pluralistic model）：主要目的在於使母語及母語文化不致被融合於主流目標語的社會中，眞正達成一個多元文化的社會。以我國人口普查的狀況看來，則我國雙語教育應循保存模式或多元化模式爲主。

此外，廖偉民（2020）指出目前在公立學校中常見的雙語教學模式可以分爲：(1) EMI 全英語授課（English as a Medium of Instruction），提供學習情境讓學生大量使用英語進行學習。(2) CLIL 學科內容與語言整合教學模式（Content and Language Integrated Learning）。強調語言與學科內容同樣重要。(3) 沉浸式（immersion），是指學生至少要有 50% 的時間用第二語言來學習其他學科。事實上，實施 EMI 課程如果忽視學科內容亦非雙語教育的眞正目標所在，終究語言是重要的媒介，而在學科內容的學習上，到底是用何種語言來教學而已，如果能夠透過教學，因而同時運用多種語言給予合適的詮釋才是我們所要達到的目的。

范莎惠（2020）則指出美國的雙語教育模式主要分成兩種（Freeman, Freeman, & Mercuri, 2005）：加式雙語教育（Additive Bilingual Education）與減式雙語教育（Subtractive Bilingual Education）。其中加式雙語教育除強調學童要學習主流語言，也強調維持其固有的母語及文化，以期能夠在兩種語言文化間自由轉換。而減式語言則強調主流語言，以致可能因而失去母語及固有文化。是以全英語、學科內容與整合教學模式、或沈浸式英語等的教學，應都屬於減式的雙語教育，是否會因而喪失我國固有語言及文化？

 ## 參　學校實施雙語教育過程中可能面臨的問題

語言最主要的功用是作爲人與人之間的溝通工具，就 2030 雙語國家教育政策觀之，所謂的「雙語」，即是要將於學校課程教學中，最常使用

的語言－語文領域中的國語文之外，再加上英語一項。亦即目前語文領域的國語文課程外，其他領域的課程學習，全部都使用國語文作為主要的溝通工具的做法，將改為部分其他領域課程採用英語為溝通或詮釋的工具。這將對教學現場產生極大的衝擊，以下即就師資、課程、學生、環境等面向分別析述之。

一、師資方面

雖說教學要以學生為核心，然而在課堂上不容否認的是，教師為教室中的靈魂人物，教學實施是否順暢有效，教師所占的份量最大，這也是師資培育受到重視的理由之一，因為有良好素質的教師，產出良好教育成果可能性越大。是以要實施雙語教育政策，當然在師資培育方面必須加以配合。教育部最近一期公布的中華民國師資培育統計年報在總述的第四點即明示，將加強培育本國雙語教學專業師資，以擴增英語教學人力資源（教育部，2021c）。另將補助 8 所師資培育大學設置雙語教學中心，分別為國民小學部分有臺北市立大學、國立臺北教育大學、國立清華大學、國立臺中教育大學、文藻外語大學等 5 校，中等教育部分有國立臺灣師範大學、立彰化師範大學、國立高雄師範大學等 3 校。又將於 110 學年度起擴大培育在職與職前教師，預計每年培育 1,500 名雙語師資。至於大學部分有關設立雙語標竿大學及標竿學院部分之師資擬增聘 10% 英語系外籍專任教師，本國籍專任教師則提供 50% 彈性薪資，兼任教師以加碼 50% 鐘點費方式，提高教師參與意願（國家發展委員會、教育部，2020）。

問題是依據中國民國師資培育統計年報的資料（教育部，2021c），目前國民小學師資一般師資部分總計有 107,190 人，加註英語專長者有 2,916 人，占 2.72%；中等教育師資普通科部分總計有 72,222 人，登記為英語教師者 10,964 人，占 15.18 %；從中華民國教育統計中得知，大學教師總數為 43,137 人，外籍教師為 1,163 人（並非全為英語系之外籍教師），占 2.70%。雖然規劃中的高級中等以下學校將朝師資培育及在職教進修兩方面併行，以增加雙語教學師資，預計 110 年度起每年培育 1,500

名雙語師資，只是其最基本資格條件需英語文能力達 CEFR B2 以上，再修習「雙語教育課程設計與教學知能發展」3 學分、「雙語教學實務與教學省思」2 學分、「雙語教學成效評估與回饋」1 學分等，共 6 個學分的課程，依研究者的現場經驗，無論是師培生或在職教師面臨最大的門檻應是英語文能力，其次是意願。所以有關補助成立雙語教學研究中心部分當然都可以順利完成，還有師資培育大學參與辦理在職教師進修雙語教學師資培訓的規劃應也沒有困難，但招訓結果是否能夠如預期的數量則有待觀察。

在大學部分，由於少子女化對大學的衝擊尚在進行中，加上年金改革造成自願退休意願下降等因素，教師缺額的釋出也受到極大的影響，以 4 個標竿大學和 41 個標竿學院在最近的 4 年內增置 10% 的英語系外籍教師恐有難度，還有本國籍教師提供 50% 彈性薪資，尚有可能教師提出的條件不是增加薪資（鐘點費），而是授課時數，因此一位教授級的教師以每週 8 小時計，如其採全英授課可能只要授課 6 小時即已足夠，其留下的學分數勢必採取增聘或外聘兼課方式處理，若此經費補助只是階段性的任務，則增聘方式就不太可能，外聘兼課也難永續經營。

有關高級中等以下學校部分，要於 2030 年達到超過 90% 落實英語課採全英授課目標，也許在高級中等教育階段的可能性較高，至於國民中小學教育階段，教育部（2021d）資料顯示，2019 年國小六班（含）以下的校數有 1,091 校，占全部校數（2,631 校）的 41.46%，國中部分有 183 校，占全部校數（965 校）的 18.96%。依照中華民國師資培育年報 2020 年版（教育部，2021c）的資料顯示，代理代課教師超過 11%（國中 11.95%、國小 11.41），而小型學校比例高（國中 18.96%、國小 41.46%），依學校員額編制本來就很難聘任正式之合格教師，而且代理代課教師也很難聘到具合格教師證書者，遑論能聘到合適之英語代理代課教師，同樣的，因為少子女化的問題，偏遠地區之小校無法聘足正式教師，又因教師介聘仍續實施，使得其代理代課比例居高不下。還有外師的部分，看來好像是良好又快速的解方，然而其實際任務、任教領域、穩定性、考核等也宜應關注，以上這些問題都仍待積極面對。

二、課程與實施

教學進行的主要活動在於課程內容的設計與舖陳、教學工具及溝通語言的使用等，對於雙語教育政策的實施，除了高等教育的課程有可能使用英語文的內容外，高級中等以下學校之英語課程的內容係以英語文呈現，其餘領域的課程則幾乎都以國語文作為表達的工具，雖然在計畫方案中選定的 8 所雙語教學研究中心任務之一為研發領域之英語教材，然其係為輔助教材或參考之用？其進度為何，領域的分配是否經過整合？都未能有明確的方向與進程，讓現場的老師自我救濟，是否得當，宜再深思。

其次，高級中等以下學校，除了英語採用全英語上課外，其他領域或學科的雙語教學，並沒有固定的方向，由各校自行決定，看似有多元呈現的美好，但如果有學生轉學時，新學校的領域又不同，是否也是轉學生的另一種困擾？還有雙語教學究係採取學科內容與語言整合模式、沉浸式、或全英語模式也由各校決定，其對本國固有文化與語言的衝擊如何也應加以考量。

三、學生的學習

教學的主體是學生，要學生能夠在學習之後有所收獲，並能應用所學，是對教學者最基本的要求，葛拉塞（R. Glasser, 1962）認為構成教學的重要元素為教學目標、起點行為、教學程序、評量，及回饋等（轉引自簡紅珠，2000），固然教學目標非常重要，但是如果不知學生的起點行為，便很難規劃合宜的教學程序和方法。

就教學目標而言，雙語國家教育政策確實有明確的總教學目標，但是缺乏各階段或各年級的具體目標，因此，在現場的實施方面，年級間的銜接可能會面臨過多或不足等問題產生。最重要的學生起點行為部分，根據 2030 雙語政策整體推動方案（國家發展委員會、教育部、人事行政總處、考選部、公務人員保障暨培訓委員會，2021）的資料得知，高三學生只有五分之一學生的英語文能力達 CEFR B2 或以上程度，細分結果，分別是 27.68%（聽）、27.32%（讀）、19.81%（寫）、8.27%（說），也就是說，

在課堂使用雙語教學平均約有四分之一強的學生能夠順利聽課及進行文稿的閱讀，五分之一的學生可用英文表達其意見或想法，十分之一的學生能夠表達自己的意見，是否因而更少課堂的討論與互動？

高級中等以上教育係屬選擇性教育，其入學經過篩選而來，尤其是大學階段，設定標竿大學或標竿學院，甚或標竿學系，只要明示某些班組或學分係採全英語上課，學生自會衡量是否選定該校院系，在校選課時，只要在課綱或教學計畫中明示，學生也可確認該門課程是採用何種語文進行，只是目前國內的高等教育狀況，可說是你要不要上大學的問題，而不是你考不考得上的課題，因此所設定的標竿大學或學院，真的都能收到可以在全英語環境中學習順利的學生，那是另外的議題，在此就不再贅述。至於高級中等以下學校，除了高中教育階段的雙語實驗班，及雙語實驗國民中小學外，其餘學校均採常態編班，班級內的個別間差異極大，還用學生不熟悉的語言或文字進行領域的教學，學生的起點行為也不清楚，學習成效將不難想像。

四、雙語環境的配合

語言的學習如果有良好的環境配合，當能增加語言學習的效果，尤其是科技發達的現代，科技設施更是在教育現場無所不在，然而，科技設施、科技支援系統、使用科技設備的能力、輔助人員等都是善用此設施支援學習的重要元素。科技設施與科技支援系統大都是只要足夠的經費就能處理，但是使用科技設備能力、輔助人員等則是人的因素，不見得都能獲得。

從雙語國家政策中可知，在提升學校網路頻寬、資訊設備、以及現場教師使用資訊能力等都已著力，相信也能依目標持續推進，但這些都只限於學校範圍內。問題是課後的練習也是不容忽視的一環，這部分在經濟弱勢或地區弱勢學童可能就有極大的困難需要面對，尤其是地區弱勢者，學童家中極可能沒有網路建置，家長也大部分沒有使用科技設備的能力，雖規劃大學生利用課餘的輔助措施，但位處偏遠，只能採遠距及線上方式處

理，只是學生家中有困難，只能侷限在學校內實施，在時間及地點方面都可能受到極大的限制。

　　綜而言之，雙語國家政策的實施，有足夠穩定的教學人員、合適且能循序漸近的課程與教學內容、具有學習能力的學生、良好可及的教學環境等相關元素的搭配，加上政策的推動與實施，目標方能水到渠成。

 ## 學校實施雙語教育可再思考的方向（結論）

　　雙語國家教育政策雖明示，以不更動十二年國民基本教育課程綱要，但此政策確實是教育現場相當大的變革，其涉及傳統文化和生活方式的極大改變（但昭偉，2021），雖第一現場的學校，對已經確定的國家政策沒有悲觀的權力，然應有對政策落實提出建言的義務，是以提出以下想法藉以拋磚引玉。

一、高等教育考慮開設國語文與全英語雙軌學程

　　依照教育部的規劃目標，到 2030 年時，標竿大學與標竿學院中至少有 50% 的大二學生在聽說讀寫達到 CEFR B2 以上的流利精熟程度，同時至少有 50% 的大二學生與碩士學生其當年學分中的 50% 以上為全英語課程，普及提升學校全英授課部分，10% 大二及碩一學生，修習至少 2 門全英語授課課程。根據研究者過往經驗，因博士班的課程有部分國際生，所以部分課程採全英授課，聽到學生的困擾是國際生聽不懂（他們坦誠因看到學校的招生簡章沒有訂語言能力門檻而選擇報考）、本國生也無法確實掌握老師的授課內容。至於老師部分因為可能知道此狀況，所以授課方式採三種不同的方式，其一是請本籍生英語聽力較佳者和國際生比鄰而坐，隨時給予轉譯，本籍生最大的困擾是上課變成瑣碎不連續；第二種方式三節課分成本籍生二節用中文授課，外籍生一節課用英文授課，就學生而言，本籍生少上了一節課，外籍生少了二節課，唯一好處是按表操課；第三種是本籍生二節課用中文授課，外籍生也二節課以全英授課，學生都少上了一節課，老師的授課及學生選課都可能受到影響。因此建議最好將課

程模組化，並確定該模組的所有學分都使用同一種語言爲主的授課方式，並且做好課程地圖，方便學生修課選擇，確保教與學的成效。

二、高級中等以下學校實施加式雙語教學爲主的模式

目前的雙語教育政策，在高級中等以下學校部分，係採減式雙語教育模式，其最大的問題是可能會因而戕害本國固有文化及母語，爲了要加強國人英語文能力，又不損傷固有的文化及母語，採取加式雙語教育則較爲可行。我國目前已進入工商服務爲主的社會，都市國民小學學童放學後多數的去處爲安親班，而幼兒園階段已是全天上課，到國小反而是低年級只有一天下午在校上課，中年級則一般是週三及週五的下午沒課，高年級部分則週三下午沒課，至於國民中學部分大多數學校實施第八節，三年級甚或有第九節的安排，高級中等教育部分因爲升學的理由常安排有第八、九節。再者，學校教師員額應算充足，所以學校兼行政者授課時數不多，尤其是大型學校甚或主任只上一節或無上課規定，然大學教師兼行政者除校長外，最多也共減授 4 節課相比，的確有討論空間，此即採加式雙語學時可能的空間所在。

三、規劃高級中等以下學校學用合一的師資培育

培育具雙語教學能力的師資爲近年師資培育的重要任務之一，但是過往常免不了有培而未用的情形，又無定期回流檢定的機制，是以，光有已完成培訓的數字，未能派上用場或不願上場的結果，多年後是否能夠勝任也是值得注意的問題，如果能夠在培訓後規定一段時限內需有多少實際實習及授課的證明，方發給證書，方能確保培訓的效用。

四、實施學科能力分組爲主的英語教學

學生上課中接收訊息的主要媒介（語言）欠缺將是最爲嚴重的難題，而學生英語能力雙峰現象爲目前實施英語教學的主要困境之一，而且，目前的編班型態爲常態編班，班級學生的學科學習能力差異懸殊，實施差異

化教學或分組教學都有其限制，如能改採能力分組方式實施教學，再配合老師得當的教學，對於學生的有效學習必有其助益。

五、完善線上學習機制

　　線上學習有機會縮短城鄉差距的問題，不過線上學習如能夠配合及時互動的功能，則成效將會更明顯。研究者曾參與某線上課程，印象深刻，其規劃有小班制及大班制二類，小班制限制在 6 人以下，大班制則為 40 人以下，本人比較喜歡小班制，因為互動機會較多，所以沒有確實的大班制經驗。本人選擇吃到飽的方案，因係及時互動，所以必須預約，如果預約後未能上課有其罰則，減少預約而不上線的情形發生，每天 24 小時都可上課，並於上課前一小時才公布課程內容方便預習，每次上課 30 分鐘，時間到即下課，並需完成對授課老師的評量及完成一份小測驗，了解自己上課的情形，至於晉級則由該單位決定時間，通知你在何時開始為晉級評量階段，學生不知道哪一次上課是在進行評量，共有五次機會，五次中如果通過三次則及格，有三次不通過，則下次再重來，評量結果會在上課後一天內給予郵件通知。而上課內容有很多的選擇，由學員自行選擇。另外，研究者的親戚買定另一課程也不錯，即內容提供完全開放，如目前的因材網或優酷網，可選定主題內容和讓單位預約及時互動，另依需要申請晉級。前述二類的授課教師不但都經過檢核，具有合適的教學能力及評斷學員分級的能力，可供參考。

六、建置合適之英語文學習力檢核分級制度

　　近 3 年來有機會到偏鄉的國中，因為看到他們的會考結果，待加強的比例高達 75% 以上，許多師長都提及，事實上，學生到校時的英語文學習力不到小學 3 年級的程度，所以老師教得很辛苦，學生的進步情況也不理想。為能夠讓學生有合適英語文的學習，採取能力分組教學有其必要，要能力分組教學，則學生的英語文學習力之檢核即相當重要，如能建置合宜的英語文學習力檢核分級，並作為分組教學的重要參據，對學生的後續

學習將更有幫助。

七、鼓勵編輯出版符合課綱核心素養的英文版教科書

我國雖於實施九年一貫課程時即不斷提倡教師自編教材的能力，也於九年一貫課程總綱中將自編教材的審查等納入，九年一貫課程實施至今已逾廿年，但國民教育階段真正由教師自編教材者有限，而雙語國家政策主張除英語文課程外，也希望擴及其他領域，為期教師的課程教學更為聚焦，其他領域的教科用書以英語文方式呈現的必要性不言可喻，然在初期使用者有限情形下，宜鼓勵出版商編輯教科用書，或由國家教育研究院所屬之教科書發展中心推出版本，提供學校選擇使用。

八、實施平等無差別的教與學氛圍

從雙語國家教育政策內容看來，在高等教育部分，教師採行全英語上課的鼓勵措施是增加 50% 的薪資支持，此規定在初期鼓勵無可厚非，然教師在學校的任教其待遇應該相同方為正辦，以免造成校內的不平等現象。相同的，學生的部分也應注意到非實驗學校或實驗班之受教環境和資源亦應等同，免造成校內有不同層級的感受。

總之，為強化學生的英語文能力，以利其面對未來社會的挑戰，或有其理由，但也應該了解目前學校的實際現況，從師資、學生學習安排、教與學之資源等細加思考規劃與落實，期免蹈邯鄲學步之後果。

參考文獻

行政院（2018）。行政院第 3629 次院會決議。資料來源：綜合業務處。https://www.ey.gov.tw/Page/4EC2394BE4EE9DD0/78896e62-f950-4f20-8bcd-eb0e20e4d7a0

行政院（2019a）。**專科學校法**。2019 年 5 月 8 日。

行政院（2019b）。**大學法**。2019 年 12 月 11 日。

行政院（2021）。**高級中等教育法**。2021 年 5 月 26 日。

行政院主計總處（2022）。中華民國統計資訊網。https://www.stat.gov.tw/ct.asp?xItem=47698&ctNode=549&mp=4

但昭偉（2021）。不見賢思齊的雙語國家政策。**點教育，3**(1)，1-6。

何萬順（2020）。從雙語國家和雙語教育反思臺灣的語言價值觀。**臺灣教育評論月刊，9**(10)，01-07。

段慧瑩（2000）。**雙語教學模式**。https://terms.naer.edu.tw/detail/1315269/

范莎惠（2020）。再思雙語教育。**臺灣教育評論月刊，9**(10)，88-91。

國家發展委員會、教育部（2020）。**前瞻基礎建設—人才培育促進就業建設 2030 雙語國家政策**（110 至 113 年）。file:///C:/Users/DEAM/Downloads/2030%E9%9B%99%E8%AA%9E%E5%9C%8B%E5%AE%B6%E6%94%BF%E7%AD%96%EF%BC%88110%E8%87%B3113%E5%B9%B4%EF%BC%89%E8%A8%88%E7%95%AB%20(4).pdf

國家發展委員會、教育部、人事行政總處、考選部、公務人員保障暨培訓委員會（2021）。2030 雙語政策整體推動方案。https://bilingual.ndc.gov.tw/sites/bl4/files/news_event_docs/2030shuang_yu_guo_jia_zheng_ce_.pdf

張武昌、周中天、陳純音、葉錫南、林正昌、許月貴（2004）。國民中學學生基本學力測驗英語雙峰現象暨改進措施。**教育部委託專案研究報告**（編號：PG9112-0850），未出版。

教育部（2021a）。十二年國民基本教育課程綱要總綱。

教育部（2021b）。大專校院學生雙語化學習計畫。

教育部（2021c）。**中華民國師資培育統計年報**（2020 年）。file:///C:/Users/DEAM/Downloads/Edu-paper109.pdf

教育部（2021d）。**中國民國教育統計**（2021 版）。https://stats.moe.gov.tw/bookcase/Education_Statistics/110/index.html

教育部國民及學前教育署（2016）。全方位英語學習網 Cool English 新功能發表記者會（2016.2.24）https://www.edu.tw/News_Content.aspx?n=9E7AC85F1954DDA8&s=BB4957E488030128

教育部國民及學前教育署（2021）。提升英語軟實力！教育部「Cool English 酷英網」師生樂學英文。https://eycc.ey.gov.tw/Page/9FAC64F67005E355/9dfc04a2-9717-4c6f-bf16-4a03618861ab

陳幼君（2007）。臺北市立公立國民小學雙語教育班實施現況之探討。**國立臺北教育大學兒童英語教育學系碩士論文，未出版**。

廖偉民（2020）。2020 年臺灣公立國小推展雙語教育之探討。**臺灣教育評論月刊，9**(9)，90-96。

蔡永彬（2019）。教育部推因材網，目標 3 年內所有教師上課用。蘋果新聞網，2019 年 7 月 24 日全國教育局（處）長會議。https://www.appledaily.com.tw/life/20190724/IXAE7TDZ2H3U7XJEKPCFQUIMNU/

簡紅珠（2000）。**教育大辭典—普通教學模式**。https://terms.naer.edu.tw/detail/1311259/

Guthrie, J. W. (2003). Encyclopedia of education. New York: Macmillan Reference USA.

Freeman, Y. S., Freeman, D. E., & Mercuri, S. (2005). *Dual language essentials for teachers and administrators: Heinemann Portsmouth*, NH.

第四章

地方教育行政機關教育決策的制定與案例分析

國立中正大學教育學博士
國立屏東大學教育行政研究所教授兼所長、
教育學院副院長

摘要

　　本文撰寫之目的，係關注於地方教育行政機關教育決策制定的影響因素與當前重要課題，冀期透過相關內容的探析，使該主題能夠獲得更多來自學術與實務研究上的對話，藉以豐富其研究成果。本文首先就地方政府文官選用、官僚體系與決策的關聯性進行探究。其次，探討組織決策的概念與重要課題，計有：1. 組織決策：探討的重點包括：組織決策的特性與影響組織決策的因素；2. 組織決策的重要課題：探討的面向包括：循證決策、大數據、道德決策。接著，進一步對地方教育行政機關的決策案例進行說明與分析，案例類型包括道德決策、循證決策、危機決策等三種類型。最後綜以結語。

關鍵詞：地方教育行政機關、教育決策、循證決策、道德決策

　　本文共分為五部分，分別為前言；地方政府文官選用、官僚體系與決策的關聯性；組織決策的概念與重要課題；地方教育行政機關決策的案例分析；結語。

 ## 壹　前言

　　決策是組織管理過程最常見的工作，成功的組織不只是能夠做出較好的決策，更能有效的執行決策。儘管大多數人都同意這一點，但對於當下所做決定是好或壞，其實就其真正因素的了解知之甚少（Dillon, Buchanan, & Corner, 2010）。因為決策者無法分析所有方案的任何資訊，只能在能力範圍內，盡可能作出理性的決策。換句話說，理性決策（rational decision making）在於尋求滿意解而非最佳解（林孟彥、林均妍譯，2011）。基本上，理性決策依賴理性方法、結構化的程序，藉以減少模糊性與不確定性（Calabretta, Gemser, & Wijnberg, 2017）。理性決策亦可視為是對證據的批判性評估、需要時間和有意識投入的結構化過程（Fitzgerald, Mohammed, & Kremer, 2017）。

　　據此可知，理性決策須透過合理的程序與相關的決策標準，幫助決策者客觀的評估各個備選方案（Kaufmann, Kreft, Ehrgott & Reimann, 2012）。然而實際上，決策過程往往因為理性程度受到限制，許多決策的目標與價值前提分歧且不明確、資訊不充分，所掌握的方案也相當有限（司徒達賢，2015），導致許多決策反而是決策者基於個人的價值觀與偏好（Hwang, 2011），甚至很有可能是決策者在面對問題或情境時，所表現出的習慣性、習得性的反應模式（Scott & Bruce, 1995）。尤其為了取得個人或組織的最大利益，對於該如何做出選擇才能獲得最大的利益，成為工具理性（instrumental rationality）下的思維。

　　即便理性決策強調對所有可能想到的決策方案，進行謹慎有條理的思考並做出選擇（Abubakar, Elrehail, Alatailat, & Elçi, 2019）。但對地方教育行政機關而言，影響其決策過程之因素並不算少，從內部因素觀之，包括：民選首長的教育理念及其對教育事務改革的主張；科層體制下的層級

節制，甚至出現居高位者的非專業主導；平行單位間的權力不對等；文官的教育專業素養；執行教育政策的學校端等。從外部因素來看，包括：民意代表、利益團體、或借用利益團體之名的個人、與教育有關之利害關係人等，都會直接或間接的影響教育決策的過程與後續執行之成效。

　　本文雖然探討地方教育行政機關教育決策的制定，但對非直轄市的教育處來說，其組織定位為縣府的內部單位，而非機關，故上述所稱影響教育決策的內部因素，在實務上的確時有所聞。換言之，即使透過專業討論形成共識，在決策歷程仍然會因人為因素的不當介入，無法做出正確且專業的決策。總而言之，本文之撰寫，主要是從非直轄市的教育處所進行的論述。首先，闡述地方政府文官選用、官僚體系與決策的關聯性；其次，從組織決策的觀點進行概念內涵的說明，並進一步就循證決策、大數據與道德決策等重要課題進行探究；再次，進行案例的介紹與評析；最後綜以結語。

 ## 貳　地方政府文官選用、官僚體系與決策的關聯性

　　政府公務人員在執行職務時，應恪守公務人員行政中立法，因為依法行政與執行公正，係公務人員應有的行政素養，而行政上，所作決策亦應受此規範。雖然地方政府的決策歷程，會受到組織及其成員，以及領導者等因素的影響，但實際上，其決策歷程的影響因素更為複雜。

　　首先，從文官體系政治化的觀點來說，文官選用包括下列兩種類型，第一種類型：選用的政治化，可分為四種型態：政黨認同考量：任命相同政黨理念的高階文官來實踐執政者的理念；政策推動考量：任命認同政策或改革的高階文官來推動相關政策或改革；管理的需求：藉由選用新的高階文官強化對於文官的控制和管理；政黨恩寵：分配文官職位給與相同政黨傾向或意識形態者以換取政治支持。第二種類型則是擴增政治顧問，提供機關首長政策建議，向文官傳達首長的理念，確認政策發展與對外溝通符合首長理念（洪仁美，2020，頁35）。實際上，不論是中央行政機關或地方政府，上述二種類型的文官選用所形成的文官體系政治化，已是普

遍可見的現象。

　　再者，從地方政府民選首長與其任用的政務官關係論之，係可反映出兩種現象：第一種現象，係基於專業與政策推動上的需要，對於該部門相關工作的推動，首長會較以尊重、信任政務官的立場，使工作得以順利推展，但此一關係，並不代表政務官無須回應首長的理念與指示之工作。第二種關係則是政治化的靠攏情形，政務官只要貫徹地方首長的理念與指示，是否能提出個人對所接掌職務與首長理念整合下的工作願景，並非必要之事。此一現象，即顯現出官僚組織政治化與權力連結的運作架構。

　　職是之故，從地方首長到所任用的政務官，再從政務官介入高階文官的選用，以及高階文官的政治關係；無疑的，強化了文官政治回應性的需求，此一關係的連結，更加使得地方政府相關人員決策關係的緊密性，倘若此關係有助於良好政策的決策與實踐，係有助於落實地方政府善治之效，確為民眾之幸。反之，就值得吾人加以省思。

　　再者，從官僚體系的角度論之，理性的官僚組織為求生存會努力擴大自己在某一政策空間中的影響力，建立一個屬於自己的領域或地盤，並使自己擁有高度的自主性或管理裁量權。由於官僚傾向爭取自主、維護領域的行為，故對整個官僚體系產生兩種影響，一是官僚體系內部合作的困難，二是任何部門都不願被其他部門規範，這兩種結果，造就了官僚體系分工但不合作的現象（陳敦源，2005；廖洲棚，2011）。

　　據此而論，地方政府各局處之間從權力到本位主義心態作祟下的決策，勢必出現不同層面與程度的限制。例如：以官僚模式為例，往往以程序理性代替實質理性，即根據過去已經適應且有效的程序或規則做決策，並非以追求價值最大化為選擇的準則。此一決策行為被視為偏向標準行為運作所產生的結果（Allison, 1971）。至於在政治權力模式中，決策過程是無次序的、規則和規範是可以改變的，主張競爭與衝突，決策通常是代表一方談判的結果（Pfeffer, 1981）。換句話說，討價還價似乎是決策結果的主要決定因素。因此，公共部門面臨的挑戰可能是在不損害已收集的資訊價值為前提，進一步支持談判政治中的決策（Dillon, Buchanan, & Corner, 2010）。

綜上所述，地方政治生態牽動下的文官選用及其形成的文官政治體系，以及長期以來一直存在於地方政府各部門之間官僚體系的本位主義，對於決策所造成的影響不容小覷。正確的決策使公共事務的推行能夠產生既定的效益，符應社會大眾或利害關係人的期待，更能形成公部門彼此之間的跨域合作。但錯誤的決策不僅是造成公部門有限經費的浪費，更有可能產生社會的衝突與對立，降低社會大眾對地方政府施政品質的信任感。

 ## 組織決策的概念與重要課題

本節主要從組織決策、決策的重要課題等二大面向，做一重點式的說明，茲分述如下：

一、組織決策

有關組織決策的探討，主要分為組織決策的特性、影響組織決策的因素等二個部分，茲分別說明如下：

㈠組織決策的特性

組織決策主要在於決策的參與者多，具模糊性、序列性、協調性，涉入誘因與生存問題，規章制度會影響決策，衝突與權力會涉入決策過程等（楊仁壽、卓秀足，2017）。在此前提下，即使決策過程尚稱平順、沒有太多的雜音，但並不代表決策過程的偏執、兩難和權力不平衡，就此獲得解決。尤其政府部門本就屬於政治性的組織，如何在權力結構與多元參與的框架中，形成有效的決策，著實考驗領導者的智慧與謀略。

據此而論，組織領導者應權衡所有必要的選項以及所作決策之結果，並同時要能意識到所做的每一個決策都可能影響整個組織與任何的成員，為了做出合理又全面的決策，領導者應理解所有理性決策的過程，需要大量時間和有效的資訊及知識（Ejimabo, 2015）。在實務上，組織決策不僅是進行例行性、具結構化內容的決策工作，也同時會面對毫無前例可循的決策項目。在此過程，決策參與者會受到個人決策風格的影響，而組織領

導者個人的領導風格也會直接影響決策的過程；在此同時，決策者之間更有可能因為個人因素、次級團體的共識、長官下達貫徹指令等等的原因，形成了決策者彼此間為決策結果產生相互影響甚至拉鋸的現象。

綜上所述，領導者所表現出的決策品質是組織成功的關鍵決定因素，一位好的領導者必須觀照全局，而非著眼於個別的事物或人（Boone & Bowen, 1987）。一個好的組織決策能夠幫助組織達成預定的結果，在團隊中建立承諾，展示權力，加強價值觀與相互之間的連結或相關要素的組合（Bolman & Deal, 2017）。但公、私部門在組織決策上所表現的特性，係存有差異。公部門的決策特點是在需要的時候才做出決定，而非主動尋求。公部門在政治環境的影響下具有結構化的決策過程。私部門的決策則被認為是組織提升競爭力的重要推力，私部門的決策具有由上而下、可預見性與主動性等特點（Dillon, Buchanan, & Corner, 2010）。

㈡影響組織決策的因素

本文主要從影響組織決策的領導者因素、組織因素、組織成員個人因素等三個部分做一說明，茲分述如下：

1.影響組織決策的領導者因素

在組織中做決策，係領導者每天在其工作崗位必要之作為，雖然決策過程的某些選擇係簡單易懂，但當決策是複雜、耗時、具挑戰性時，通常需要領導者採取多步驟的方法，進而做出正確且必要的決策（Ejimabo, 2015）。但相關研究顯示，領導者在領導決策的過程可能會受到下列因素的影響，包括：個人過去的經驗、認知偏差、年齡、個人所顯現出個別差異的信念（Acevedo & Krueger, 2004; Stanovich & West, 2008）、或缺乏與組織中正確決策有關的教育、知識、素養與領導風格（Bateman & Zeithaml, 1989）。另有研究發現，不可只關注於領導者做出決策的認知能力，更應關注領導者的情緒，在決策之前、決策時與決策後的作用。因為情緒對決策具影響力，不同的情緒可以導致領導者做出不同的決策（Wang, 2021）。

2. 影響組織決策的組織因素

綜整相關研究可知，決策過程源自組織層面常見的影響因素，包括：組織的傳統與慣例、內部人際關係、外在壓力影響；領導者的行政思維；待決問題的機密性；允許作決定的時間；參與權的明確規範等（吳清山，1991；吳清基，1992；黃昆輝，1996）。此外，決策環境的異質性，例如：公部門、私部門或非營利組織，也會直接影響決策的結果（Adinolfi, 2021）。而組織決策過程不可輕忽的另一關鍵因素，則是團體迷思（groupthink），即當組織決策參與者對群體共識的渴望，超越了決策過程中所提出的替代方案、批評立場或表達不受歡迎意見的邏輯願望時，就會發生這種現象（Hassan, 2013）。亦指團體中的成員因為相信高績效團體必須達成共識而壓制相反意見的傾向，此現象將使得決策變得不理性、不周延（Pol, Bridgman, & Cummings, 2022）。

3. 影響組織決策的組織成員個人因素

來自組織成員個人對組織決策所造成的影響因素，包括：個人的人格特質、知識能力、表達能力、興趣與意願、對組織的認同等因素，都會影響組織決策的過程與結果（吳清山，1991；吳清基，1992；黃昆輝，1996）。整體來說，即便決策過程受到決策參與者投入時間、心力的不同，但都必須正視決策參與者的決策能力。有研究指出，決策者必須能正確應用預先定義的策略，並運用於各選項中進行選擇；如果決策者檢視其他選項後發現，某一選項能提供更好的未來結果，就應放棄先前所選且會發生沉澱成本（sunk costs）的選項；決策者需要具備風險認知、了解社會規範以及對個人能力不足或過度自信的覺察等（Bruine, Parker, & Fischhoff, 2020）。

二、組織決策必須關注的重要課題

本文主要以循證決策（evidence-based decision making）作為論述的基礎；接著，從大數據（big data）、道德決策（ethical decision making）兩個層面，分別與循證決策做進一步的整合探究。

㈠循證決策

從相關文獻可知，關於政策的制定與實踐，世界各國越來越關注使用研究證據的重要性（Association for Public Policy and Management, 2015; Fadhil, Al-Suqri, Saleem, & Al-Kindi, 2018; National Academies of Sciences, Engineering, & Medicine., 2016）。因為決策過程的不確定性始終是一普遍的現象（Ongaro & Andreoletti, 2022）。在不確定的條件下，每種情況都有可能出現數種結果，且決策者通常沒有足夠的信息（Hase, Matos, & Styer, 2014）。儘管決策者可能根據其他考慮因素做出決策，但採取可用且透明的實證數據，強調證據基礎、研究基礎、最佳實務的模型，用於確保以證據為基礎的決策得以忠實的實施，係已成為決策過程的重要機制（Arinder, 2016）。

循證決策對於本來就容易受到公眾形象與滿意度影響的政府機關來說，基於證據的政策決策不僅是訂定明智政策的一種策略，更可成為滿足公民需求的一種手段（Bernardes & Bandeira, 2016; Olasina & Mutulab, 2015）。基本上，循證決策的步驟包括：描述要解決的關鍵問題，藉以制定績效指標；找到決策所需的正確證據；將關鍵數據轉化為可操作的知識並加以分析；在分析數據時，要能具體連結目標群體與需求；對決策採取行動（Hase, Matos, & Styer, 2014, pp. 5-7）。

透過循證決策機制進行有效決策的前提在於，組織成員要能具備獲取、解釋與應用研究的能力，要試圖從研究分析中尋求答案（Haecker, Lane, & Zientek, 2017）。也要能覺察到個人的工作知識在很大程度上會直接影響證據的使用，因為使用者會以自己能理解並認為可以應用的簡單形式，將導致某些關鍵證據因人為因素而缺失（Honig & Coburn, 2008）。簡言之，循證決策重視從證據中探索、發現及洞察，進而在動態環境中做出明智的決策。

㈡大數據與循證決策

大數據係指資料量龐大到無法在合理時間內，透過人工進行擷取、管理、處理、並整理成可解讀的資訊。其重點在於探討如何從資料中萃取

出未知且有價值的潛在資訊，作爲預測未來或調整與優化現況之用（林甘敏、郭欣怡，2016）。因此，大數據能快速擷取、處理和分析大量資料，成爲有用的資訊，以供理解現象、預測趨勢與決策之參考（郭添財、林億雄，2017）。公部門面對大數據分析的改革，如果不想被科技變革樂觀論所蒙蔽，需要與循證政府（evidence-based government）的理念相結合。換言之，決策過程應當愼思與正確的使用科技工具所獲得的資料，在管理途徑、治理結構與政策框架等面向進行深度對話，才能在概念、規劃與執行上，確實達到公部門變革的目的（陳敦源、蕭乃沂、廖洲棚，2015）。

據此而論，大數據與循證實務的關聯性對公部門具有實質的意義。研究指出，將循證實務作爲一種有效且系統化的工具，可用於了解問題的根本原因並提高論辨與討論的品質，對於相關資訊的專業分析，亦已被證明有助於公部門內部的討論和決策（Saraiva, 2018）。此外，從事大數據分析的人員，必須具備領域知識、統計專業知識、量化分析能力及對資料的敏感度（林甘敏、郭欣怡，2016）。就其內涵可知，大數據分析與循證決策對於人員專業知能的要求，有其共同之處。綜上所述，公部門在面對公共事務的決策時，實不可只依賴於決策參與者的經驗證據，係可透過大數據分析機制的建立與結果的提供，爲循證決策提供更爲合理的支持架構。

㈢道德決策與循證決策

就本質而言，道德決策必須相信道德的重要性，也必須對決策所帶來的影響具有道德敏感性、要有評估其複雜、模棱兩可和不完整事實的能力，以及有效進行道德決策的技能。可信賴、尊重、責任、公平、關懷與良好的公民意識，係道德決策的六個基礎。即一項道德決策的產生能維持彼此的信任；表現出尊重、責任、公平和關懷，並符合良好公民的身份（Josephson & Hanson, 2002）。道德決策的過程可分爲四個階段，依序爲：對道德問題的認識：主要取決於個人人格中的情感水平；道德評價：可分爲兩種：(1) 依據當前情境的道德性，並與人格有直接相關；(2) 分析道德條件後果的目的論；道德意圖：一個人的行爲意圖與情緒和經驗直接相關；道德行爲：個人道德價值觀的程度決定其行爲是否具有道德和社會的

積極性（Arar & Saiti, 2022, pp. 130-131）。

　　道德決策最常涉及將他人的福祉作爲評估過程的關鍵標準，並對如何解決包括自己在內的多個利害關係人之間，所存在的競爭利益 / 後果的困境進行評估。面對不同社會和文化群體所持有的法律、專業或道德標準，雖然有助於道德決策，但也可能爲道德決策帶來更複雜的狀況（Kohlberg & Hersh, 1977）。即便許多決策模型試圖強化道德決策的歷程與結果，但並未能充分解決或反映道德決策的許多獨特要素。例如：道德決策通常被描述爲一種更主動但卻非反身自省的判斷過程，因爲決策參與者會在行動展開時積極識別、監控和評估問題與結果（Banks, Knapp, Lin, Sanders, & Grand, 2022; Reynolds, 2006）。

　　據此而論，道德決策仍可能落入主觀意識的決策中，因爲道德決策會受到下列因素的影響，例如：文化差異（張寶光、黃振豐，2008）、性別、教育程度、哲學、國籍和個人價值觀等（Casali & Perano, 2021）。據此而論，以證據爲前提的分析與討論，更顯格外重要。因爲循證決策係以分析可取得的資料爲依據，而不是依靠主觀判斷或意識型態。尤其面對日益複雜的政策問題環境中，決策者經由證據的取得與應用，有助於降低不確定性（莊文忠，2018），並可避免道德決策的偏失造成政策執行面的爭端，且損及政府的公信力。

地方教育行政機關的決策案例分析

　　本節主要以道德決策、循證決策、危機決策作爲案例說明與評析之標的，茲分別說明如下：

一、道德決策的案例分析

㈠案例說明

　　某縣市因砂石清運獲得 1000 萬元的財政收入，教育處及體育場承上級指示，將此經費在當地興建一座棒球場，未來可採取委外經營或吸引球

團作為移地訓練之用。教育處在第一時間接獲指示後，就進行相關問題的釐清與可行性的評估。首先，在實地場勘後發現，興建球場的場址與河道及河流的出海口距離太近，很容易受到颱風或強降雨所帶來的複合型災難，導致球場嚴重受損；除此之外，秋冬季節的東北季風，也會使得紅土球場養護不易，有必要審慎評估是否一定要在此地興建。另一因素則是以1000萬元興建球場，顯然是一不可能的任務，尤其一座球場蓋好後，沒有工作人員的辦公與工作空間、沒有球員的休息室、沒有廁所與盥洗空間、沒有辦理比賽所需的設施與設備、沒有夜間照明設備，只會增加委外經營的困難度或大幅降低球團移地訓練的意願。

還有一個更重要的因素，就是球場的場址位於原住民族傳統領域的範圍，依《原住民族基本法》第21條第1款所示：《政府或私人於原住民族土地或部落及其周邊一定範圍內之公有土地從事土地開發、資源利用、生態保育及學術研究，應諮商並取得原住民族或部落同意或參與，原住民得分享相關利益》。因此，若未取得該部落的同意，根本就無法順利執行此項工作。綜整上述三個問題，教育處的立場是以不興建作為向首長報告的方向。但之後教育處得知，該案之構想並非首長之意，而是府內一名政務官對首長之建議，且教育處被要求必須達成任務。

為此，教育處採取同步運作的方式以爭取本案的時效性，一是由體育場著手依序進行委外規劃設計案的評選、工程案的發包、動土儀式、施工。二是由教育處積極與部落進行協調。在進度上，與部落的協調工作始終無法取得共識，隨著動土儀式的舉行，周邊也掛起了抗議的白布條，任何機具進場後也無法順利施作。在最後一次的部落會議上，與會的教育處人員更加明顯的感受到，推動此案的困難度已超乎想像，也決定再度向首長進行報告，藉以獲得雙贏的局面。

本案經由教育處長向首長進行評估報告後，取得首長的同意，以尊重原住民基本法、公部門不挑起族群之間的衝突為前提，並將本案轉為有意願爭取興建簡易棒球場的鄉、鎮、市，在取得部落同意後，向縣府提出申請。本案的峰迴路轉，不但避免了不必要的社會衝突，也讓某一鄉完成多年期待的鄉屬簡易棒球場。

(二)案例評析

本案例首先從政治道德的觀點評之，所謂政治道德係指從道德視角出發，為政治原則、體制、價值等提供一套凌駕在上的規範，藉以保證政治生活體現了道德上的正當，進而取得政治上的正當性（錢永祥，2014）。即政治必須以道德為基礎，基於自由理性的個體可以合理接受的道德理由，且政治不只是制度的建立，更需要公平公正的制度，並確保行使權力的人得到合理的授權與監督（周保松，2020）。簡言之，政府權力的行使應本於政治道德與法令制度的基礎上，實踐其善治之責。

其次，從道德決策的觀點評之，決策歷程中的道德，本質上係一連續行為的表現程度，並不會產生道德問題存在或不存在的二分法。為避免做出有違道德之決策，在資訊蒐集的過程中，就必須兼顧所有足以影響決策結果之相關利害關係人的意見，並進行任何可替代方案的評估（Banks, Knapp, Lin, Sanders, & Grand, 2022）。個人如果能將道德與社會責任視為是重要的，其行為就能反映出更高的道德與社會責任行為（Singhapakdi, Vitell, Rallapalli, & Kraft, 1996）。質言之，道德強度與道德決策具有高度的關聯性（武維邦、陳驊、嚴國建，2010）。

接著，從法令條文的觀點評之，除了本文前述《原住民族基本法》第21條第1款所示內容外，公務人員中立法第4條亦明訂：公務人員應依法公正執行職務，不得對任何團體或個人予以差別待遇。同法第12條則是指出：公務人員於職務上掌管之行政資源，受理或不受理政黨、其他政治團體或公職候選人依法申請之事項，其裁量應秉持公正、公平之立場處理，不得有差別待遇。據此而論，在政治與行政的互動關係中，依法行政係公務員執行公務之分際，從政治道德到道德決策理應以恪遵法令之下的公正公平為前提。

總而言之，一項好的決策，不僅是法律條文的遵守，決策更必須借助於跨部門和跨越組織界限的群體交流，而不是少數關鍵個人之間的行為或互動（Joensuu & Niiranen, 2018; Shrivastava & Nachman, 1989），才能確保從政治道德到道德決策的過程與結果。本案例可視為因個人主觀意識及言

說內容致使道德決策出現問題，因為法律已明訂之事項就應作為決策評估之前提，如果明顯違反法律之界線，就必須接受更大的道德檢驗，才能凸顯決策背後所隱藏的因素。誠如 Hartman 與 DesJardins（2011）所言，決策對相關人員福祉的影響程度，決定了決策在多大程度上是道德決策。此外，本案例即便突破困難興建完成，未來仍有可能面臨無法順利委外經營管理或遭遇複合型天然災害造成球場的嚴重損壞，致使當時與此案有關的承辦人員、主管及其他相關人員，面臨究責之困境。

二、循證決策的案例分析

㈠案例說明

某縣市國民中小學學生在學習扶助篩選測驗的表現上，不論是未通過率、年級未通過率，與全國的未通過率相比，均發現有一段的落差，且平均成績與通過門檻的成績相比較，也有明顯的差距。但在學校訪視的過程中，幾乎絕大多數的學校都表示，站在學校的立場我們非常重視學習扶助政策的推動，在簡報中，學校也提出相關的做法。然而，數據顯現的結果，並無法證明學校的用心與投入是能產生作用的。當要進一步檢討時，更發現槍口一致對外的說詞：學生之所以成績表現不佳，大多是因為家庭因素所導致，學校對於家長的教育觀念及態度，實在很難介入。此一標準化的歸罪於外，似乎所有的一切都與學校教育無關。

至於國中會考的成績，學生在五大考科被評定為待加強的比例，也是逐年攀升，甚至五大考科都被評定為待加強的學生人數也是有增無減，顯見該縣市學生的基本學力出現相當大的問題，這已不是單純的家庭教育問題，學校教育若不深思檢討，勢必持續惡化。為此，教育處決定同步採取橫向與縱貫的連結機制，期能藉由多元管道所蒐集的證據，作為個別學校改善之基礎。

在橫向部分，包括：國民中小學學習扶助的篩選測驗（全面實施下修測驗）、成長測驗，以及學力測驗的結果。國民中學另加會考成績，國民小學則是外加識字量檢測。不論是篩選測驗、學力測驗、國中會考，均對

每一題與該領域的基本學習內容、各領綱的能力指標進行對應分析，藉以掌握個別學校、同屬鄉鎮市、全縣的學生，在不同學習階段、不同年級所反映出的學習問題，唯有從問題點切入，才能具體且真實的評估教師教學策略的可行性。

至於縱貫部分，則是依時間序持續的收集與分析資料。每一次的分析皆包括個別學校、個別學校與同屬鄉鎮市的其他學校、個別學校與全縣的整體表現等三個面向進行分析比較，其結果作為個別學校自我參照的標準，並請學校研提改善措施；在此同時，教育處也同步推動學校本位教師持續專業發展，促使學校從所屬問題情境中找到方向與策略。除此之外，上述分析結果也同時作為教育處辦理相關研習的依據，藉以滿足學校在教師專業發展上的需求。

為能使學校本位教師持續專業發展工作的推動順利進行，教育處透過自治規則的制訂，頒布《○○縣學校本位教師持續專業發展實施要點》。為使此項工作能有效落實，教育處邀請四所國中、七所國小，進行種子學校的培訓，主要重點在於如何透過資料的蒐集進行學校現況的盤點、分析與評估，以及如何將分析結果轉化為行政與教學兩個子系統，作為專業發展方案規畫之依據。因此，每一所學校最後所擬定的策略及作法，皆源自於實際之需求。接著，為能有效推動此要點，除了辦理說明會外，所有學校所提送的計畫均採取實質審查並給予必要的協助與輔導，促使學校能具體掌握該要點的精神，共同為教師專業素養與學生學習品質及學力的提升來努力。

㈡案例評析

本案例係循證與專業整合運作之決策，從循證的角度評之，該縣教育處對國民中小學學習扶助篩選測驗、成長測驗，以及學力測驗、國中會考，識字量檢測進行數據的蒐集與分析。從 Wang 與 Strong（1996）對獲得資訊品質所提出的三個重要維度，即內在、脈絡與表徵可知，上述成績來自不同管道且具有難度與鑑別度的測驗，係符合內在維度所重視的準確性與客觀性。教育處對於相關資訊適時且長期的蒐集，以及篩選測驗與成

長測驗、學力測驗與國中會考，彼此之間的相互關係，亦能凸顯脈絡維度所主張的即時性與相關性。此外，對於各項測驗題目的答題情形與題目所對應的基本學習內容或能力指標進行分析，找出個別學校、鄉鎮市行政區的學校、全縣學校整體表現的問題，則是顯現出表徵維度的可解釋性與易於理解的特性。

面對上述循證決策所推動的學校本位教師持續專業發展，係透過法制化途徑藉以奠定專業政策的立基，而本案最關鍵之決策並非是建立了自治規則，而是在建立自治規則之後，對種子學校的培力、以及政策導入、輔導與全面推動所做出的決策。因為一項政策的推動，實不可假定政策執行者已具備政策所涉及之專業能力，此一戰略性的錯誤，必定會導致政策的失敗，唯一的成果就是虛應形式的假象。另一關鍵則是將教育處在循證決策時所蒐集的資訊，有效的轉化為每一所學校也必須對學校本身的相關數據進行蒐集與分析，成為推動學校本位教師持續專業展的起始點或問題點。簡言之，教育處讓學校也能善用循證決策與專業整合機制，並與教育處同步關注待解決的教育問題，係有助於教育品質的提升，而以數據驅動所形成的決策，更容易做出準確的決策。

三、危機決策的案例分析

㈠案例說明

某縣市在一場風災的襲擊下，街道所見滿目瘡痍，面對如此強大的災害，就連一大清早要趕往應變中心的路上，都必須在滿是傾倒路樹的道路中尋找汽車可通行之處。在颱風中心登陸範圍內的學校，校園設施或設備嚴重受損，其他區域範圍之學校，同樣也出現不同程度的損壞。在停電又無法獲知學校的受損項目與情形，以及所需救災機具與人力需求的狀況下，如何展開救災復原工作，成為教育處首要面對的難題。

為此，教育處決定將一樓的會議室改為學校救災應變中心，並用最短時間將所需之電腦、列表機、辦公用品、網路環境建置完成，便於所有工作調度與事權統一的運作。在此同時，為能不受停電影響又得盡快掌握各

校受損情形，教育處將處內除國教科科長外的科室主管、8職等以上的公務人員，分派至不同區域進行各校的勘災，透過文字紀錄與攝影方式，將所獲得的第一手資訊，利用手機回傳至應變中心。此外，也同步通知學校盡快將所需支援之救災項目，盡快回傳至應變中心。

　　救災初期，教育處每天會與國軍、民間救災團體或其他縣市派遣的救災單位，共同執行與檢討相關的工作，主要任務包括：每日配合救災項目與工作路線，調度重型機具與人力資源的配合，進行校園環境的整理與清運；針對學校與社區仍屬停電狀態的校園進行檢視，排除所有可能存在校園內的影響因素；各校持續進行災損及經費需求的通報。之後，就是啓動復原機制，此階段除了向行政院公共工程委員會提出經費需求外，另一重點就是妥適安排民間企業、民間團體或個人，對不同經費需求學校修繕工程的認養與媒合。雖然行政院公共工程委員會在災害發生後的三周內就完成經費審查，但實際上面臨更大的問題在於缺乏專業人力的投入。例如：因爲地緣關係缺乏足夠的建築師協助學校進行規劃設計，造成招標作業的進度受阻；民間愛心所捐贈的材料，但卻出現有料缺工的困境。

　　此階段離學校開學日只剩下四周左右的時間，危機發生後的壓力仍處於高度狀態。爲了協助必須辦理工程修繕或設備採購的73所學校，教育處請總務輔導團提供定型化表件供各校使用，只要等經費核定公文到府，各校就可進行公告。對於另外59所無須招標或由民間接手修繕工程之學校，教育處採取每三天一次的線上列管。在此階段，教育處與所有學校的共同目標就是力拼所有學校如期開學，讓學校回到常軌。

　　最後，學校雖然都如期開學了，但所有的復原工作仍持續進行中，爲能掌握本次危機事件復原工作的問題，作爲未來決策參考依據，教育處也進行相關工作的檢討，獲致下列幾項結論：首先，本次風災修繕工程的施作工項多且雜，施作時間急迫，影響廠商備料及不同工項人力的組成，降低參與議價的意願。其次，受限於區域性的條件，必須積極邀請外縣市的專業人力協助，使得前置作業階段的時間增加。再次，本次風災民間也同樣造成重大的災損，更加凸顯區域性嚴重缺工、缺料的情形；而設備採購部分也受到廠商庫存量的影響，必須從外縣市調貨支援，造成完成時間的

延後。除此之外，部分學校人員不熟悉政府採購法的相關規定，也是造成延宕的原因之一。

㈡案例評析

本案例顯現出危機決策往往處於訊息不完全的狀態，教育處在災害發生的第一時間，即派遣人力透過實地的了解，藉以爭取時效以及確實掌握來自現場的重要資訊，作為啓動救災與降低危害的決策依據，並非只是在辦公室內被動地等待學校的災損回報，尤其處在大部分學校停電、校園又遭受破壞的情況下，勢必造成資訊取得的不對稱。簡言之，政府的危機決策有緊急、具風險、非程序化等特點，與例行決策有其差異。就政府的危機決策而言，政府必須具備快速收集資訊、策略研究和做出決定性決策等能力（李宗勳、陳世榮，2019）。

再者，從協力決策的觀點評之，面對災害發生時的決策，必須透過多元行動者的參與、持續互動與協力決策，才能有效達成訊息與資源的交流，並取得行動上的協調（Comfort et al., 1999）。本案例在地方首長的領導與指揮下，面對各級學校的救災工作，相關單位彼此之間確實發揮了協力決策的重要元素，即跨部門協力權責與範圍、資源連結共用；跨部門資訊流通與對話、詢問請教學習；緊急應變時的信任程度、共同分擔風險等（李宗勳、陳世榮，2019，頁7）。

對危機決策來說，儘管每一次危機發生的原因與所選擇策略不盡相同，但不同的危機事件，所獲得的經驗都是組織知識的最佳來源。從本案可知，雖然每所學校都如期開學了，但其實只是基本功能的復原；也就是說，復原過程最迫切的短期目標雖然達成，但所有功能的發揮仍需要持續的投入，始能漸續恢復原本的作用，甚至產生比以往更佳的功能。因此，對危機處理過程與相關影響因素的檢討，就顯得格外重要。據此可知，教育處最後所進行的檢討亦為值得肯定的作法。

綜合以上所述，危機決策是危機處理的關鍵，而危機處理過程中的協力決策，則是危機決策不可或缺的要件。因為決策者不可能無所不知，他可能只是某一方面的專家，也會受到個人與所處情境的影響。所以決策過

程透過跨域的連結與協作，必定能夠讓決策與行動產生最佳的效果。

 ## 伍　結語

　　對地方政府教育行政機關來說，不論運用何種模式進行決策，其實都難以跳脫理性決策的思維。即決策的過程幾乎是對所有可能想到的方案，進行謹慎有條理的思考並做出選擇（Abubakar, Elrehail, Alatailat, & Elçi, 2019）。雖然在決策的過程中，參與決策者難以避免因個人經驗、感覺與判斷累積所產生的直覺決策（林孟彥、林均妍譯，2011），但決策者的確要避免在看似無關的事實中對資訊的突然感知（Ritter & Dijskterhuis, 2014）。因為有效的決策，必須本於事實與具體情況，更要有效減少備選方案的不確定性，提升決策品質的過程。

　　在政府治理與決策的過程，其實理性選擇理論（rational choice theory）係受到下列的質疑，例如：理性選擇理論對理性計算官僚的描繪，卻忽略了心存公共利益官僚的存在，顯現出在動機假定上過於狹隘。其次，理性選擇理論和多元主義提倡的選擇概念相似，僅是菁英與擁有資源者的權利，缺乏對社會弱勢的關注度。另一則是理性選擇理論批判官僚自利行為將降低民眾對政府的信任感，造成政府治理的困境。整體而言，理性選擇理論係將價值簡化為個體偏好的一部分，且這一部分與追求者需付出多大代價才能獲得，係有其關聯性（陳敦源，2005，頁 10；廖洲棚，2011，頁 287）。

　　職是之故，地方教育行政機關對於教育事務所進行的決策，不僅要能避免產生上述的缺失，也應充分理解，不可將教育行政拆解成教育、行政兩個層面，而是要本於教育行政的整體思考如何落實教育專業，尤其一項重要教育事務或政策的推動，所影響的對象、層面、經費與時間等，都必須透過深思熟慮始能發揮良好的作用。除此之外，處於決策之高層，更不可心存明知不可為而為之的心態，甚至於做出不當的政策指示，一旦執行，極有可能讓文官日後面臨來自行政或司法的課責。

　　總而言之，面對快速變遷、價值多元、眾聲喧嘩的社會，即便是一項

被眾人所肯定的教育事務或政策，也絕不可能滿足所有人的需求、想法或價值觀。據此而論，決策過程的程序正義與實質正義就更顯重要。因此，不論是有權利參與決策者，抑或是有權力影響決策者，都應該思考個人在直覺與理性決策下，掌握循證決策、道德決策與大數據運用的重要性，藉以獲得更多的支持與肯定。

參考文獻

Robbins, S. P., & Coulter, M.（2011）。管理學（林孟彥，林均妍譯）。臺北市：華泰文化。（英文版出版於 2008 年）。

司徒達賢（2015）。**管理學的新世界**。臺北市：天下文化。

吳清山（1991）。**學校行政**。臺北市：心理。

吳清基（1992）。**教育行政決定理論與實務問題**。臺北市：文景。

李宗勳、陳世榮（2019）。都會災害防救中的協力決策：對市府部門的互動網絡評估。文官制度，**11**(1)，1-33。

周保松（2020）。**政治的道德：從自由主義的觀點看**。香港：香港中文大學出版社。

林甘敏、郭欣怡（2016）。運用大數據分析檢視科技大學系所就業面之培育成果。中科大學報，**3**(1)，95-115。

武維邦、陳驊、嚴國建（2010）。道德強度在不同的數位情境上對道德決策的影響。國立虎尾科技大學學報，**29**(2)，21-35。

洪美仁（2020）。文官體系政治化的發展趨勢與衝擊：兼論英國經驗。公共行政學報，**59**，31-65。

張寶光、黃振豐（2008）。**跨區域組織道德環境對經理人專案評估決策之影響─以中國與台灣之比較**。2008 會資財稅學術研討會，真理大學，臺北縣。

莊文忠（2018）。循證的政策制定與資料分析：挑戰與前瞻。文官制度，**10**(2)，1-20。

郭添財、林億雄（2017）。教育大數據時代的創新發展。**台灣教育**，**708**，17-24。

陳敦源（2005）。為公共選擇辯護：論公共選擇理論與「公共性」議題在行政學中的相容性。行政暨政策學報，**40**，1，1-36。

陳敦源、蕭乃沂、廖洲棚（2015）。邁向循證政府決策的關鍵變革：公部門

巨量資料分析的理論與實務。國土及公共治理季刊，**3**(3)，33-44。

黃昆輝（1996）。**教育行政學**。臺北市：東華。

楊仁壽、卓秀足（2017）。**組織理論與管理：個案、衡量與產業應用**。臺北市：雙葉。

廖洲棚（2011）。公民社會中的官僚回應困境：理性選擇的觀點。空大行政學報，**22**，279-308。

錢永祥（2014）。**動情的理性：政治哲學作為道德實踐**。臺北市：聯經。

Abubakar, A. M., Elrehail, H., Alatailat, M. A., & Elçi, A. (2019). Knowledge management, decision-making style and organizational performance. *Journal of Innovation & Knowledge, 4*(2), 104-114.

Acevedo, M., & Krueger, J. I. (2004). Two egocentric sources of the decision to vote: The voter's illusion and the belief in personal relevance. *Political Psychology, 25*(1), 115-134.

Adinolfi, P. (2021). A journey around decision-making: Searching for the "big picture" across disciplines. *European Management Journal, 39*(1), 9-21.

Allison, G. T. (1971). *Essence of decision: Explaining the cuban missile crisis*. Boston, MA: Little Brown and Company.

Arar, K., & Saiti, A. (2022). Ethical leadership, ethical dilemmas and decision making among school administrators. *Equity in Education & Society, 1*(1) 126-141.

Arinder, M. K. (2016). Bridging the divide between evidence and policy in public sector decision making: A practitioner's perspective. *Public Administration Review, 76*(3), 394-398.

Association for Public Policy and Management. (2015). *APPAM 2015 fall research conference: The golden age of evidence-based policy*. Retrieved from https://www.appam.org/conference-events/fall-research-conference/2015/

Banks, G. C., Knapp, D. J., Lin, L., Sanders, C. S., & Grand, J. A. (2022). Ethical decision making in the 21st century: A useful framework for industrial-organizational psychologists. *Industrial and Organizational Psychology, 15*(2), 220-

235.

Bateman, T. S., & Zeithaml, C. P. (1989). The psychological context of strategic decisions: A model and convergent experimental findings. *Strategic management journal, 10*(1), 59-74.

Bernardes, C. B., & Bandeira, C. L. (2016). Information vs Engagement in parliamentary websites– A case study of Brazil and the UK. *Revista de Sociologia e Política, 24*(59), 91-107.

Bolman, L. G., & Deal, T. E. (2017). *Reframing organizations: Artistry, choice, and leadership*. Hoboken, NJ: John Wiley & Sons.

Boone, L. E., & Bowen, D. D. (1987). *The great writings in management and organizational behavior*. New York, NY: Random House.

Bruine de Bruin, W., Parker, A. M., & Fischhoff, B. (2020). Decision-making competence: More than intelligence. *Current Directions in Psychological Science, 29*(2), 186-192.

Calabretta, G., Gemser, G., & Wijnberg, N. M. (2017). The interplay between intuition and rationality in strategic decision making: A paradox perspective. *Organization Studies, 38*(3-4), 365-401.

Casali, G. L., & Perano, M. (2021). Forty years of research on factors influencing ethical decision making: Establishing a future research agenda. *Journal of Business Research, 132*, 614-630.

Comfort, L., Wisner, B., Cutter, S., Pulwarty, R., Hewitt, K., Oliver-Smith, A., Wiener, J., Fordham, M., Peacock, W., & Krimgold, F. (1999). Reframing disaster policy: The global evolution of vulnerable communities. *Global Environmental Change Part B: Environmental Hazards, 1*(1), 39-44.

Dillon, S., Buchanan, J., & Corner, J. (2010, November). *Comparing public and private sector decision making: Problem structuring and information quality issues* [Conference session]. Proceedings of the 45th Conference of the ORSNZ, New Zealand.

Ejimabo, N. O. (2015). The influence of decision making in organizational leadership and management activities. *Journal of Entrepreneurship & Organization Management, 4*(2), 2222-2839.

Fadhil, B. B., Al Suqri, M., Saleem, N., & Al-Kindi, S. (2018). Evidence-based decision making- A review of key literature to inform development of a model for the council of oman. *International Research: Journal of Library & Information Science, 8*(4), 466-483.

Fitzgerald, D. R., Mohammed, S., & Kremer, G. O. (2017). Differences in the way we decide: The effect of decision style diversity on process conflict in design teams. *Personality and Individual Differences, 104*, 339-344.

Haecker, B. M., Lane, F. C., & Zientek, L. R. (2017). Evidence-based decision-making: Influences on central office administrators' decision-making practices. *Journal of School Leadership, 27*(6), 860-883.

Hartman, L. P., & DesJardins, J. (2011). *Business ethics: Decision-making for personal integrity and social responsibility*. New York, NY: McGraw-Hill Irwin.

Hase, C., Matos, R., & Styer, M. D. (2014). Evidence based decision making: Techniques for adding rigor to decision support processes in complex organizations. Retrieved from http://www.modsimworld.org/papers/2014/MS1480-Decision%20Making%20MODSIM%202014%20Paper.pdf

Hassan, G. (2013). Groupthink principles and fundamentals in organizations. *Interdisciplinary journal of contemporary research in business, 5*(8), 225-240.

Honig, M. I., & Coburn, C. (2008). Evidence-based decision making in school district central offices: Toward a policy and research agenda. *Educational policy, 22*(4), 578-608.

Hwang, E. K. (2011). The introductory studies of theories for decision-making in the public sector. *Chung Hua Journal of Humanities and Social Sciences, 14*, 12-39.

Joensuu, M., & Niiranen, V. (2018). Political leaders and public administrators: Interaction patterns and pictures in Finnish local government decision-making processes. *Public Policy and Administration, 33*(1), 22-45.

Josephson, M. S., & Hanson, W. (2002). *Making ethical decisions*. Los Angeles, CA: Josephson Institute of Ethics.

Kaufmann, L., Kreft, S., Ehrgott, M., & Reimann, F. (2012). Rationality in supplier selection decisions: The effect of the buyer's national task environment. *Journal of Purchasing and Supply Management, 18*(2), 76-91.

Kohlberg, L., & Hersh, R. H. (1977). Moral development: A review of the theory. *Theory into practice, 16*(2), 53-59.

National Academies of Sciences, Engineering, & Medicine. (2016). *Advancing the power of economic evidence to inform investments in children, youth, and families*. Retrieved from https://www.ncbi.nlm.nih.gov/books/NBK379351/

Olasina, G., & Mutula, S. (2015). The influence of national culture on the performance expectancy of e-parliament adoption. *Behaviour & Information Technology, 34*(5), 492-505.

Ongaro, M., & Andreoletti, M. (2022). Non-empirical uncertainties in evidence-based decision making. *Perspectives on Science, 30*(2), 305-320.

Pfeffer, J. (1981). Understanding the role of power in decision making. *Classics of organization theory, 3*, 404-423.

Pol, O., Bridgman, T., & Cummings, S. (2022). *The forgotten 'immortalizer': Recovering William H Whyte as the founder and future of groupthink research*. https://journals.sagepub.com/doi/pdf/10.1177/00187267211070680

Reynolds, S. J. (2006). A neurocognitive model of the ethical decision-making process: implications for study and practice. *Journal of Applied Psychology, 91*(4), 737-748.

Ritter, S., & Dijskterhuis, A. (2014). Creativity- The unconscious foundation of the incubation period. *Frontiers in Human Neuroscience, 8*, 1-10.

Saraiva, P. M. (2018). Quality and statistical thinking in a parliament and beyond. *Quality Engineering, 30*(1), 2-22.

Scott, S. G., & Bruce, R. A. (1995). Decision-making style: The development and assessment of a new measure. *Educational and Psychological Measurement,*

55(5), 818-831.

Shrivastava, P. & Nachman, S. A. (1989). Strategic leadership patterns. *Strategic Management Journal, 10*, 51-66.

Singhapakdi, A., Vitell, S. J., Rallapalli, K. C., & Kraft, K. L. (1996). The perceived role of ethics and social responsibility: A scale development. *Journal of Business Ethics, 15* (11), 1131-1140.

Stanovich, K. E., & West, R. F. (2008). On the relative independence of thinking biases and cognitive ability. *Journal of personality and social psychology, 94*(4), 672.

Wang, R. Y., & Strong, D. M. (1996). Beyond accuracy: What data quality means to data consumers. *Journal of management information systems, 12*(4), 5-33.

Wang, Y. (2021). What is the role of emotions in educational leaders' decision making? Proposing an organizing framework. *Educational Administration Quarterly, 57*(3), 372-402.

第五章

地方教育協作治理與決策創新：公私協力的發展

王慧蘭

英國威爾斯卡地夫大學哲學博士
國立屏東大學教育行政研究所副教授

摘要

　　面對全球社會急遽變遷與教育創新變革的需求，教育協作治理與決策創新有其重要意義，如何透過公私協力的嘗試與發展，讓教育治理和決策更具有活力和效率，是本文的主要關切。本文針對教育治理、良好治理、協作治理等概念內涵和要素進行文獻蒐集整理，再以個人參與地方教育公私協力的實務經驗為例，進行概要說明與分析，期能提供未來地方教育協作治理、決策創新和公私協力發展之參考。

關鍵詞：地方教育協作治理、決策創新、公私協力

壹　緒論

一、複雜體系與教育治理的多層次運作

當代社會具有動盪（volatile）、不明確（uncertain）、複雜（complex）與模糊（ambiguous）等關鍵特性。在簡稱 VUCA 的時代中，傳統的教育行政和決策如何回應迎面而來的問題和諸多挑戰？如何透過問題的多元觀看與深度思考，提出有效的問題解決策略？如何辨識關鍵議題並引領重要的發展趨勢？如何讓新世代的公民充分發展其潛能與生命價值？上述問題都是當前教育決策者必須面對與思考的議題。

「教育治理」（education governance）涉及教育與治理。教育治理是公共行政與教育行政研究與實踐的重要領域，與教育政治、教育權力與決策、教育創新與變革等面向密切相關。傳統的管理（management）通常指規劃、實施和監督職能，以實現預定目標和結果；治理則是關切如何分配和共享權力、如何制定政策、確定優先事項以及如何讓利益相關者承擔責任等。

比較教育學者 McGinn（2002）曾指出，治理改革（governance reforms）有六大趨勢，分別是全球的擴散（global spread）、由輸入到輸出（from inputs to outputs）、漸增的複雜度（increased complexity）、對利害關係人更多注意（greater attention to stakeholders）、更寬廣的經費來源（broader sources of revenue）以及由地方管理到地方治理（local management to local governance）。OECD（2019）的研究報告中提出，面對全球日益複雜的社會變遷，包含許多大規模的社會和經濟變化，例如人民受教育程度提高、父母與學生對於教育的多樣化需求、政府執政訊息的公開透明化要求、技術變革導致低技能工作的替代、高等教育機會擴大導致的更高期望、人口結構變化導致學生人數下降或相互聯繫和增加國際移動遷徙等，都帶來新的挑戰，需要新的治理模式和機制，許多國家都努力確保能有效規畫與實踐。

近十年來，OECD「教育研究與創新中心」（Centre for Educational

Research and Innovation, CERI）將「教育治理」列爲研究主題之一。OECD
國家的關鍵問題之一是：如何在日益複雜的教育系統中提供高品質、高效
率、公平和創新的教育。許多變化使得教育治理層面，從傳統的層級關係
轉向分工、相互依存和自我調節。當前教育系統的特點是「多層次治理」
（Multi-level governance），在各層級運作中不同行爲者之間聯繫，流動並
容許開放談判。現代教育治理必須能夠兼顧活力和複雜性，引導朝向既定
清晰目標，並以有限財政資源達到目標（OECD, 2019a, 2019b）。

二、協作治理與教育決策創新之必要

倫敦大學教育學者 Parsons 曾言，如果 60、70 年代是 John Rawls 所代
表的關注結果公平的公共政策架構，80 年代就是 Hayek 代表的個人主義
與市場的勝利，90 年代應屬「社群主義」所建立的公共政策架構。而到
了二千年，社群主義強調的是協作治理的精神（轉引自李宗勳，2005）。

Burns & Köster（2016）在合編的《在複雜世界中治理教育》
（*Governing Education in a Complex World*）一書中，提出有效教育治理重
點，包含―當責（accountability）、能力建構（capacity building）以及策
略思考（strategic thinking）。當責強調處於多層級不同行爲者能否爲其行
動負責；能力建構的重點，聚焦於確認差異、技能需求以及個人、機構和
體系層面的實施動態；策略思考涉及如何爲不同的需求者和行動者，在教
育體系中發展共同目標。它需要彈性以因應調整，並使得每個參與者都能
夠協同行動。如何創造開放、動態和具有策略思維的治理體系，都是當代
教育治理的重點。

回看臺灣的教育治理，王麗雲（2007）提出，地方教育治理制度的設
計往往與政治或價值中立有關，不同制度設計對於地方教育發展有不同影
響。透過對於臺灣地方教育治理模式之整理，歸納地方教育治理有三種主
要模式：專業科層模式、民主模式、政治模式。林雍智（2010）比較日本
與臺灣教育自治和分權情形，發現兩個要點：一是從階段發展與法規規範
而言，臺灣歷經解嚴、地方制度法制定、教育改革活潑期，第三階段受到
全球化與歐美教改潮流影響，解嚴之後社會急速民主化，教育發展和各項

改革推進急速；法規規範方面，相關法規有教育基本法、地方制度法、國民教育法與教育經費編列與管理法。二是教育治理理念與實務的落差，教育是「由誰來治理」或「由誰來統治」？能否讓教育的利害關係者經由有意義的實質參與，提升教育品質？臺灣的中央與地方均權，組織結構以樹枝狀科層組織為主要架構，教育部長大多是擁有教育背景的政務官，地方各縣市教育局長除地方制度法公布，縣市首長可以由機要職政治任命外，一般皆遵守公務人員任用資格產生。當教育治理兼具「科層體制」與「專家治理」特質時，決策結構的設定和實質運作（利害關係者僅是參與或可進入決策核心），遇到不同立場或利益衝突時，教育決策如何堅持理想或可能在政治壓力下妥協或被操弄，上述問題都值得省思。

　　政府的良善運作，原本就不是容易的事。在組織之內、層級之間、跨系統之間如何發揮各自專業，如何在政策目標、法令規範、經費與時間壓力的框架下合作協調，產生良好治理（good governance），都是挑戰。隨著公共事務不斷擴增，公共行政內容日益繁雜，傳統科層體制實已無法負荷，政府的角色必須有所轉變，引進新的公共事務參與者，以使公共服務能更具效率、品質與回應性。在新公共管理思潮引領下，更具彈性、回應性、效率性的公共事務運作方式受到重視與應用。政府的運作重心應放在目標設定與監督檢核，賦予基層與非政府行動者更多自主性與彈性。受到當代資訊科技快速發展的影響，網絡治理、資訊治理、跨系統協作、公私協力等都是重要教育治理議題。教育治理也會涉及政府常用之治理工具，如競爭型計畫、資訊公開、統合視導等，也包括基層組織常用的分散性領導、中層領導、地方系統領導等議題（潘慧玲、王麗雲，2022）。

　　2016 年至 2019 年期間，個人曾自大學借調至地方政府教育處，在此期間對於中央與地方教育行政組織與運作、地方教育行政的科層體制、教育政策的政治性和行政脈絡等，有較深入的近身觀察。曾經參與以及持續協助的方案包括公辦民營實驗學校，以及與民間非營利組織合作推動偏鄉教師方案等。根據個人的經驗與觀察，雖然公私協力對於學校端可能有實質幫助（尤其是偏鄉地區學校活化、師資流動與需求問題），但因許多教育政策涉及多方立場和不同觀點，以及在公部門科層體制依法行政和分工

的慣性思維中，公私協力的合作歷程必須努力突破原有法規和運作的許多限制、進行可行策略的溝通，以及歷程中持續的問題解決和合作意向檢視等。以下先概述教育治理、良好治理、協作治理等概念內涵，再以個人參與教育公私協力的實務經驗為基礎，進行案例概要說明與分析。

 文獻探討

一、教育治理與良好治理

吳清山（2020）指出，教育治理包括：教育治理的層級、法治基礎、機制、過程與目標等五大層面和相關要素，如圖1。教育治理的重要目標，必須考慮組織擁有相當的自治權力與績效責任，才能建立公平教育的環境與機會，提供學生高品質教育，以提升學生學習效果。

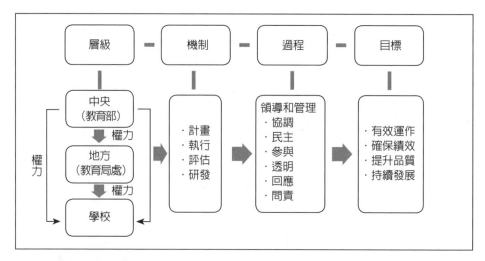

圖1 教育治理要素架構

資料來源：吳清山（2020：6）。

世界銀行（World Bank）於1992年名為「治理與發展」（Governance and Development）的報告中，曾提出良好治理（Good governance）的八個

面向，如圖 2。針對如何提升教育治理的品質，良好治理強調確保當責制、透明度、回應能力、法治、穩定性、公平和包容性、賦權和廣泛參與的結構和流程。廣義而言，良好治理是關於公民和利害關係人之間的互動，以及參與公共事務的文化和制度環境。

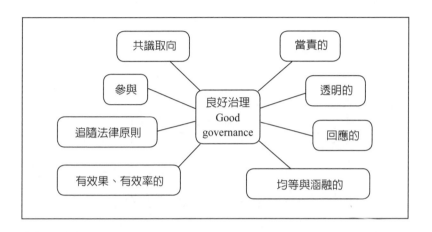

圖 2　良好治理的八個面向

資料來源：World Bank（1992），研究者整理。

Booranakit 等人（2018）根據泰國和國際有關良好治理的相關文獻和政策論述，擴充世界銀行提出的八個面向，歸納提出教育管理良好治理的原則，如下表 1。表 1 將治理所涉及的各種要素更清楚呈現，良好治理的原則除了涉及法律、民主、經濟、權責相符等重要面向外，更包含持續學習的精神，以及當代訊息與通訊科技之運用，為教育治理與決策提升合理性、精確度與品質。

表 1　教育良好治理的原則

1. 法律原則（The rule of law）
2. 道德／倫理（Morality/ethics）
3. 透明度（Transparency）
4. 參與（Participation）
5. 責任（Responsibility）

6. 經濟的成本效益（Cost-effectiveness of economy）
7. 有效性（Effectiveness）
8. 效率（Efficiency）
9. 權力下放（Decentralization）
10. 均等（Equity）
11. 回應性（Responsiveness）
12. 當責（Accountability）
13. 共識（Consensual）
14. 政治合法性（Poitical legitimacy）
15. 學習型組織（Leraning organization）
16. 原則（Principles）
17. 人力資源發展（Human resource development）
18. 訊息與通信科技（Information and communications technology）

資料來源：Booranakit, Tungkunanan, Suntrayuth & Ebenezer (2018).

二、教育協作治理與公私協力

　　當全球化已成為 21 世紀重要趨勢之一，在不同層次與面向形成衝擊，包括地方經濟與空間發展不均衡的現象加劇，以及文化同質化的危機等。全球化對於城鄉發展產生重大衝擊，因此對於採取怎樣的策略以促進地方發展，成為越來越重要的關切。另一方面，隨著新自由主義的興起，國家與地方間的權力關係產生根本性重構，地方發展的策略，由傳統的外生發展（或由上而下），轉變為更多的內生發展（或由下而上）策略（李承嘉、廖本全、戴政新，2010）。

　　在教育和其他公共服務中採用公私協力有不同的理由。Verger & Moschetti1（2017）將之歸納為「新公共管理」（New Public Management, NPM）和「公共治理」（Public Governance）兩大取向。新公共管理是公共管理中的方法之一，採用商業管理和其他學科中的知識和經驗以提高效率、有效性和現代科層機構中公共服務的表現。新公共管理途徑認為在公共教育中採用公私協力的理由有以下幾點：(1) 增加運用於基礎教育等公共服務的財政資源，以提供更好的資源運用；(2) 讓政府能夠專注於本身具有優勢的事務能力（規劃、政策、質量保證和課程開發等），而私部門

則負責提供服務；(3) 透過關注產出和結果而非歷程，以實現更大的創新；(4) 允許政府繞過運營限制；(5) 在提供公共服務方面引入競爭壓力，進而提高創新和效率。而相較之下，公共治理途徑的重點是促進公共行政的透明度、利害關係人參與和公共行政的可持續性。因此，公共治理途徑強化公私合作的原因，主要包括：(1) 允許公共教育部門通過網絡利用私營部門的知識、技能和創新合作；(2) 減少學校教育的政治化和教育部門的腐敗程度；(3) 通過合同、明確的成本計算計劃和問責措施使成本更加透明；(4) 促進利益相關者—包括民間社會—參與公共事務服務交付和相關決策。

　　在 UNESCO 有關協作治理的相關文件中，協作治理與政府權力下放的原因，可歸納爲以下幾點：一是財政負擔與行政責任的轉移；二是簡化行政流程與提高行政效率；三是政治權力的再分配；四是扣連在地需求的教育改進；五是回應文化差異和語言多元主義（Linguistic pluralism）（UNESCO, 2007, 2016）。協作治理產生的背景因素可歸納爲：公民參與的興起、民營化風潮的衝擊，以及公共管理型態的改變等。協作治理的重要意涵包括：(1)「協作治理」又稱爲「協作夥伴」（Collaborative Partnerships）或「公私協力」（Public-Private Partnership，簡稱 PPP），是一種治理改造工程。是政府尋求提昇治理能力、改善治理效應的主流思維。基於相互認同目標，建立在不同行動者間（政府、營利部門與第三部門）的動態「互動」關係。(2) 協作治理的互動關係主要源於具有互動互賴共同關係的一群人，基於共同利益、問題和需要而逐漸產生共同意識的凝結與集體行動。(3) 協作夥伴概念已在歐洲各國公部門體系開花結果，其中又以英國新工黨政府首相 Tony Blair「第三條路」（The Third Way）思維爲主要的改革論述，普遍影響英國公、私部門與第三部門的互動協力與合作關係（林淑馨，2012）。

　　有關協作治理的原因、目的、型態、運作、優缺點和可能問題等，在公共政策領域已有許多相關論述和研究。歸納而言，協作治理強調「共同」的互動關係，其特質包括：異質性的共同協商與參與、互惠與共同出力、協調融合、共同安排等（李宗勳，2005）；協作治理成功的要件涉及清晰的目標、對等之關係，以及具有共同目的（林淑馨，2012）；協作治

理的優勢包括：透過資源整合使雙方互蒙其利、強化民主決策與民主參與
效果、改善傳統公共行政缺失，有效解決社會問題和解決市場失靈現象
（吳英明，1996）。當代治理強調對於決策結構、政策網絡和社會自我管
理等各種協調系統之研究，特別關注第三部門和非營利組織發展，強調去
中心化、合作與網絡概念（陳榮政，2019）。

　　Ansell and Gash（2007）曾提出教育協作治理模式，其中涉及整體歷
程中許多複雜的面向和因素，包括起始情況、制度設計、協作歷程、催化
領導、支持條件和產出等，每個環節都需要協作者具有高度的合作意願和
良好機制，如圖 3。

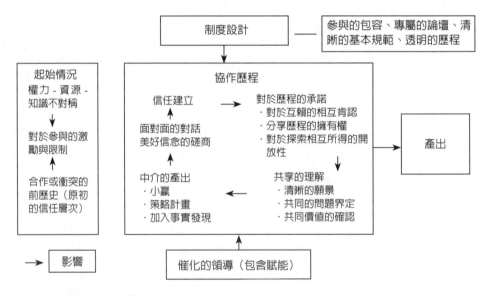

圖3　教育協作治理模式

資料來源：改編自 Ansell and Gash (2007).

　　當面對急遽的社會轉型、長久難解決的教育問題和教育創新的需求
時，如何結合公私部門的能量和多元策略，共同合作以創造教育的藍海，
實是當務之急。但教育治理中公私協力常會面對的問題，也同時值得中央
與地方教育當局更多審視與討論。林淑馨（2012）歸納協作治理可能面對
的問題面向與原因包括：(1) 政府機關龐大和層級複雜，同一任務往往由

許多不同單位共同負責，造成權責歸屬模糊及不明確；(2) 協力過程監督、審議太多，削弱競爭契機；(3) 公私部門對公共事務認知差距；(4) 公部門資訊具壟斷性，無法流通；(5) 協力機構的承接能力問題。

以教育創新而言，如果將整體教育行政，不論是中央教育部、地方教育當局或學校層級，都是教育創新的重要支持系統，目前從國際組織或各國研究中發現，創新之實現，包括研究人員、私部門、民間社會和政治機構之間的互動和有效溝通、跨組織和網絡之間的夥伴關係相當重要。在系統和動態框架內，才能真正理解創新的意涵和真實面貌。「創新系統」的定義是組織、人員和規則的網絡，是技術和知識的創造、傳播和創新利用的框架。對於教育創新支持系統而言，既關注調動資源以支持創新，也關注系統形成和加強不同參與者之間的聯繫。針對創新策略研究，OECD（2021）呼籲政府採取整體方法，為公共部門、私部門、高等教育和國家研究能力等，建構創新的支持環境。創新的能量與不同國家的經濟、社會和政治發展密切相關，如何建立支持互動學習的正式和非正式機構，將是關鍵挑戰。

教育治理或教育決策創新涉及更廣義的社會創新。歐盟轉型社會創新理論計畫（TRANsformative Social Innovation Theory, TRANSIT）（2017: 4）曾提出社會創新 13 項原則，亦可作為教育治理與決策創新的重要參考：

1. 為了學習與實驗而存在的物理和心理空間是必要條件。
2. 我們需要可替代和多元的經濟。
3. 創新既是形塑新事物，也是重新定義舊事物。
4. 我們需要嘗試替代的社會關係和相關的價值觀。
5. 社會與物質變遷彼此交織：我們需要兼具社會與科技的創新。
6. 轉型的變革需要公民社會、國家和市場的混合組合。
7. 社會創新絕不能成為廢除必要公共服務的藉口。
8. 跨在地（Translocal）的賦權對於全球化挑戰是有希望的回應。
9. 社會創新就是培養一種歸屬感、自主性和能力。
10. 透明和兼容的決策是變革的必要條件。
11. 推動變革需要替代和多元的敘事。

12. 更多相互肯認和戰略合作是必須的。

13. 擁抱悖論是轉化的社會創新的關鍵。

 ## 參 教育公私協力實例

一、公辦民營實驗學校

自 2014 年底實驗教育三法通過後，實驗學校在全臺灣的申請成立數目越來越多。依據教育部國民及學前教育署統計，學校型態實驗教育計畫通過校數由 105 學年 35 所增加至 110 學年 98 所，校數以國小居多，其次是國中、高中；公辦民營實驗教育計畫通過校數由 105 學年 5 所增加至 110 年 15 所（教育部網站）。相較於公辦公營實驗教育較偏向原有學校體制內的鬆綁，公辦民營實驗學校之辦理，主要依據《公立高級中等以下學校委託私人辦理實驗教育條例》，以及縣市依據母法訂定的相關辦法與施行細則。

以南臺灣的屏東縣而言，至 2022 年共有三個公辦民營實驗學校，分別由三個不同的基金會與縣政府教育處簽約進行合作辦理。除了上述中央與地方教育單位的相關法規必須遵守外，公辦民營實驗學校之辦理還可能涉及下列程序或問題：

1. 原學校內部人員對於轉型為公辦民營實驗學校的意願，以及家長、社區對於轉型的理解與支持度；

2. 地方政府教育局處或學校能否找到適合的民間合作單位（包含其經營理念與經驗）進行公辦民營實驗教育；

3. 地方政府教育局處與民間合作單位的相互了解與信任程度；

4. 地方政府教育局處實驗教育審議委員會、地方教育審議委員會對於民間合作單位及其提出的公辦民營實驗教育計畫是否支持與審議結果；

5. 公辦民營實驗教育辦理的合作契約內容、雙方權責關係與合作年限、評鑑方式與規範等；

6. 公辦民營實驗教育正式辦理過程中，地方政府教育主管單位、學校

行政團隊、民間合作單位（三方）的認知、權責、分工與溝通關係；

　　7. 上述三方對於原公立學校的行政面向（學校人事、經費、各項來自中央或地方政府的考評與行政要求、外部資源爭取與運用）、課程與教學面向（學期制、學生學習權益、課程架構與內容、學習方式與評量等）等事務的立場與認知，以及面對問題或衝突時的溝通態度與解決策略的提出與協商；

　　8. 公辦民營實驗學校的辦理歷程和成果如何適當評估，歷程中的困難如何釐清、理解與溝通改善，合作三方對於合作成果與歷程經驗的價值判斷和看法，都將影響是否持續協力合作的意願和行動。

　　值得注意的是，不論是公辦公營或公辦民營實驗學校，因具有「公辦」性質，每年仍是由地方政府編列預算，預算內相關的人事聘任和考績評核等仍是縣市政府的相關權責。與私人辦理實驗教育相較，公辦民營實驗學校雖然獲得私人基金會相關資源挹注和協助；但相對而言，在合作經營的協商過程中，也必須花費更多時間以取得「教育部—縣市政府教育局處—民間基金會—學校—社區」等多方共識與合作。公辦民營實驗學校的申請與運作，在不同階段常面臨不同問題和挑戰。臺灣的教育行政常是以中央政府和相關法規為依歸，而地方教育又涉及政治與許多繁雜的法令和現實問題，縣市政府或教育局處對於實驗教育的理解和支持態度，將影響實驗教育的實質發展。公辦民營實驗教育的辦理，不只是一個學校或機構掛牌之後就順利無阻的自動化歷程，更應被視為是公私部門所有參與者共同相互理解、尋求共識、持續磨合的發展歷程。

　　如果回歸至地方教育行政的結構面檢視，臺灣地方教育局處的組織和分工，依據公共行政相關法規，上對中央政府、中對地方政府、下對轄屬學校，所有對應的關係都受限於科層體制的權責角色、相關法規與分工原則。各地方政府教育局處對於學校而言，主要是將轄屬學校所可能涉及的各種層面事務，例如課程教學、人事、學校空間與建築、特殊教育、幼兒教育、體育等分別由學務管理、人事管理、國民教育、特殊教育、學前教育和體育健康等各科室負責。實驗學校的管理單位，表面上看來是某科室，但其實更涉及整體地方教育行政人員對於實驗教育的瞭解與辦理經

驗，以及從建立、輔導、監督等相關歷程是否有充分溝通與妥善協調的機會。常見的情況是，實驗學校雖依據相關法規提出計畫書，也申請部分法規排除報請教育部核准，但辦理實驗教育的實際過程中，若面對中央或縣市政府不同單位或科室對於實驗教育的不同理念與要求，往往常會產生認知衝突或窒礙難行之處（王慧蘭，2019）。

雖然公辦民營實驗學校有許多困難挑戰與磨合歷程，但因其真實發展經驗對於教育現場問題改善、教育創新與公私協力具有重要意義，因此仍值得努力。主要可歸納為三層次影響：

1. 社會力連結：實驗學校的發展歷程，引發更多關心臺灣教育尤其是偏鄉兒童受教權和偏鄉發展的民間組織和社會力，公私部門的不同單位或組織得以因合作共事而互相學習，更瞭解教育現場的真實需求，產生真實的支持培力與連結合作。

2. 教育行政創新：實驗學校的發展歷程，提供讓現有教育法規產生真實碰撞，引發思考、檢討、解構與超越的真實空間，讓傳統的教育行政管理者更能瞭解學校的能動性與可能性，以及偏鄉學校所必須回應的複雜社會情境，提供法規修正與制度創新的契機。

3. 學校創新：因教育法規合宜鬆綁，讓一群具有共同理念與熱情的教師、學生和家長可以共同學習和成長，且因持續努力而發展出真實的學習創新與學習者想像，可以成為各地教育創新的實作場域、培力基地和資源網絡連結平臺。

二、偏鄉教師方案與地方教育創新基地

臺灣偏鄉教育問題與長期城鄉發展不均、偏鄉產業不振、人口流失有密切關係。教育部多年來持續針對偏鄉教育發展有許多補強方案，包含偏鄉教育加給、補助改善偏遠地區學校宿舍，期能吸引更多教育人才留在偏鄉任教；更於 2017 年 12 月公布《偏遠地區學校教育發展條例》，試圖以更全面和系統性的策略回應偏鄉教育問題。但是即使有上述相關政策，偏鄉師資的高流動率，以及偏鄉小校常因人力短缺而產生的行政與教學負

荷，對於偏鄉學校的組織文化和教育品質而言，仍是很大考驗。

　　為臺灣而教教育基金會（Teach for Taiwan，簡稱 TFT），初始協會成立於 2014 年，於 2017 年正式登記爲教育基金會。TFT 是一個以年輕人爲主的非營利組織，其成立與臺灣社會創新和社會創業趨勢有關，也與「爲美國而教」（Teach for America, TFA）與其國際網絡（Teach for All）或全世界各地類似組織具有相同的創辦精神。這些組織都是號召有意願至偏鄉教育服務的青年，加以培訓簽約後在偏鄉學校進行服務，以實際陪伴經驗作爲培養青年社會關懷意識與眞實培力的途徑，企圖改善「教育不平等」現況，爲每一個孩子創造平等的教育機會。

　　2014 年至 2022 年，TFT 召募培訓超過 200 位計畫成員，與臺南、屏東、雲林、花蓮、南投等縣市合作。自 2015 年始 TFT 與屏南 4 所國小合作，至 2022 年與屏東恆春半島 9 所學校合作，以校數而言，占該區域學校 45%，累計有 49 位 TFT 計畫成員進入校園擔任 2 年代理教師；在屏東服務的計畫成員，有 60% 續留第三年在屏東服務。對於偏鄉小校而言，TFT 年輕代理教師的人力資源有其重要性，也獲得多數偏鄉學校和家長的肯定（TFT 年度報告，2021）。

　　但多年來，TFT 都是與偏鄉學校直接洽談合作，縣市政府或教育局處的角色或合作關係並不明顯。與學校直接洽談合作的關係，較容易因爲學校領導者更換或對合作關係不熟悉而產生變化；此外，如何將資源和陪伴力從個別學校擴散至半島所有學校，讓更多學校與師生受惠，如何爲長期合作關係找到更深厚的基礎鏈結和發揮影響力，都是在地協作的重要考量。

　　另一方面，從有關偏鄉發展的公共政策面而言，在《偏鄉地區學校教育發展條例》中，第 13 條強調「地方主管機關得以偏遠地區學校爲中心，於學校既有空間、人員及資源外，結合該地區其他自治行政、教育、文化、衛生、環保、社政、農政、原住民、災害防救之單位或機關（構）、非營利組織之空間、人員及資源，相互支援與集中運用，以充分發揮學校之教育、文化及社會功能。」第 19 條第 2 款亦明載「中央主管機關爲提升偏遠地區之教育水準，應鼓勵並補助地方主管機關設立任務編組性質

之區域教育資源中心，對偏遠地區學校提供課程與教學之研究及行政支援」。與上述條例精神相符的，是近年來行政院國家發展委員會在地方創生的相關政策，鼓勵支持人才返鄉與地方創生。

　　基於上述發展脈絡，以及在屏東 TFT 學員與校友人數逐漸增加的情況下，TFT 開啓「屏南深化合作計畫」，嘗試從原先的各校單點式合作模式，轉變爲整個屏南區域學校與社區的網絡式共同成長與支持模式。歷經約 1 年半的拜會、協商與籌備改建，「屏南教育創生基地」於 2022 年 9 月揭牌啓用。此案是由屏東縣政府與 TFT 合作，以車城國小溫泉分校一棟兩層樓老舊校舍爲基地（因分校學生數少，此棟校舍老舊未使用，已從教育處轉撥給勞動暨青年發展處負責，作爲地方創生發展之用），屏東縣政府勞動暨青年發展處申請國發會經費補助並結合縣府資源修繕建築硬體，TFT 依縣府公告程序申請獲准後簽約使用，TFT 邀請合作企業贊助建築內部裝潢設施、資訊軟硬體和書籍等，並由 TFT 承接後續營運（同時邀請均一教育基金會、誠致教育基金會共同合作），由屏東縣政府教育處、在地學校校長與基金會合作，規畫在地教師培訓方案。希望後續可以成爲屏南孩子的閱讀學習場域、半島教師（TFT 學員與校友 / 一般新進教師 / 在職教師）的專業培力場域、在地教育領導人與社區內外人才跨域共學場域，並成爲外界資源引入與在地人才培力合作的平臺。茲將屏南教育創新基地的公私協力脈絡，概要呈現如圖 4。

　　上述屏南教育創新基地公私協力案例的說明，包含現況問題的辨識與回應思考、改善策略的提出、預期願景、公私協力的協商和發展脈絡等，其中涉及許多不同場域的行動參與者、各自的訴求和價值觀、共同合作的信任基礎與契機，以及長遠發展的共同願景、規劃與機制等。

　　上述案例，也是對於教育部偏鄉相關政策的重要回應。教育部《偏遠地區學校教育發展條例》有其立法美意，但法規條文的真正落實，仍需持續檢視與努力。對於公部門而言，如何突破既有法規、經費和人事任用的限制，以讓偏遠地區的整體教育運作更爲順暢？對於學校而言，如何獲得長遠穩定的多層次支持，以回應在偏鄉辦學的需求，並能發展出創新的學習想像？對於學生而言，如何獲得足夠的成長資源和學習發展支持，具

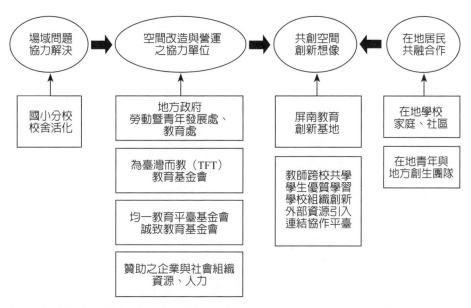

圖4　屏南教育創新基地的公私協力脈絡

有走出家鄉的能力和走回家鄉的情懷？學校教育問題，尤其是偏鄉教育問題，往往很難只用學校或教育系統的慣性思維或舊有方法找出真正的解方。教育涉及複雜的社會面向，例如學生家庭、社區文化、人口結構、地方產業、政治、經濟、交通、醫療等。如何改變或改善教育不平等的現象與問題，如何打造在地的教育生態系和相關的支持系統，都需要持續針對問題脈絡和糾結進行了解思考，也需要公私部門和在地所有參與者持續的對話、尋求共識、協力合作與串聯。

 結論

當教育行政受到既有法規、預算編列、科層體制人才選用與形式慣性思維的限制時，創新的能量和改變的機會如何可能？面對轉型社會的急遽變遷和教育發展需求，如何為教育治理和決策創新注入新思維和新策略？

林月雲、吳思華、徐嘉黛（2020）經由分析12個教育創新的成功案

例，提出五個實務建議，可作爲教育決策創新之參考：(1) 將長期問題轉成教育創新的機會；(2) 資源限制不應該是無法進行教育創新的藉口；(3) 有形與無形的正當性同樣重要，正當性是創新能否永續的關鍵；(4) 無中生有的創新才是眞正的創新；(5) 建置一個永續的生態系統。微觀、宏觀互動生態系統相輔相成的運作，才能成功達成教育體系的轉型創新。

不論是政府公部門的良好運作或治理改革，或是公私協力發展，都是爲了因應社會轉型與公共福祉需求。因此必須克服文化和社會政治障礙，並且超越原來環境與慣性。政府公部門如何回應不同層次的社會問題，如何回應社會中不同階層、性別、文化、性取向等公衆的眞實聲音與需求，如何了解與回應廣大社會的創新脈絡，並善用其眞實力量？公共治理或教育治理與決策的思考必須更開放、公私協力的可能合作基礎、意願、溝通和策略必須更靈活與持續調整，並能不斷更新和重新定位，才能將當代全球或在地社會發展的實踐轉化力量與教育場域相連結，讓教育的良善性和公共性更能落地生根與永續發展。

參考文獻

王慧蘭（2017）。偏鄉與弱勢？法規鬆綁、空間治理與教育創新的可能。**教育研究集刊，63**(1)，頁 109-119。

王慧蘭（2019）。**偏鄉實驗教育的永續發展─社會建構、培力對話與人文生態評鑑**。論文發表於 2019 第三屆實驗教育國際研討會，國立政治大學實驗教育推動中心主辦。

王麗雲（2007）。地方教育治理模式分析。**教育政策論壇，10**(1)，頁 189-228。

吳英明（1996）。公私部門協力關係之研究：兼論公私部門聯合開發與都市發展。高雄：復文。

吳清山（2020）。新冠肺炎疫情時代教育治理之探究。**教育行政與評鑑學刊**，第 27 期，頁 1-28。

李宗勳（2005）。協力夥伴跨域治理的挑戰與機會─以社區風險治理為例，**警政論叢**，第 5 期，頁 1-41。

李承嘉、廖本全、戴政新（2010）。地方發展的權力與行動分析：治理性與行動者網絡理論觀點的比較。**台灣土地研究，13**(1)，頁 95-133。

林月雲、吳思華、徐嘉黛（2020）。教育創新生態系統的生成與演化。**清華教育學報**，第三十七卷，第一期，頁 1-40。

林淑馨（2010）。**日本型公私協力：理論與實務**。臺北：巨流。

林淑馨（2012）。**公共管理**。臺北：巨流。

林雍智（2010）。教育的自治、分權與學校經營改革─日本案例評析及對我國之啟示。**教育行政與評鑑學刊**，第九期，頁 59-80。

為臺灣而教（2021）。**109 學年度／年度報告**。https://www.teach4taiwan.org/

陳榮政（2019）。**教育行政與治理：新管理主義途徑**。臺北：學富。

潘慧玲、王麗雲主編（2022）。**教育治理：理論與實務**。臺北：高等教育。

Ansell, C., & Gash, A. A. (2007). Collaborative governance in theory and practice. *Journal of Public Administration Research and Theory*, *18*(4), 543-571.

Booranakit, N., Tungkunanan, P., Suntrayuth, D. & Ebenezer, J. (2018). Good governance of Thai local educational management. *Asia-Pacific Social Science Review*, *18*(1), pp. 62-77.

Burns, T. and F. Köster (eds.) (2016). *Governing education in a complex world.* Educational Research and Innovation, OECD Publishing, Paris. http://dx.doi.org/10.1787/9789264255364-en.

Department of Education (2019). *Governance handbook: For academies, multi-academy trusts and maintained schools.* London, UK: Author.

McGinn, N. F. (2002). *Internal and national trends in local governance of education.* UNESCO.

OECD (2019a). *Strategic education governance.* Paris, France: Author.

OECD (2019b). *Working together to help students achieve their potential.* OECD Publishing.

OECD (2021). *Building the future of education.* OECD Publishing.

Robertson, S., Mundy, K., Verger, A. & Menashy, F. (eds.) (2012) *Public private partnerships in education: New actors and modes of governance.* UK: Edward Elgar Publishing.

TRANSIT (2017). *Manifesto for transformative social innovation.* https://tsimanifesto.org/manifesto/

UNESCO (2007). *Educational governance at local levels: Policy paper and evaluation guidelines, modules for capacity building.* Division for the Promotion of Basic Education, UNESCO. Paris, France: Author.

UNESCO (2016). *Changing dynamics in the governance of education: A comparative analysis of emerging issues and reforms in emerging countries.* Paris, France: Author.

Verger, A. & Moschetti, M. (2017). *Public-Private partnerships as an education policy approach: Multiple meanings, risks and challenges.* UNESCO. Washington, DC: Author.

World Bank (1992). *Governance and development*. https://doi.org/10.1596/0-8213-
2094-7.

第六章

面向未來的政策部署：
地方教育決策網絡之
創新治理行動

陳佩英

美國南加州大學哲學博士
國立臺灣師範大學教育學系教授暨
教育研究與創新中心主任

許仁豪

澳洲雪梨大學哲學博士
法國巴黎高等政治學院訪問學者

摘要

80 年代至今，隨著政治經濟變遷及科技發展，臺灣教育決策制度已有了跨系統的轉換。傳統仰賴由少數政治菁英主導的決策系統已難以回應教育系統中越趨複雜的問題，取而代之的是，強調分散、彈性與任務型導向的工作思維，廣泛學習與結合不同的治理技術，使教育決策盡可能回應教學現場的實際需求。然而，教育決策的去中心化與擴大參與的趨勢，並非暗示傳統的科層思維要被屏棄。本文透過「聚合思維」（Assemblage thinking）的視角，重新理解我國教育決策系統的發展，並以臺南市參與教育部精進計畫為例，分析地方政府的教育決策網絡及其創新治理行動，說明治理機制如何在系統分工、跨系統整合與溝通，以及集體心智學習等政策部署中，得以穩健運作，並以符合在地脈絡的方式，回應各校之需求。

關鍵詞：教育決策網絡、創新治理、聚合思維

壹　緒論

一、80年代後教育決策系統的發展

隨著政治經濟變遷及科技發展，臺灣教育決策制度已有了跨系統的轉換（陳佩英等，2022）。傳統的教育決策系統仰賴官僚體系與分層決行所建立的一套高度結構化的行政決定模式，受到行為主義與實證主義的影響，這一套行政模式的運作，遵循著理性決策的原則，以「解決已存在的問題」為運作核心，建構能一體適用的標準流程：定義問題、評估可行方案，依照理性分析，採取最合適的策略，以作為回應問題的方式，最後再將單次的政策循環作為下一次政策精進的依據（Colebatch, 2002; Goodwin, 2011）。長久以來，這樣的教育行政決定系統，一直是穩健提升教育品質的重要機制。在臺灣，不管是過往義務教育或九年一貫課綱的推行，不可否認的，透過分層分工與理性決策為準則所建立起的決策機制，確實為臺灣教育發展奠定穩固的基礎。

然而，近十年來，政治經濟去中心化已逐漸成為組織變革的重要趨勢。過往仰賴由少數政治菁英主導的決策系統已難以回應「問題」，取而代之的是，強調分散、彈性與任務型導向的工作思維，才得以及時解決問題。其中，治理是國內普遍發生的創新作法，其特性是可以用科層架構的去中心化和專業民主參與組合之形式。這種計畫治理運作形式不僅反映在政治結構的民主化進程上，專業化領導也在近年來的國家層級的教育改革中被廣為重視。最明顯的例子莫過於 12 年國教新課綱的推動，不再能夠單純透過行政官僚體制，以由上而下的方式推行，取而代之的是更多教育工作者的專業參與和決策，且需具備課程規劃、教學實踐與系統思考（陳佩英等，2020）。因此，專業民主參與並非依賴高階領導階層的專業人才納入決策體系，而是促使每一次的決策都盡可能回應教室的實際需求（陳佩英、潘慧玲，2013）。

再者，科技的不斷創新與突破，一併加速了去中心化與決策專業化的進程，也是計畫治理可以發揮的策略（Takayama & Lingard, 2019）。舉例

來說，在 2000 年初期，各縣市教育局處對所轄學校的資料蒐集多仰賴繁瑣的手動計算，並以傳眞的方式，交由局處窗口，再一次以手動彙整的方式，才得以將資料歸納並分析出決策所需要的具體參考指標。然而，現在手機通訊軟體與各式資料彙整並自動視覺化的平臺蓬勃發展，決策歷程不僅加速，甚至在各種不同技術與工具的協助下，讓政策決定更爲準確，都顯示臺灣教育決策制度已邁向全新的階段。

二、大型計畫的去中心化與民主參與

筆者於 2007 年開始接下教育部委託主持的高中優質化輔助方案（以下簡稱高優方案），在此 15 年執行計畫的過程中，見證了高中教育的演變，尤其是迎接 2019 年實施的 12 年國民基本教育課綱，更可觀察到大型教育政策的實施需要多方參與，才能有效啓動整體與系統性的改革；同時，大型教育政策去中心化的決策歷程、執行與持續修訂已逐漸成爲我國教育治理的重要趨勢，這不單僅是涉及到教育專業與民主參與的教育政策制定與決策，更重要的是，如何有效將政策目標與執行符合時空脈絡地牽連起來，變革意義才能彰顯，並且眞正深入學校中的日常實踐（陳佩英，2022）。

除了筆者親自主持的高優方案所帶來的觀察之外，在參與由國立臺灣師範大學張素貞教授所主持「教育部補助直轄市縣（市）政府精進國民中學及國民小學教師教學專業與課程品質作業要點」（下稱精進計畫）後設研究的過程中，亦發現到大型教育計畫的實行效能仰賴跨系統的接合、合作與串連。此計畫於 2007 年開始，配合九年一貫的課程推動，已成爲地方政府重要的整合型計畫。該計畫不單是教育部內國教署、師藝司與資科司的補助整合，同時串連各地方政府，以全局綜觀的視角，針對在地的需求以及教育發展，據以盤點與規劃未來的發展，是一個具有相當規模與歷史的計畫（張素貞等，2018）。

自 2013 年起，配合新課綱發展期程，由過往九年一貫支持與輔導轉型成爲以推動十二年國教爲主軸。國教署、師藝司與資科司更是於 2018

年將原先的補助計畫加以整合，將過往精進教學品質計畫更名爲「教育部補助直轄市縣（市）政府精進國民中學及國民小學教師教學專業與課程品質作業要點」，透過調整爲學年度計畫的方式，持續協助各直轄市、縣（市）等地方政府。除了增能活動的補助外，該計畫亦針對地方的國民教育輔導團、輔導群以及三階人才（輔導員初階、進階、與領導人）培育計畫予以補助，期望以穩健且在地的方式，協助區域內學校發展素養導向的課程規劃。

　　不論是高優方案或是精進計畫，顯然邀集各大學的專家學者、中央與地方政府的政策與方案制定者，以及學校實務工作者一起參與工作，已取代過往政治或學術菁英主導的決策模式，轉往在橫向與縱向連結相關利害關係人，打破傳統模式中時常遭議論的「不接地氣」，發展出無論在目標、執行和檢核上能有效地滾動修正，以政策學習方式達成計畫目標。大型計畫若能以擴大參與、以策略規劃的目標作爲行動共識，的確有利於計畫的推動與落實，如此在不改變科層組織的運作邏輯下，也能以開放和彈性運作的方式滿足中央與地方政府的教育創新，此模式也可以說是具備相當程度的去中心化，很適合專業性組織與系統因應變革的一種策進形式。

三、未來不確定性之挑戰

　　不過，我們似乎正處在另一個系統變革的關鍵時刻之中。經濟合作暨發展組織（Organisation for Economic Co-operation and Development, OECD）在 2022 年初，公布了《2022 趨勢形塑教育》（Trends Shaping Education 2022）報告書，開頭便揭示：「COVID-19 已經提醒我們，不管我們如何準備，事實就是未來總會給我們驚喜。」（2022, p. 3）。的確，自 2020 年全球新冠疫情爆發後，即使有去中心化、專業化領導與科技發展的加持，都不難發現，教育決策模式仍面臨重大的挑戰，尤其在 2021 年 5 月 18 日隨著疫情加劇，教育部宣布全國各級學校停止到校上課，所有實體課程均改以線上教學。隨之而起的問題，不僅包括學生在家學習所需要的硬體與網路設備、評量模式、教師教學法的轉換，甚至是不同學科的

核心素養如何得以在線上課程中完整地建立等，這些都顯示組織的去中心化與新科技設備的使用，似乎都不足以追趕上「問題」的誕生（Ozga, 2021），更遑論找出有效的治理工具。我們認為，決策模式在疫情時代，又或者更廣地來說，在往後更加不確定的時代下，如何發展跨系統的思維模式，並應用在教育決策的歷程中，將有助於臺灣的政策決定更有效地回應現場教師與學生的需求。

伴隨著未來不確定的挑戰加劇，有關教育治理的研究也有了大幅度的轉變，除了證據本位與資料庫分析在實務運用上有更為深入地研究之外，教育政策研究的理論視角也同步轉向多元詮釋架構，藉以回應當代變化更為快速的社會變遷與科技發展。本文特別採用聚合思維（Assemblage Thinking）視框，重新檢視計畫治理的教育決策參與系統，運用了該理論有別於傳統線性關係的概念，包括「變化」、「彈性」與「邊界模糊」等，以深描地方創新治理的異質性組合與組織動能變化。以下我們先簡述該理論架構的特性，接著再以具體實例，輔以對該理論應用在計畫參與及其決策模式上的理解。

 文獻回顧：聚合思維（Assemblage Thinking）

一、背景

聚合思維深受法國後結構主義（post-structuralism）學派的影響，包含 Michel Foucault 所提出的治理技術（governmentality）、Bruno Latour 的行動者網絡理論（actor-network theory），以及 Gilles Deleuze 與 Felix Guattari 的聚合學說（assemblage）（Savage, 2019）。其中又以後者對聚合思維在政策研究上的影響最為深遠。不單只是在教育研究獲得關注，包括都市規劃、國際關係，甚至是環境保護等領域上，聚合思維都逐漸為分析政策與決策之用（Baker & McGuirk, 2017; De Landa, 2006; Gorur, 2011b; Hartong, 2018; Prince, 2010, 2017）。

根據 Savage（2019）對聚合思維的定義，聚合是指異質的個體與構

造，在特定的時間與空間脈絡下，所交織與安排而成的關係性結構，並產生策略性的效果。在政策即聚合（policy as assemblage）的思考路徑中，政策從來都不是一個單一、連續且具邏輯的政府行動，但也不是毫無相關且雜亂無章的各種作為；而是在歷史與文化脈絡下，不同的知識與概念，透過工具、策略和流程，在關係性的實踐中拼裝而成。有別於過往，在政策制定的理解，多以是否有秩序為劃分的方式（例如規則與混亂、理性與非理性），聚合思維關注在特定時空脈絡中，關係如何開展，如何在互動作用下影響到決策模式（Gorur, 2011b; Savage, 2019）。以下我們從聚合思維的三項重要的特點：外部性與浮現的關係（relations of exteriority and emergence）、異質性（heterogeneity）與對權力、政治與能動性的關注（attention to power, politics and agency），探討聚合思維的理論架構，並進一步分析這套認知如何影響決策模式。

二、外部性的關係

首先，外部性與浮現的關係是指每一個決策系統中的單位或要素，彼此間交織而形成的「關係」，且呈現這一群單位與要素的聚合之重要特質（De Landa, 2006）。對聚合思維來說，沒有任何單位與個體有著先驗性（a priori）的角色，每一個單位作為客體或主體都受到不同關係的影響，而表現出不同的意義。隨著不同單位之間的聚合和再聚合（re-assembled），其表現出的特質也不盡相同，進而影響到決策模式的建立與運作。因此，外部性所代表的是，每個單位（某教師或者某學校）的意義是透過外部的關係所建構出來。

這樣的主張會牽涉到「境域」（territory）的概念。在聚合思維中，境域是被建構出來，而非由系統自然劃定。因此不論是教育政策、法規、決策階層的局處長、校長、校規與學校地理位置，都代表著境域區分細緻程度不同的單位，每一項都可能再遞增或遞減，而轉換成不同單位；因此，關係並非由先行設定好的單位邊界所規範而來，而會以動態方式呈現單位之間如何連結與暫時性地劃定特定聚合物的聚合樣態（Peck &

Theodore, 2015; Savage, 2018）。然而，不管是外部關係性或其建構的境域關係都非長久，不同單位會受到不同聚合方式的影響，而有可能促成聚合特性的轉換（De Landa, 2006），這也意味著，聚合思維並非主張，將所有「合適的人、與事物放在一起」，即可找到最好的決策模式；反而是，如何理解不同聚合物的互動可能產生的效果，才是聚合思維所關注的議題（Baker & McGuirk, 2017）。

三、異質性

此外，異質性在聚合思維中，不單只是代表著所有不同屬性的單位聚集在一起，更重要的是這些不同屬性單位所建構而成的策略性關係，對決策及治理可能產生的效果。舉例來說，Gable 和 Lingard（2016）研究澳洲國家識讀與算數測驗計畫（National Assessment Program – Literacy and Numeracy, NAPLAN）後發現，學生學習表現的各種數據，隨著資料科學的廣泛應用，逐漸讓教育決策能夠精準地提出增強學習成效的各種策略，甚至進一步影響到社會輿論，以及學校系統與社會大眾間的互動關係。這不單單僅是以證據本位提升學校表現的課責，另一方面，結合庶民語言將學校品質以數據化與視覺化方式暢通政策溝通的管道。在擴大民眾參與的治理機制中，以數據課責方式呈現了有別於傳統的決策模式，甚至進一步擴展到公開評量工具與結果，並轉換成多種溝通形式，讓社區與家長清楚理解政策目的，藉以獲得社會支持。這個歷程涵蓋不同領域的專家（不單是教育，甚至是資料科學、網站設計與使用者服務等）、可溝通的知識與策略，最重要的是心智模式的轉變（Baker & McGuirk, 2017）。如同 Savage（2019）所說，異質性所代表的是不同策略、規劃、工具與流程的組合。前述所說的學生學習數據、社區背景與網站設計等項目的背後，代表著不同的知識系統。在異質資訊與知識交互作用下，聚合才有意義，也才能呈現出多元特質。換句話說，異質性在聚合思維中並非是字面上來自不同領域背景的結合，而是不同領域背景的要素構築起來的異質效果（heterogeneous effect）（Gorur, 2011a）。

四、對權力、政治與能動性的關注

　　最後，聚合思維在教育決策系統中最重要的是如何透過不同單位要素間的安排與建構，形成策略性關係，達到對特定群體與組織的有效治理。在這之中，便涉及權力關係的運作。受到傅柯對權力關係論述的影響，聚合思維對權力的關注並非是掌權者的控制或抑制，而是「權力關係」產生何種「效果」。在異質單位所組織構築的聚合體中，權力遍佈在各處，有些是在特定的角色關係中，例如校長與教師，有些則是在技術與知識之中，比如說資料科學圖像化出來的趨勢分析，所產生的權力效果就不同於（但未必是強於）特定的價值理念（例如名校思維等）。然而，有了權力關係便表示在每個聚合體中，單位間並非是彼此協調穩固；反之，在這些關係網絡中，蘊含著不同程度的衝突與抵制，以及各種邏輯不連貫的矛盾，這些相異的互動關係，才是聚合體的基本運作方式。

　　值得一提的是，聚合思維並沒有否定個別單位的能動性（Baker & McGuirk, 2017）。即使每個單位的意義是透過關係建構而成，但這不代表這些關係不具能動性，相反地，因為單位是不斷地處在不同主體與客體相互作用的歷程裡，尤其是個人主體化牽動著心智模式（mentality）的轉換，在與其他單位相互結合與互動的關係裡，而能對「整體」聚合物產生影響。

　　聚合思維對教育決策的重要性在於學校從來都不是一個封閉且不變的系統，反而是緊密地與時空脈絡連結，不管是各縣市的資源分配、地理位置與師生背景的組成，到中央的法規命令、增能計畫，最後再到全球性的各種議題。這些都顯示，若是要有能夠回應各種政策挑戰的能力，教育決策不應侷限在二元化分的架構之中，但也並非要屏棄科層體系的行政官僚制度，我們認為，應該要透過聚合思維重新理解系統之間「關係的安排與部署」，進而了解政策決策的開展與執行，並產生的可能效果。

參 ***創新治理的發展：以臺南市精進計畫為例***

本文關心臺灣教育決策與政策實施的演變，從地方教育決策網絡之創新治理行動切入，以縣市精進教學品質計畫為探究範疇，了解縣市如何經由決策網絡進行計畫實施的創新治理。資料來源主要為個人的觀察與縣市精進計畫相關文件（以臺南市為例），從中呈現政策決策的聚合現象。

一、精進計畫的政策設計與推動目標

在進一步說明決策網絡的創新治理前，我們先將精進計畫的政策設計做個概要說明。如前所述，精進計畫是以年度為單位規劃與運作，因此，為協助區域內各校的課程與教學發展，每年各縣市政府教育局處均會統合地方需求，向中央申請該計畫。其經費約莫為 1500 萬到 6000 萬不等，除了增能活動的補助外，亦針對地方的國民教育輔導團、輔導群以及三階人才培育計畫予以經費支持。

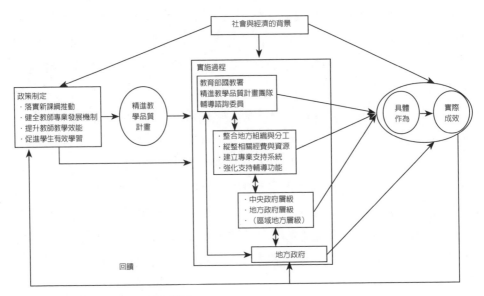

圖 1　精進教學品質計畫架構圖

資料來源：研究者修改自 Winter (2012, p. 258)。

　　計畫內涵大致上涵蓋地方層級的整體推動計畫、專業成長活動計畫、輔導團整體團務計畫，以及各領域議題輔導小組計畫書等四大主軸。舉例來說，爲因應 12 年國民基本教育的推動，縣市政府依據 109-110 年度政策目標，所提出的推動項目大致上包括了：

(一) 連結並落實 108 新課綱之推動：地方政府須將新課綱之推動放進精進計畫當中，包含教師的專業成長活動，和輔導團、輔導群之活動規劃。

(二) 增進輔導諮詢委員支持策略，提升輔導支持效益：總計畫團隊負責規劃輔導諮詢委員的增能活動，編制精進計畫工作手冊，召開共識與推動會議，以及提供增能培力工作坊，促使輔導諮詢機制能夠架建起來，支持地方政府推動計畫。

(三) 深入理解地方政府推動精進教學品質計畫之需求，並掌握執行成效：藉由地方政府承辦人員、輔導諮詢委員、國民中小學課程與教學資源整合平臺（CIRN ）之計畫執行與回饋，了解地方政府辦理與推動精進教學品質計畫之需求，據以提供政策推動策略，安排輔導諮詢委員提供支持，增進地方政府效能。

(四) 提供地方政府觀摩、交流與推動精進教學經驗之機會：透過彙整縣市精進計畫組織運作與創新作爲，集結成書並將電子檔上傳至 CIRN，供地方政府彼此交流分享，總計畫也綜整相關資源，分享創新策略，作爲未來地方政府自主推動精進教學品質計畫之參考。

(五) 轉型輔導支持體系之落實：協助縣市政府依據地方特色規劃精進教學品質計畫，綜整教育相關資源，有效運用於課程與教學之改進，並引領縣市政府檢視和改善計畫推動運作模式，以利精進計畫持續策進。

　　從上述五項政策推動項目可以看到，精進計畫主要是以中央規劃、地方執行爲思維，聚合人力與資源，提升縣市教育品質與學生學習成效。

二、縣市計畫的系統性策略規劃與境遇佈局

　　然而，不單只是從中央到地方貫徹的決策與執行模式，精進計畫帶有著濃厚系統性整合的特性，也就是說，教育部委託臺師大總計畫團隊的目標與預期成果之設定，進到地方後，需要考量的是如何將政策目標落實下來。以臺南市為例，其教育局因應課綱推動，所設立了「創思與教學研發中心」（以下簡稱創思中心），及其各年度的策略發展規劃與進程，透過國中小策略聯盟工作圈透過地方輔導群、國教輔導團與課程諮詢專家，持續協助學校與教師認識與研發課綱課程，同時透過增能強化課程領導人的專業，鼓勵學校社群發展，發展校本課程與教學策略，更新數位學習設備、運用科技增強教師遠距教學、非領域教師增能、和改善學生學習等，攜手家長團體支持課綱，讓教師有機會發展跨領域或主題式課程，進行教學創新，促進學生素養導向學習（圖2與圖3）。

　　在這個縣市例子中，我們可以清楚看到，一方面有精進計畫所形塑的「中央—地方—學校」政策實施的「境域」。在此境域，精進計畫的目標不再只是生硬的政策語言，而是透過專家學者，以及在地的教學實踐者、利害關係人（家長與社區等），轉化計畫目標為跨系統共享的知識語言。另一方面，透過不同單位與組織間的策略性關係，這些在地建構的知識語言，以創思中心為啟動點，深化與擴散到臺南各校，建構成一套「啟動—深化—擴散」的課綱發展機制。

　　此外，在臺南的例子中（圖2），我們亦可發現，臺南市教育局藉由不同計畫的組合，善用多元組合的專業知識與概念，再經由選定的工具、策略和流程，並由多個彈性組織與任務連結拼裝而成的關係性聚合，顯示出了異質性組合與關係「浮現」的特性（Baker & McGuirk, 2017）。換句話說，符合需求地使用不同經費與計畫所串聯成的資源網絡，並透過不同教育工作者對這些網絡的部署與使用，反映了前述所提到的「互動」所帶來的效果，正是當前教育決策系統需要關注的思維。

110-112 學年度

組織運作	課程與教學	宣導與增能	資源整合
·成立創思與教學研發中心，培養國教輔導團與地方輔導群，專責教師有效教學策略、學生有效學習策略之研創、推廣 ·運作國中小策略聯盟工作圈，透過地方輔導群、國教輔導團與課程諮詢專家協作分工，定期到校支持陪伴各校課程發展、公開授課與專業社群運作	·發展 PBL 主題式課程，落實五大教育方向於課程中 ·研創教師與學生有效教學策略，進行精準研習課程與推廣應用 ·發展校本課程，建構學校校訂課程口涵，達成學校教願景 ·運用科技化輔助平臺分析學生學習難點，策進差異化教學，並推廣數位學習融入課中教學	·攜手家長團體，深化課綱宣導 ·強化學校課程領導人增能，提升各校課程評鑑效能 ·科技、藝術、健體領域非專授課教師增能 ·規劃教師線上增能課程	·協助國中專長師資媒合、調度、保障專長授課品質 ·挹注各校社群發展，鼓勵申請跨校社群，6 班以下小校建議每校申請 ·補助科技領域教室更新 ·補助各校行動載具，協助數位學習與教師遠距研習政策執行

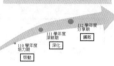

圖 2　創思中心運作機制

資料來源：整理自臺南市 110 學年度精進國民中小學教師教學專業與課程品質計畫書。

三、課綱實施的異質性擴大參與

臺南市創思中心被賦予精進計畫規劃與推動的角色，尤其在執行面上，人力與資源的調度與整合成爲關係性實踐的前提。從聚合思維來看，爲了承接課程領導的工作，關鍵組織、關鍵角色與關鍵機制需要同步構築起來，使結構與運作上具備異質性、關係浮現與能動性的聚合特性。創思中心被教育局建構出來，以教育局副局長和督學形成核心決策小組，同時組織課程發展工作圈和教師專業發展支持系統，整合這些專業人力，以聚合思維加以彈性組裝，並分派到不同的大大小小計畫，負責執行與推動。

在筆者一次的訪談中，創思中心的行政督學便說到：

　　我要整合學校，或是要求學校啓動這個機制，因爲我行政督學的角色，他們其實是比較願意，或應該說也沒有辦法只好跟隨吧？那所以就是說我覺得整個在組織的運作上，我覺得其實是有很多地方都像策略聯盟工作圈，可是真的有辦法運作起來一定要賦予任務，然後賦予執行的一些，人事時地物的細

節。有任務，然後有後端的檢核，有支持，有陪伴，有長期的
這些輔導機制，它才⋯⋯真的被整合起來，否則它是沒有辦法
這樣做。

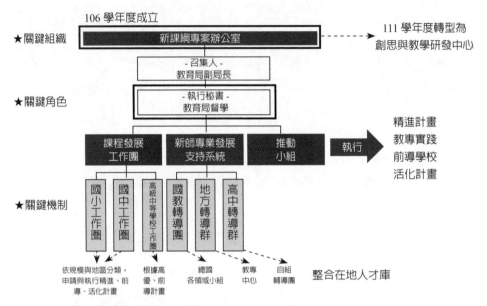

圖3　創思中心組織架構圖

資料來源：編修自陳思瑀、張瓊文（2021）。新課綱專案辦公室運作機制案例分析。載
　　　　於張素貞、許嘉泉（主編），直轄市、縣（市）推動國民中小學課程與教學
　　　　之組織運作案例（2021）（頁80）。國立臺灣師範大學。

　　在這位督學的分享中，提到了「只好跟隨」、「賦予任務」、「後端
的檢核」等，這些代表著科層體系指揮的正當性，但同時也提到「策略聯
盟」、「工作圈」、「有支持、有陪伴」、「整合」，顯示分散性的任務
和多個單位與行動者關係的建立。我們可以試著用聚合思維來理解，這些
由任務驅動的動態組織聚合物，因著彈性的參與和決策方式，有可能促成
組織運作特性的轉換，這些聚合形式與關係如何促成課綱任務的發展和組
織運作，及其互動產生的效果，是否能夠彰顯擴大參與和專業民主化的聚
合效應，是值得進一步的探究。

四、地方的課綱政策之網絡行動

除了創思中心與不同經費、計畫的多元組合外，筆者想再進一步談臺南市的課綱策略規劃。目前，臺南市將國小課程發展工作圈分成 5 區 44 圈，國中則是 2 區 14 圈，同步組合了精進計畫，以及其他國家級計畫（例如前導學校計畫與活化計畫），以區域運作共享任務和計畫經費，透過創思中心的調度和協調，促成外部性網絡關係的浮現，並最大化計畫經費與資源的應用。創思中心的負責人說：

> 譬如說我 44 圈，這一圈我可能，我用學校的規模跟它的地理位置去做區分。主要是用行政區，行政區之後我再用學校規模幫他們做分類。因為我知道這是新課綱在推動大小不同規模的學校，會有不同的問題。所以我們用學校的規模去做區分。那就還蠻幸運的，推動的，這三四年來，整個機制都還不錯。

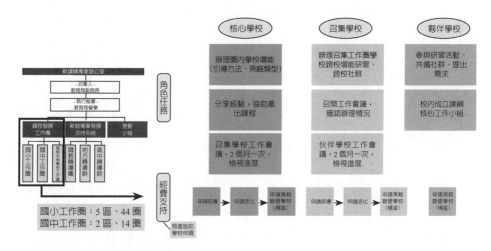

圖 4　創思中心工作模式示例

資料來源：自行繪製。

由圖 4 及創思中心負責人的分享可見，教育局協調與協助學校申請經費，工作圈的學校又分為核心學校、召集學校和夥伴學校，並分別賦予不

同的角色、任務和參與方式，甚至分配申請哪些計畫，以及申請的程序。舉例來說，在這套架構中，核心學校被分配辦理工作圈內的增能研習，負責分享課綱課程實施的經驗，協助其他學校產出課程，辦理召集學校工作會議及檢視進度；召集學校則負責辦理跨校增能研習、組織跨校社群，召開工作圈學校會議和確認推動工作進度；而夥伴學校則只需成立校本課綱核心小組，參與研習，組織共備社群。針對這套共同工作的模式，創思中心的行政督學分享：

> 工作圈裡面，我就請他們推一個召集學校。那個召集學校就要去申請前導型計畫，在 107 年的時候我們就這樣開始做。……因為前導〔學校計畫〕有錢，……有 80 萬……，今年比較少了，已經下來大概是 45 萬跟 30 萬這樣子。……那這個錢除了幫助自己以外，還要幫助圈內的其它的學校，它辦研習的時候，如果說我是一個六班小校，我辦的研習可與其它五所六班小校一起來參與。這樣我還不只我知道我學校在幹嘛，還知道別人在幹嘛這樣，……那個社群的概念它就會出來這樣。如果你沒有拿到這個精進計畫錢，你就去拿活化的錢來。那如果真的再沒有，就拿精進計畫裡面，我設的一個策略聯盟工作圈的計畫，讓所有的召集學校，都至少一年有 10 萬塊以上的經費可以辦研習。

因此，雖然都是國中與國小學校，卻因課綱任務的差異而形成不同的關係性實踐，亦即，透過任務安排而有不同的參與和決策方式，因而形成不同的策略性關係。地方政府以計畫實施為由，進行客體目標建構，繼而擴大相關單位的參與和任務共做，使得策略性關係成為資源共享和促發聯盟行動的條件，因而可以產生聚合關係動態組合的創新治理運作方式，這些外部性關係的迭代與轉換之異質策略性組合，或能對學校達到有效治理與落實課綱的政策目標。

五、創新治理的聚合能動性意義

　　最後，在這些彈性、任務導向與專業參與的決策與執行系統中，我們不能忽視的部分是跨系統溝通的重要性。如前所述，參與和決策形式在計畫治理上，透過多種聚合而產生不同的計畫執行效果。這涉及到計畫起草之初，就必須掌握重要資訊，透過多次的諮詢取得關鍵訊息和對於執行問題的界定與資源分配的掌握。依據創思中心負責人的說法，洞悉中央政策與精進計畫的目標與運作原則是地方政府的重要職責，同步需要精準診斷學校的不同發展需求，再經由向上溝通，獲得地方教育局處的支持，以及跨單位的橫向溝通（例如工作圈與輔導團等），以能整合不同單位與計畫執行所需要的協調，亦為落實課綱的重要條件，甚至是跨域溝通，藉以獲取更多異質知識與技術的支持，例如美感教科書的編製或空間規劃，藉以提升學生學習成效。

　　這些跨系統溝通的條件需要具備兩大面向，首先，教育局和學校的主體能動性要能展現。以精進計畫為例，雖然該計畫是由中央政府統籌資源，並協同各大學專家學者的專業規劃，然而，若是過度強調中央主導且標準流程一體適用的決策思維，則不利於地方政府與學校探索出最適切在地需求的網絡系統；同樣地，地方教育局處雖為區域內學校的督導機關，但若僅由各科室主導計劃執行，則境域空間將被大幅限縮，技術與行動者間串聯起的網絡所觸及到的節點與可能產生的知識系統，將難以提供創新治理所需要的動能。此條件亦與第二個面向有關，也就是外部性客體目標要能得以浮現。究竟，工作圈、輔導團，甚至是最基層的學校教師能認知到他所扮演角色的重要性，並落實計畫背後所希望達到的政策目標嗎？

　　筆者認為，在創新治理的嘗試下，具體落實在關鍵組織、關鍵角色、與關鍵機制環節的設定，和促成組織行動貫穿與連結任務的多種可能，因而可以產生達成目標的創新行事組合。從臺南市的例子來看，在擴大參與和多種決定模式下，聚合形式的計畫治理不僅創新了計畫執行路徑，也對行動者產生新的決策參與意義。創思中心的負責人認為要讓計畫產生意義，必須進行整合，他說：

　　回到這種計畫的整合，一定要回到說我們為什麼要做這件事情？那這些事情要怎麼樣做才會到位？然後它會有哪些檢核的事項？我覺得因為我的副局長，……我當初做新課綱專案辦公室的時候，他每個禮拜都叫我跟他報告，他說他要知道學校最後一哩會有什麼課堂風景。所以到第一次的策略聯盟工作圈，……這七區工作會議都是他陪我去開的，他要知道現場到底有沒有到位。所以我覺得……這個縣市端的教育行政的……整合跟開展的方向的機制，……會影響這個補助的經費是否能發揮最大 CP 值最大的效益的關鍵。

如同負責人所關心的，「為什麼要做整合跟開展的方向機制」，如何影響補助經費發揮最大 CP 值與效益。在建立客體目標之後，人、單位、資源、時間的整合與促能機制的設計，是產生聯合行動綜效的關鍵。以聚合思維來看，異質性的單位關係組合可以經由建立單位間的溝通與轉譯的策略，形成人與物聚合的心智模式轉變。所謂的「整合」，其實是聚合的意義，代表著多個單位和相關角色參與的異質性形構，需要建立機制去「整合」目標、策略、工具與流程。行政督學的整合機制中在溝通方面，也包括計畫相關的數據、雲端平臺、網站資訊共享，以利聚合組織和分散性認知的。在異質資訊與知識交互作用下，聚合才有意義，也使多元特性的組合產生效益，而不是烏合之眾。

　　進一步來看，課綱的單位組合與人力資源的調度，雖然可從行政職權的權力關係和執行科學了解課綱組織運作的有效性，即從行政掌權者的控制或壓制來看權力致使組織行為發生的可能性；不過，聚合關係關注的不是權力關係的施展，而是想要探究由教育局組織的創思中心，整合課程發展工作圈和輔導團系統之關係可以產生何種「效果」。在異質單位所組織構築的聚合體中，課程發展工作圈不單單代表不同任務屬性的學校聚集在一起，更重要的是，這些不同的角色、任務和參與方式建構而成的動態結構與異質策略性關係，如何施展聚合的綜效行動，且這些聚合行動又如何對教育局的計畫治理與決策產生影響，而這些影響經由擴大參與，是否真

能施展有別於分層負責和依據行政程序作為的治理效果。這些提問是值得進一步的探究與細緻的分析。

 ## 肆　結論

　　從教育系統的擴大參與和決策形式，我們可以發現，國家層級教育政策的制定，已不單只是少數政治及知識菁英規劃，再向下由地方政府與學校執行；或者由地方政府完全掌控，再由學校去執行；另一方面，政策制定亦非完全能夠屏棄傳統的科層體制，經由權力下放而完全由在地或學校主導。聚合思維讓我們看到橫向與縱向單位透過各單位的參與而形成網絡的決策模式，有別於二元（中央／地方、秩序／混亂）的理解方式，也就是說，各種「組合」與「網絡」所衍生的效果，是創新治理的重要條件與養分。不管是臺南市創思中心，或者是由網絡組織的工作圈與計畫經費調配的管理方式中，都呈現了聚合思維所主張的境域建構。單位之間關係並非可預設好的邊界所規範而來，會因目標設定、任務共做，甚至角色能動性，促使單位的連結關係產生迭代與轉換，進而決定了聚合的形式。亦即，每一個單位可以是主體，發起行動，並與其他單位組合與協商，但也可以被當作客體，被動的接受被分配的角色。單位之間的異質聚合產生多種組合的關係，影響單位與行動者對其角色意義與任務的社會認知，也會影響到其參與和決策的方式。

　　回到緒論中，OECD 報告書所揭示的未來不確定性，我們認為，聚合思維某種程度賦予組織與系統一種能朝向未來部署的可能性。一直以來，教育決策系統將絕大部分的資源與人力置於解決問題，而鮮少去探究問題本身，以及該如何面對潛在問題。在臺南市聚合形式的網絡政策制定與決策的實施經驗裡，已隱含了跨系統組合裡，對於覺察問題的敏銳度是有別於以往分層決行的決策模式。這也是聚合思維本身所強調的浮現與異質能開創不同知識系統與技術發展的空間，一方面能引導創新治理的發生，另一方面，即使網絡有了變化（計畫或人事更迭），但因為心智模式的轉換，也早已給予行動者韌性，能洞悉到問題的可能發展與思考資源、工具與人力的各種部署。

參考文獻

張素貞、黃郁文、邱世平（2018）。精進教學計畫 v.s 十二年國教課綱推動中央的支持與地方政府的作為。載於蔡清華主編：**教育部中小學師資課程教學與評量協作中心課程協作與實踐第二輯（2018）**（153-161頁）。教育部。

陳佩英、許美鈞、黃靖維（2022）。變革敘事探究：在地轉化 NPDL 素養教育之政策學習，**教育研究月刊，339**，4-21。

陳佩英、潘慧玲（2013）。校長的學習領導：領導與踐行能力發展的初探，**教育研究月刊，229**，50-70。

陳佩英、鍾蔚起、林國楨、洪雯柔、陳玉娟、薛曉華、柯喬元（2020）。前導學校促動民主專業機制的網絡行動。**中等教育，71**(4)，17-31。

陳佩英主編（2022）。**高優雁行 15 年：方案的政策學習實錄**。未出版之原始資料。

陳思瑀、張瓊文（2021）。新課綱專案辦公室運作機制案例分析。載於張素貞、許嘉泉（主編），**直轄市、縣（市）推動國民中小學課程與教學之組織運作案例（2021）**（頁 74-111）。國立臺灣師範大學。

Baker, T., & McGuirk, P. (2017). Assemblage thinking as methodology: commitments and practices for critical policy research. *Territory, Politics, Governance, 5*(4), 425-442. doi:https://doi.org/10.1080/21622671.2016.1231631

Colebatch, H. K. (2002). *Policy*. London: Open University Press.

De Landa, M. (2006). *A new philosophy of society: Assemblage theory and social complexity*. London: Continuum.

Gable, A., & Lingard, B. (2016). NAPLAN data: a new policy assemblage and mode of governance in Australian schooling. *Policy Studies, 37*(6), 568–582. doi:https://doi.org/10.1080/01442872.2015.1115830

Goodwin, S. (2011). Analysing policy as discourse: Methodological advances in policy analysis. In L. Markauskaite, P. Freebody, & J. Irwin (Eds.), *Methodological choice and design: Scholarship, policy and practice in social and educational research* (pp. 167-180). Netherlands: Springer.

Gorur, R. (2011a). ANT on the PISA Trail: Following the statistical pursuit of certainty. *Educational Philosophy and Theory, 43*(1), 76-93. doi:https://doi.org/10.1111/j.1469-5812.2009.00612.x

Gorur, R. (2011b). Policy as assemblage. *European Educational Research Journal, 10*, 611-622. doi:http://dx.doi.org/10.2304/eerj.2011.10.4.611

Hartong, S. (2018). Towards a topological re-assemblage of education policy? Observing the implementation of performance data infrastructures and 'centers of calculation' in Germany. *Globalisation, Societies and Education, 16*(1), 134-150. doi:https://doi.org/10.1080/14767724.2017.1390665

OECD. (2022). *Trends Shaping Education 2022*. Paris: OECD.

Ozga, J. (2021). Problematising policy: the development of (critical) policy sociology. *Critical Studies in Education, 62*(3), 290-305. doi:10.1080/17508487.2019.1697718

Peck, J., & Theodore, N. (2015). *Fast Policy: Experimental Statecraft at the Thresholds of Neoliberalism*. Minnesota: University of Minnesota Press.

Prince, R. (2010). Policy transfer as policy assemblage: making policy for the creative industries in New Zealand. *Environment and Planning A, 42*, 169-186.

Prince, R. (2017). Local or global policy? Thinking about policy mobility with assemblage and topology. *Area, 49*(3), 335-341.

Savage, G. C. (2018). Policy assemblages and human devices: a reflection on 'assembling policy'. *Discourse: studies in the cultural politics of education, 39*(2), 309-321. doi:https://doi.org/10.1080/01596306.2017.1389431

Savage, G. C. (2019). What is policy assemblage? *Territory, Politics, Governance, 8*(3), 1-17. doi:https://doi.org/10.1080/21622671.2018.1559760

Takayama, K., & Lingard, B. (2019). Datafication of schooling in Japan: an epistemic critique through the 'problem of Japanese education'. *Journal of Edu-*

cation Policy, 34(4), 449-469. doi:10.1080/02680939.2018.1518542

Winter, S. C. (2012). Implementation perspectives: status and reconsideration. In B. G. Peters, & J. Pierre (Eds.), *The SAGE handbook of public administration* (pp. 265-278). London: SAGE Publications

第七章

教育決策機制角度論優質教育智庫的三問：what、why、how?

湯堯

英國伯明罕大學教育經濟博士
國立成功大學教育研究所教授

摘要

　　教育政策決策機制在普世價值下，許多國家多是透過非正式組織智庫功能的執行以形成政策制定，而本文主要就是針對教育決策機制的角度來看待教育智庫，本文的起心動念的目的，透過對優質教育智庫的三問，也是自我反思，來了解教育智庫功能目的是什麼？教育智庫為什麼會存在？教育智庫又是如何的運作？普遍而言，世界各國似乎都有教育智庫，這代表著教育智庫的角色扮演對一個國家的政策制定與協作的重要性。本文的目的透過探討教育智庫功能，也就是透過論述什麼是優質教育智庫，辯證優質教育智庫的條件會是什麼；進而總結為什麼需要優質教育智庫，並分別以輸入性過程性與輸出性作分析之依據；而根據文獻分析與實務經驗之綜合心得，優質教育智庫宜深思如何透過四 A 階層性概念（績效性、取得性、鏈結性、擴增性）與運作，力促產生社會影響力，即目的是透過三階段提問與論證，進一步釐清優質教育智庫的正向功能。

　　本文的研究方法主要是文件分析方法，透過文獻的收集分析比較，進而釐清優質教育智庫的功能。最後透過綜合評論指出對優質教育智庫的角色，提出三點評論與建議：1. 了解智庫的資金透明度與學術研究重點是重要的；2. 幾乎所有智庫都面臨的一個重大挑戰，就是缺乏衡量與展示自己有效性與影響力；3. 臺灣政治制度和公民社會的相對比較差異，可能弱化優質智庫角色功能。

關鍵詞：優質教育智庫、績效性、取得性、鏈結性、擴增性

壹　智庫發展脈絡

　　Troy（2012）在國家事務雜誌（National Affairs）上撰文，提供了智庫的完整且詳盡的歷史，他指出最早出現在第二次世界大戰時期，最初用智庫（think tank）概念是指美方在落實軍事專家制定計畫時所處的保密空間，亦即專指一群人的「思考」（think）形成「庫」（tank）的概念，其後將它用以概稱政策專家所供職的政策研究和諮詢機構。而如今提起智庫發展，可以追溯20世紀初期，這些機構相信技術專家模式的力量，並且隱喻「將社會苦難比喻為疾病」，公共政策專家比喻為可以治癒病人的醫生。而此時，公共政策專家所形成的智囊團，即隨後所稱謂的智庫（Think tank），儘管可能隨意識形態傾向不同，Troy進一步指出直到1980年代，民主政治受到雙邊政體影響，雖意識形態有所差異，但是對智庫角色都保留了一個基本概念，那即是一所「沒有學生的大學」（Universities Without Students）的特徵，致力於客觀冷靜的分析，而不是受制於激烈的黨派激進主義。隨之而來，在Ronald Wilson Reagan（1981-1989）執政期間，傳統基金會的盛行興起，Troy所謂的「宣導智庫」或「做坦克」再次開創了一種新模式，而這也力促在1990年代William Jefferson Clinton（1993-2001），民主黨人士透過政策研究所複製了傳統模式之運作，該研究所成為等待影子內閣的所在地。到了2001年，即使是政黨立場有所差異，多數政策制定人士也發現，理論之原型與實務操作需要相為結合，進而強調著有政策頭腦的人應跳脫舒適圈，發揮與形塑智囊團在實際場域的影響力。

　　美國賓夕法尼亞大學蘭黛學院外交政策研究所其所進行「智庫與公民社會計畫」（The Think Tanks and Civil Societies Program [TTCSP], 2019），對智庫機構在世界各地政府和民間社會中發揮的作用進行研究，它指出全球共有智庫8,162家，來自歐美大國的全球知名機構，而對於來自小國的智庫關注相對較少。同時自成立以來，TTCSP一直專注於收集數據和研究智囊團的趨勢以及智囊團作為民間社會行動者在決策過程中發揮的作用，並將其使命定位為「彌合知識與政策之間的差距」智庫，往往容易聯想到如美國經濟學人智庫（The Economist Group: EIU. 1946成立）、

美國傳統基金會（Heritage Foundation, 1973 成立）、美國布魯金斯學會
（Brookings Institution, 1916 成立）、美國國際民主及選舉協助研究所
（International Institute for Democracy and Electoral Assistance: IDEA. 1995 成
立）、英國國際戰略研究所（International Institute for Strategic Studies: IISS.
1958 成立）、德國「新責任基金會」（Stiftung Neue Verantwortung: SNV
2008 成立）等歐美大國的全球知名機構。

　　土地面積與國情結構與臺灣相近的瑞士是可以作為我們思考智庫的參
考依據，就誠如地理位置為歐洲核心的瑞士，也是長期中立國的現況，瑞
士其重視智庫培養和傳承且秉持原有工匠精神，打造比擬似「沒有學生的
大學」組織。近年來，瑞士智庫結構向扁平化發展，注重研究人員的流動
性，在以重大現實和戰略性問題為導向的研究專案中，往往把不同專業背
景和從業經歷的人員召集在一起。知名的國際智庫角色有綜合型智庫的瑞
士未來（Avenir suisse, 1999 成立）、學術型智庫如同日內瓦民主與發展研
究所（Geneva Institute for Democracy and Development, GIDD，2004 成立）、
平臺型智庫的世界經濟論壇（World Economic Forum, 1971 成立）和社會
經濟型智庫，這不僅加強了不同地區與文化親緣的鄰國之間的知識、技術
和人才交流，使智庫產品能夠博採眾長，也使智庫人才能夠得到真正培養
和充分鍛煉。瑞士智庫發展經驗對教育工作者的啟示指出：能明確智庫發
展的利益導向和服務目標；求真務實，不搞形式；有效開拓國際交流與合
作，廣交朋友，集思廣益；發揮人的主體作用；重視資本市場和學術市場
的培育、創新與發展；打造強大的全球戰略傳播能力，把握網絡社會的主
動權。

　　Lin（2021）引用學者 Kent Weaver 及賓州大學教授 James McGann 合
出的智庫研究論文集《*Think Tanks and Civil Societies: Catalysts for Ideas and
Action*》，將智庫分類為：研究型智庫、契約型智庫、倡議型智庫、政黨
智庫等四種類型，這是美國智庫類型的分類。以下分別說明這四種類型的
內涵：

　　研究型智庫（Academic Research Think Tank）：該類型的智庫機構
人員，傾向招募具強大學術背景的專任研究人員，也相當重視採用社會科

學及嚴謹的研究方法來進行研究，並致力於向社會大眾推廣該單位的中立性及可信度，來建構機構形象。研究型智庫的資金來源，主要以各類型基金會、私人企業及私人的慈善捐款為主。

　　契約型智庫（**Contract Research Think Tank**）：該機構的資金來源與研究型智庫不同，主要資金來源為承接政府機關所釋出的「研究契約」，且在研究過程中提供較為短篇的研究報告，與研究型智庫偏好出版專書或論文的形式不太相同。

　　倡議型智庫（**Advocacy Think Tank**）：倡議型智庫在形式上標榜機構的獨立性，卻仍與「特定的立意、意識型態」等概念產生某種程度的連結。該類型智庫機構的工作者或參與者（例如：臺灣民主基金會），必須實際參與政治行動和選舉過程，甚至直接協助政府推動政策方案。

　　政黨智庫（**Political Party Think Tank**）：政黨智庫是由各政黨官員、政治人物或是黨員所發起的智庫機構，而該黨具威望的政治人物對於機構的研究議程上具有相當大的影響力。例如：連戰成立「國家政策研究基金會」，變成國民黨智庫。該類型智庫在客觀性及獨立性上皆受到一定程度的限制，尤其當該機構隸屬的政黨失去政權時，該機構發揮影響力的管道也會受到侷限。

　　民間智庫，在西方先進國家，早已經形成傳統，足以影響政府政策，在背後則有雄厚的社會力予以支持。在歐美國家，許多企業所捐助的公益基金，長年地贊助智庫的研究，而智庫也秉持著獨立精神，提供施政建言，引導政策觀點，以及更進一步，培養政府人才，形塑政治哲學。我們可以說，智庫所代表的意義，就是「民間與政府的結盟」，「學術與政策的對話」，以及「人才與資源的整合」。

　　綜上評論與對智庫發展脈絡之分析可知，就如國家事務雜誌（National affairs, 2012）所指出智庫注重培養和傳承，秉持工匠精神，打造沒有學生的大學。柯銀斌、呂曉莉（2016）指出布魯金斯學會的智庫是公共政策研究分析和參與組織，針對國內和國際問題產生以政策為導向的研究、分析和建議，從而使政策制定者和公眾能夠就公共政策做出明智的決定。全球智庫報告（TTCSP, 2019）指出智庫在世界各地政府和民間社

會中發揮的作用進行研究，成立以來，一直專注於收集數據和研究智囊團的趨勢，以及智囊團作爲民間社會行動者在決策過程中發揮的作用，並將其使命定位爲彌合知識與政策之間的差距。

 貳　什麼是優質教育智庫？ *What*

何謂教育智庫（Educational Think Tanks），旨在針對其教育研究能提供給教育決策者決策制定與施行之依據，當然其最終目標，還是要落實如何改善學生的學習與整體教育競爭力。所以主觀說：臺灣的國家教育研究院（National Academy for Educational Research, NAER, Taiwan）就是教育智庫之一，且是教育領域中最重要與關鍵之一，它含括範圍包括著課程、測驗評量、教育政策、教科書、編譯、教育資源中心等等；而這種由國家或是教育部直接補助性質的教育智庫，在許多國家均視爲理所當然，因爲其人力資源與財務補助均是來自於公部門，是故，比較接近是隸屬或是附屬（affiliate / associate）性質，例如日本國立教育政策研究所（National Institute for Educational Policy Research, NIEPR, Japan）、美國國家教育科學院（Institute of Education Sciences, IES, US）、中國教育科學研究院（National Institute of Education Sciences, NIES, China）等等；實則隨社會多元化與民主氛圍盛行，宏觀地說，能夠扮演智庫之角色或是從事教育研究，且能夠將其教育研究能提供給教育決策者決策制定與施行之依據，亦是相當多元，它亦可能來自於個人研究進行對教育政策的倡議。

然而在許多國家其實務操作方式比較接近的是類似中介單位（buffer system），透過獨立運作達到社會公益最大化，例如英國國家教育研究基金會（National Foundation for Education Research, NFER, UK）、新加坡國家教育研究院（National Institute of Education, NIE, Singapore）附屬於南洋理工大學（Nanyang Technological University, NTU）、紐西蘭教育研究委員會（New Zealand Council Educational Research, NZCER）等等，多數是以共同創設的董事會治理方式，進行教育相關研究與落實其教育智庫功能；至於優質智庫功能是來自於組織、團體、個人，則不拘，換言之，智庫功能

應是全方位，非僅止於官方之決策而已，而是泛指廣義的智庫，中央政府、地方政府、民間單位乃至於廣大閱聽者均能認同與接收其訊息。綜上分析，可以歸納出優質教育智庫在各國家的定位與角色不盡相同，但是對服務功能與服務對象的多樣化卻是相接近，是故歸納優質教育智庫服務什麼？它具備條件會是什麼？與真實教育智庫會是什麼？該三點內容敘述如下：

一、優質教育智庫服務什麼呢

優質教育智庫會服務什麼的問題是屬於智庫屬性定位、以教育議題與功能為導向，致力於服務政府、人民、企業、產業、學界，因此優質教育智庫會服務什麼，其列舉如下：

(一) 能從事教育政策研究，將研究結果作為政策制定之參考；

(二) 能從事教育實務研究，將研究結果給利害關係人參考；

(三) 能從事教育特定議題研究（如產學合作、學校評鑑等等），將研究結果提供相關單位參考；

(四) 能從事教育趨勢研究，將研究結果提供社會大眾用以掌握教育動向之參考；

(五) 能從事國際教育研究，將研究結果用以促進教育國際化。

二、什麼條件稱得上優質教育智庫

(一) 必須具備研究能力，且並非應然純學術性，應接地氣以瞭解實然；

(二) 必須具備前瞻能力，能從問題中系統分析，兼備研究縱深和廣度；

(三) 必須能有具體產出，所產出服務對象明確，能兼具回饋研究更佳；

(四) 必須能相當程度獨立自主運作，不能高度依賴服務對象經費補助；

(五) 必須超越政治黨派及利益團體，要具備教育本質求真求實的能力。

三、真實教育智庫又會是什麼

Jakovleski（2016）指出真實教育智庫會受到政府部門與財金捐贈補助

單位的影響，尤有甚者是政治政策下形成的智庫角色，據估計，有 71%
是獨立的，16% 是大學附屬的，9% 是政府附屬的，4% 是企業。McGann
（2019）所發表的眞實智庫的論點，頗爲符應現在價值多元的政治場域與
生態，他主要指出有受財務資金或是政黨色彩所影響下的組織性質：自
主、准獨立、政府附屬、准政府、大學附屬、政黨附屬、營利公司等等階
層概念。自主最高的教育智庫，其運作是獨立於任何一個利益集團或捐助
者、隨之稱之爲准獨立，運作獨立於政府，但由感興趣的團體控制，政府
正式結構的一部分的政府附屬組織、而准政府性質是完全由政府撥款和
合同資助，再來就是大學附屬單位組織，主要還是大學的政策研究中心爲
主，次之爲正式隸屬於政黨的政黨附屬，隸屬於公司的且以營利爲目的組
織，但隨網路訊息接收之便捷，尤有甚者特殊目的的暗黑智囊團，或是我
們稱之爲帶風向的影響團體。

 ## 參 爲什麼需要優質教育智庫？*Why*

區域或是國家何以需要優質教育智庫呢？不論從短期觀點或是中長遠
地說，優質智庫對政策制定有諮詢效果與發展依據，對政策管道能客觀蒐
集，進而能確切地發揮民主國家特性，進而落實社會最大的共識取得，誠
如何杏研、區浩馳（2021）指出需要優質智庫的三個緣由：

一、提升長遠政策研究能力

政府內部的研究工作難免被快速變化的社會輿論及政治氣氛所牽引，
公務體系未必有餘裕能量做長遠的戰略規劃。相對之下，智庫則不受相
關因素影響，能協助政府扮演有效施政的智庫，有長期扎實的政策研究能
力，格局全觀的政策研究。

二、收集民間意見，豐富政策諮詢渠道

智庫的身份相對獨立，能夠以民間團體名義舉辦不同的活動和會議，
就個別議題蒐集意見，供政府參考。這類型的政策諮詢不會、更不應該取

代現時既有的公眾參與途徑，是智庫能夠爲政府提供多一個收集社會意見的有效渠道。

三、更有效推動政策倡議，凝聚社會共識

　　建基於上一點，由政府推銷個別具爭議性的政策時，可以民間智庫的獨立身份，則能讓其兼顧政策研究及政策倡議的工作，協助政府在對社會解說政策，凝聚社會共識。

　　換言之，要培育優質教育智庫，以輔助政府有效施政，融入國家發展大局，單靠民間資源並不足夠。這時需要優質教育智庫、這也與智庫之組織功能是息息相關，尤其教育問題要呈現完整脈絡，必須具備有系統性的智庫功能。因此，有系統性的精準培育有能量、富網絡的專業智庫及民間機構，以發揮上述的積極作用，就相當重要，而就其系統性的智庫功能主要不外乎三大面向，如圖 1 所示，它包括著輸入性（input）、過程性（process）與輸出性（output）做區分：輸入性：教育研究、資訊蒐集、國內外鏈結等等；過程性：資料庫、統計指標系統揭露，變革機制研議等等；輸出性：教育問題與實踐反思、應興應革方案提出、推廣與服務等等；同時教育解決方案要眞實可行，也因此研究成果不侷限於學理性研究，也應提供實務性研究，以利制訂政策依據；應具有執行成效的評鑑與回饋機制，是教育智庫確保有效執行的關鍵；設計可行的績效評估制度，是建立智庫之後應考量的問題。

圖 1　優質教育智庫三面向

資料來源：作者自行繪製。

肆　優質教育智庫如何產生社會影響力？How

一、從人力資源角度分析

　　辦好智庫的核心是人才。專業人才、專家品牌是決定智庫影響力、品牌力、競爭力的主要因素，形成有利於專業人才成長的土壤環境是促進智庫健康發展的重要保障。王曉紅（2017）指出四大關鍵因素：專業化專業領域、社會化網絡、市場化學術資源、國際化交流促進。同時必須超越政治黨派及利益團體，要具備教育本質求真求實的能力。其細節敘述如下：

(一) 專業化領域：在某些特定領域形成專業特色是提高智庫思想產品質量、形成智庫品牌、助力人才成長的關鍵。一家智庫不可能「包打天下」，必須堅持走專業化、特色化、精細化之路，在某個領域、某些專業深耕細作，形成特色、打造品牌，提升專業化人才打造優質思想智慧產品的能力和水準。

(二) 是社會化網絡：信息社會化、知識社會化、創新社會化已經成為網絡時代的重要特徵。互聯網資訊技術通過網絡化、平臺化打破了傳統封閉、以個體為基礎、以單位為單元的創新環境，形成了共創、共用的創新生態。智庫要適應形勢，提升創新效率，就必須充分整合利用社會智力資源和創新資源，構建社會化創新網絡，形成小機構、大網絡、大平臺的創新模式，為人才建設提供優質環境。

(三) 是市場化資源：人力資源具有附著性、儲備性、可再生性等特質，即學術資源、人脈資源等通常隨著人的流動而產生流動。只有發揮市場機制作用，在收入待遇上充分體現人的知識價值、勞動價值，促進人才合理流動、智力資源高效配置，建設一個學術環境寬鬆自由、彰顯個性、公平競爭，尊重智力勞動成果、知識產權明晰的智庫創新生態，才能充分調動科研專業人員的積極性和創新熱情，這是激發智庫活力、實現可持續發展的基礎條件。

(四) 是國際化交流：智庫要適應經濟全球化深入發展的新形勢，就必須具有視野，做到開放辦智庫、開門辦智庫。要加強國外考察學習，加

強與國際智庫之間的交流合作，從而掌握國外發展動態的第一手情
況和最前沿的資訊，拓寬智庫人才的發展空間。

二、從區域政治角度分析

進入全球化時代後，國際化逐步成為當代優質智庫發展的重要特徵
和方向。目前世界發達國家的智庫發展已呈現明顯的國際化特徵，國際影
響力十分巨大。簡易言之，優質智庫是如何鍛鍊形成的，柯銀斌、呂曉莉
（2016）透過國外智庫國際化案例研究發現幾個關鍵因素，敘述如下：

(一) **與政府保持密切的聯繫，成為旋轉門機制的最佳代言**：旋轉門機制
有兩個最主要的特點：第一，其主體為人，專家、學者、官員及其
他人才在行政、立法等公共部門與思想庫、工商界等私營部門之間
流動。第二，這種流動是雙向的，一種是從私營部門流動到公共部
門，另一種流動則相反，由公共部門流動到私營部門。

(二) **恪守無黨派的中立立場**：總體來說它仍是一個恪守中立、無黨派、包
容並蓄的智庫，它相對中立的態度得到了各黨的尊重和信任，吸納
了不同政黨、不同信仰的人才，也使學會的研究成果更加客觀和公
正。

(三) **高品質的研究成果、高品質的研究團隊**：專家來自各行各業，且都有
極強的學術背景，觀點和文章在學術界都非常有影響力，才能促使
優質智庫享有「沒有學生的大學」之美譽。還有不少學者曾服務於政
府部門和私人企業，被稱為學術實踐者。這些專家的研究能力和國
際聲望保證了智庫研究成果的高品質、權威性和持續性。

(四) **與時俱進的發展戰略**：若要智庫不斷壯大、成長，並且一直保持著深
遠的影響力，那優質智庫需要一直經久不衰的秘密在於它緊跟時代
潮流，與時俱進，研究議題是如此，人才亦是如此。

(五) **多元化的經費來源管道保障**：有了強有力的經濟後盾，智庫就可以專
心從事研究，可以做一些持久、長期的研究議題，同時，有保障的
研究經費可以使智庫的獨立性有了經濟基礎，從根本上保障了研究
的客觀性和公正性。

(六) **全方位的傳播方式**：沒有高效益的傳播，就沒有智庫輿論影響力的最大化。優質智庫採取的主要傳播方式有人際傳播、組織傳播和大眾傳播。在大多數情況下，三種傳播方式都是同時採用，互爲補充和促進。人際傳播有助於研究成果直接影響決策者，組織傳播和大眾傳播擔負著議程設置和塑造公共輿論的作用，從而間接影響決策者。

三、從數位傳媒角度分析

在數位傳媒的時代，隨著既有的作法，例如月刊／月報之固定發表、學術研討會、期刊發表、甚至於例行記者會，被視爲必要的過程，但是如何有創新作爲以增加社會影響力，考驗著也挑戰著智庫，尤其是數位時代（open source）的因應更是需要多元、網狀鏈結的複合效益（hybrid impacts）多角度加強智庫人才建設，如下圖所展示數位時代下智庫運作的複合概念，繼之並輔以綜合評論做結論與說明。

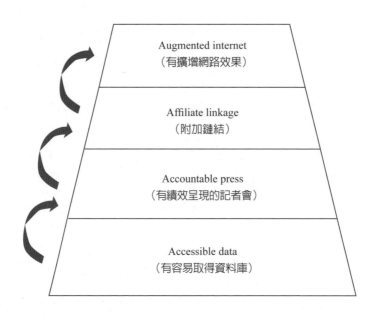

圖 2　數位時代下智庫運作的複合概念

資料來源：作者自行繪製。

(一) 有容易取得資料庫（Accessible data）：具備有隨時更新最新的資料庫是優質智庫的基本配備，它可以協助教育政策執行之關鍵數據資料庫與分析、教育領域人才資料庫、大數據所帶來的可預測性與階層影響性大數據對人才培養質量的提升具有驅動作用，對教育教學的改革具有重要促進作用，智庫網將集成優質專家與智庫資源，打通教學過程、就業質量與辦學條件三方面數據，構建符合學校特色的校本資料庫，服務高校的內部改進與外部評估。教育現代化從資訊網路版跳升到智能智慧版的背景下為國家教育提供決策支持，以實證研究為先導帶領教育人才培養從傳統模式向大數據模式轉變，為教育機構的數據管理與研究提供更加優化的方法與路徑。

(二) 有績效呈現的記者會（Accountable press）：定期舉辦主題式成果推廣活動、教育績效呈現之議題宜跨領域／跨企產業／跨公私協會、學校與法人合作等等，績效評估的有效與否，成功的關鍵在於：創造對話的機會、同時包含評估與指導的過程、建立向上評估的機制。事實上，績效評估的過程包含了兩個重要的目的：一是評估（evaluation），也就是檢討員工過去的表現，做出具體的評價，決定是否應給予適當的獎酬，例如調薪或是職務的升遷等。二是指導（coaching），針對員工未來的發展，主管必須提供必要的協助與諮詢。例如：有哪些地方需要改進的、員工有專長沒有獲得完全的發揮、員工未來在組織內的生涯發展。

(三) 有附加鏈結複合組織（Affiliate linkage）：鏈結複合組織有實體的鏈結與虛擬的鏈結，實體主動鏈結教育機構生態（中小學或是大學機構、乃至於教育部政策補助）或是教育團體（公／私協會、財團法人基金會）多元化的合作，隨著數位建設之便捷與快速，虛擬鏈結複合組織就形成常態予必要之舉，智庫訊息能主動鏈結產官學研網路資源從虛擬影響到實質地成立跨域聯盟，促進以推動發展智慧，顯示應用多元解決方案為主要工作內容，透過推動廠商順應智能趨勢、並對準智慧智能場域政策需求，投入高附加價值的優質智庫效益。

(四) 有擴增網路混成效果（Augmented internet）：更客製化的媒合網

站平臺（例如：電子報精準發送之技巧）、影音媒體（研究優良成果與拍攝教育故事之微電影）、自媒體（FB 粉絲專頁／YouTube 頻道／網路直播／IG 運用）。今天我們發現自己取得訊息方式更加多元，許多訊息取得是來自於社交媒體，它會是如何影響價值觀與教育政策形成絕對是現代數位公民必須要重視的議題。在這個轉化過程中，優質智庫透過擴增網路的載具推廣進而如何影響教育政策，這絕對是未來優質教育智庫的必要挑戰。

伍 綜合評論（代結論）

智庫稱自己為「思想家」，因為他們的主要目的是影響政策。然而，如果我們希望利用智庫作為可靠的研究來源，那麼正如「誰資助你？」成為關鍵角色，了解資金透明度及其與任何政治運動或研究重點的聯繫是很重要的。簡而言之，精準能掌握住資源（財源）與人員（菁英）的絕對是優質智庫的基本要件。

幾乎所有智庫都面臨的一個重大挑戰是衡量和展示其有效性和影響力。在衡量優質智庫影響力的有效性時，如若缺乏明確的自我檢核與展示實力的標準流程，那遇到了巨大的挑戰或是其他替代組織出現時，那優質智庫的存在價值必然隨之影響，久而久之其發言權似代理人的功能就不復存在。因此如何積極衡量在本身存在價值，並能化為優質智庫組織文化與動力，才能讓社會大眾與閱聽者隨時知悉優質教育智庫如何影響教育政策掌權者的決策與方向。

綜上分析心得，筆者創作這些鏈結圖形，深深發現為社交媒體使用往往開始沉浸在教育與政治之間。這最初是在好奇為什麼政策交流總是在我們的教育報紙上被引用比其他任何智囊團都多的時候。然而，就臺灣政治制度和公民社會的相對比較差異性而言，臺灣未若如有瑞士國家般的中立或是區域中心的關鍵，臺灣這塊有限範圍下土地或是政治生態，是相當有可能弱化具有客觀性的智庫角色與功能，畢竟臺灣在區域政治或是地緣關係上的影響力相當有限，間接直接地也會造成培養具有區域影響的優質智庫功能與角色的難度。

參考文獻

王曉紅（2017/05）。**創新體制機制、促智庫人才發展**。擷取自 http://www.cankaoxiaoxi.com/finance/20170531/2060989.shtml

何杏研、區浩馳（2021/12）。**政策、正察：培養優質智庫需投放更多公共資源**。擷取自 https://www.thinkhk.com/article/2021-12/16/53058.html

柯銀斌、呂曉莉。（2016/12）。**國外頂級智庫是怎樣煉成的？**擷取自：http://www.charhar.org.cn/newsinfo.aspx?newsid=11295

Jakovleski V. (2016). *Thinking about the Education Think Tank Phenomenon.* Retrieved from https://www.norrag.org/thinking-about-the-education-think-tank-phenomenon/

Lin, M. (2021)。各國兵家必爭之地─智庫作為權力與知識間的橋梁，適合比較、排名嗎？擷取自：https://crossing.cw.com.tw/article/15326

McGann, J. G. (2016). *The Fifth Estate: Think Tanks, Public Policy, and Governance.* Published by: Brookings Institution Press

McGann, J. G. (2019). *Global Go To Think Tank Index Report.* Retrieved from https://repository.upenn.edu/cgi/viewcontent.cgi?article=1018&context=think_tanks

The National Interest (2012/03). *Universities without students.* Retrieved from https:// nationalinterest.org/blog/the-buzz/universities-without-students-6620

Troy, T (2012/03). *Think tank politics.* Retrieved from http://www.tevitroy.org/11365/think-tank-politics.

The Think Tanks and Civil Societies Program, TTCSP. (2019). *Think Tanks and Civil Societies Program.* Retrieved from https://en.wikipedia.org/wiki/Think_Tanks_and_Civil_Societies_Program

學校治理與決策篇

第八章

大學實踐社會責任與治理的決策分析：以師資生參與社會服務爲切入點

何希慧

臺北市立大學教育行政與評鑑研究所教授兼所長

黃烽榮

國立東華大學教育行政與管理學系博士生

摘要

　　教育部於 2017 年透過高教深耕計畫積極推動大學社會責任實踐，揭示大學校院應強化在地深耕，積極促進區域發展、帶動價值創造、及學生在地認同與實踐。雖然如此，大學師資生在參與計畫時，其學習投入情形如何；大學如何透過實踐社會責任來增進師資生的公民意識、問題解決能力和對多元文化的關注，及其對大學推動的反思與策略的回饋，確實有探討的必要性。

　　本研究採質性研究法，藉以訪談北部、東部兩所師範大學共計 7 位師資生和 1 位教授，希冀透過研究參與者的省思與建言，對實踐社會責任計畫的大學及其師生提出觀察發現。最後根據研究結果，據以對師資培育大學推動師資生社會責任實踐，在資源投入、課程與活動設計、在地社區連結等提出建言，以作為行政決策與成效評估之參考依據。

關鍵詞：大學社會責任、大學治理、社會參與、教育決策、教育政策、師資生

緒論

　　教育部在 2017 年推動「大學社會責任計畫」（University Social Responsibility，簡稱 USR），希冀在政策的引導下，大學能體認並實踐其對社會的服務與責任功能。期盼大學鼓勵教師率領學生，共同前進在地產業聚落，進行社區文化創新經營發展（教育部，2017）。其目的在鼓勵大學對教育功能的重新解釋，不應僅是文憑獲得和學生就業力養成，更應於學生學習歷程中喚起其對公共服務的熱忱；亦即透過通識教育、社會議題導向的實作課程等，引領學生從事社會服務活動，以實踐體現在現場環境中。吳清山（2018）進一步指出，大學除肩負教學與研究的教育功能外，亦應善盡社會服務責任，培養學生具備社會知覺及使命感。師資培育大學肩負起未來中小學教師養成的重責，如何讓師資生理論與實務結合，養成其在就學期間即有社會服務的擔當，進而提升其公民意識與社會永續發展的概念至關重要。所謂「良相佐國 良師育才」，唯有培育出好老師才會有好公民。因此，師資生在實踐 USR 時，其參與公民教育的互動與實踐是為本研究動機一。

　　Muijen（2004）曾以組織價值學習的角度，探討機構如何透過價值學習歷程來兼顧企業社會責任。以此概念為基礎，大學身為計畫推動的決策者與規劃者，如何透過課程與活動設計，來鏈結在地需求與服務議題，以深化學生公民意識，並作為未來規劃師資生素養培育相關活動的依據，即為本研究動機二。另一方面，聯合國秘書長 Ki-moon（2012）發起「全球教育至上」倡議行動（Global Education First Initiative, GEFI），將公民教育視為任務之一，並把培養「有能力的全球公民」（empowered global citizens）設為關鍵目標，以培養願意承擔責任和具備覺醒意識的新公民，如此轉化致使傳統的公民教育應思考其調整的必要性（Callan, 1997）。因此，公民意識如何概念化於大學社會責任中，師資生與服務學校的互動情形亦為本研究動機；亦即期盼師資生將生命經驗轉為知識，進一步運用這些習得的知識成為實踐的內在動機與職業認同。總之，本研究旨在了解大學師資生參與 USR，其對公民教育投入和公民意識發展，及其教師對推

動 USR 的反思與回饋。

 貳　文獻探討

　　面對高教環境變遷，大學教育被賦予更多的功能與任務，教師甚至需帶領學生進入社區或聚落，透過文化參與、實作服務或產業研發，以完成大學社會責任與公民教育實踐的歷程。Cohen（2013）指出，公民意識與公民教育應為學校教育的一環，學校是學生學習的場域，也同時應為其接軌社會的踏腳石。以下分就 USR、公民意識和公民教育說明如下。

一、大學社會責任的發展與內涵

　　USR 為「企業社會責任」（corporate social responsibility）精神的延伸，並奠基於知識和追求真理之上。企業社會責任是 Holme 和 Watts 在「世界商業協會永續發展」（World Business Council for Sustainable Development）中提出的概念。他們認為，企業應對經濟發展有所貢獻，除應改善其聘雇勞工家庭的生活品質外，亦需服務在地的社區和社會（Armstrong & Green, 2013）。因此，USR 隨即於 2001 年由「建設大學」（Universidad Construye Pais）倡議，最早由智利 13 所大學聯合推廣，並力促其他大學參與行動（Vallaeys, 2007）。

　　美國和加拿大也在 2010 年推動 USR，並強調大學對永續發展（sustainability）有其責任與使命。Nejati, Shafaei, Salamzadeh 和 Daraei（2011）表示，英美頂尖大學推動校園內綠能發展，並建立環境中心以增進教職員工生對環境議題的關注與實踐。歐盟也在 2012 年起發動「歐盟大學社會責任」（European Union University Social Responsibility, EU-USR）（EU-USR, 2018），並將 USR 界定為歐洲大學有責任採透明化的策略與行動去正面影響社會環境發展；其推動作為包括：培養學生正義公平、民主參與、永續發展行動，社會健康福祉等，且大學須對互動關係人負責，並符合資訊透明化和公共績效責任的標準。因此，Gomez（2014）認為，當今大學應具有組織、教育、認知與社會的影響力，而 USR 即是發揮社

會影響的關鍵策略，且推動過程中將直接或間接地影響到大學在組織與功能的變革。總之，為服膺世界潮流與外部期待，大學透過各項資源投入與課程規劃，試圖藉由參與社會實踐或公民行動等活動來養成學生具備公民意識與素養，以回應多方互動關係人對大學教育的要求。

教育部（2018）推出的 USR 議題包含「在地關懷」、「產業鏈結」、「永續環境」、「食安與長照」和「其他社會實踐」等，師資培育大學隨即進行規劃，希望透過參與實作，讓師生有更多體驗公共事務的機會和發揮舞臺。Christine 和 Arthik（2018）證實，大學經由社會責任的實踐，培養出許多具道德感和社會實踐力的教師，且這些實踐行動改善了許多機構治理、人權、勞工環境、公平運營、社區發展等問題。該研究更指出社會責任和實踐融入大學教育的重要性，也為學生創造許多參與社會服務的管道。

二、大學社會責任相關研究議題說明

在查詢臺灣博碩士論文系統並以「大學社會責任」進行檢索後發現，20 篇論文係以政策發展為主題，輔以「社區觀點檢視」、「社會網絡分析」、「永續發展」對 USR 進行成效探討。另有 12 篇是以「社區創新經營發展」為主旨，以「結合在地創生」、「社區發展」為研究方向；其中實證研究有 8 篇，以「社會參與」、「公民行為」、「社會責任動機」為分析內容，「永續經營」僅有 1 篇。整體而言，教育部 USR 計畫第二期展開後，方有較多的研究生因關注政策推動的實施成效而投入該議題研究。另一方面，國外 USR 研究議題多偏向公民參與，如「社區投入」、「服務學習」等，據以提出因應策略與建言，並肯定 USR 對大學永續發展的重要性。

再者，面對全球競爭和關係型社會導致的社會變革，使得社會責任必須擴及到非營利組織，如學術機構等（Pompper, 2017）。Karima（2006）提出「責任大學」一詞，強調 USR 擴大高等教育的服務範疇和功能。Latif, Bunceand 和 Ahmad（2021）更表示，大學不能僅是培養負責任的公

民，學校須將社會責任納入推動政策和管理程序中，使其產生有意義的影響。換言之，大學有責任透過教育對互動關係人產生影響，尤其是擔負起維護社會道德與倫理價值的教育角色（Esfijani & Chang, 2012；Zhu, 2014）。

三、大學社會責任的公民意識與角色

從社會觀點發現，公民教育是維持社會穩定所須的公共知識、態度、價值觀和群體認同之相傳歷程（張秀雄，1996）。Cornobleth（1982）指出，西方的公民教育多為民主的政治教育，即專注於公共事務，而不直接與個人或社交有關。換言之，公民教育的目的在使個人社會化，進而成為地方或社會的成員；其目標在信守社會規範，相信平等與溝通等社會普世的基本價值，甚至對全球議題有所了解（Judith, 1985）。Greene 即以「衝向」（thrust）來形容意識，並認為意識會趨近世界，也會走進個人生活環境（Greene, 1974）；利用衝向觀點，學生將自身投射在外在環境的各種想法與思考判斷，即為「公民意識」（citizenship）。準此，透過教師帶領學生以跨學科／領域、團隊等聯合力量，再加上地方資源，USR 應能促進在地產業與社區發展，並培育出面對問題、解決、擁有行動力的高階人才，這股力量即是公民意識的展現，而學生透過社會責任的實踐，即在呈現公民意識與行動。

公認為 USR 指標性的文件《塔樂爾宣言》（la déclaration de Talloires/ The Talloires Declaration）強調，大學有責任培養師生社會責任感及對社會良善的承諾，尤其是推動永續校園、建立有制度的文化傳承、培養具環境責任的公民精神、跨域合作、及建立與中小學在地協作的夥伴關係等，皆對民主社會發展十分重要（Declaration of Tallois, 2013）。法國的大學即將 USR 實踐聚焦在「公民精神」，積極地參與各種重要議題，包括性別平等、反歧視、綠能校園等（Declaration of Tallois, 2013）。里昂第二大學更提出，USR 應包括人文價值、倫理考量（公平、平等）及民主和參與式決策；尤其當人類不斷面臨環境威脅與社會挑戰時，大學凝聚社會力量更

顯得重要。綜上可知，培養社會夥伴關係和公民意識是推動 USR 的核心價值，可提升學生的民主價值、文化多樣性、及社會平等相關議題的認知與實踐。

四、大學社會責任的公民教育與角色

Muleya（2017）認為公民教育是一門社會學科，其中涉及到公民積極參與社會、管理自己，並確定每一位需要協助的人都能得到應有的支持與肯定。Strandbrink（2017）亦認同公民教育在設計上是不會讓任何人處於不利的地位，而是支持在民主社會下多元文化的規範與實踐。因此，公民教育被認為應在人類生活中發揮作用，而公民參與即是一種方式。

人們越來越意識到 USR 的重要性，尤其在協助解決社區、國家和全球社會福祉等問題，學校透過一系列創新的教育方式來培養大學生對學科知識的批判思考和創造能力（Santos, 2016）。另一方面，學校亦藉由 USR 充分展現學生的實踐力與責任感，使其成為民主社會的參與者和促進公平正義的推動者（Simons & Masschelein, 2009；UNESCO, 1998）。研究顯示，USR 為學生創造許多外部的學習機會，培養其問題分析、決策判斷、問題解決和談判溝通等能力，並對可能涉及問題的社會環境保持警覺性和敏銳度（Lopes, 2015；Vallaeys, 2009）。Resch（2018）即證實，USR 能增加學生的社會責任感，積極參與的結果確實能提高他們的社會服務信念與對社區的影響力。換言之，USR 文化的建立可將學生的服務成果轉化為個人與人際成就，並對知識的理解與應用、好奇心、反思回饋、公民意識等有一定程度的提升。

五、師資生參與大學社會責任計畫的效益

Halstead 和 Pike（2006）指出，公民概念是理解公民教育的核心。因此，不關注公民概念，就不會有公民意識的產生，而學校即是與社會發生連結的一個社會組織。以下針對大學如何透過 USR 來引發師資生公民意識和公民行動做說明。

㈠喚起師資生公民意識

近年來師資培育大學積極開設服務學習（service learning）相關課程，並辦理公民教育活動，以採用梯隊、營隊等方式，讓師資生參與過程中，增進其對社區環境與社會變遷的觀察和體悟。尤其當大環境不斷改變，學生學習應強化其運用知識、解放知識，並力求在實踐過程中不斷探索自我與他人／社會的互動關係，且持續調整改善。教育部（2012）在師資培育白皮書中即提醒，師資職前教育在體驗與省思的活動較為不足，甚至鮮少提供讓師資生對教育事件提出個人的觀察、批判、反思、參與投入和對話的機會。因此，透過 USR 課程規劃與活動設計，提供師資生連結理論與實務和實踐的機會，養成其成為有責任、有教養的公民（吳清山、王令宜，2017），是推動 USR 的效益之一。

另一方面，由於 USR 的推動最終會回到「人」本身，透過時事新聞與生活案例來了解社會樣態與需求，USR 能引領師資生對公共議題的關心，藉此喚起其對社會、環境、經濟、教育的關注。其次，政府許多公共政策與大學生息息相關，但學生常因身分而忽略自己的公民力量，USR 可扮演穿針引線的功能，培養其擁有不同解讀觀點、永續發展思維和實踐應用能力。

㈡促進師資生實踐公民行動

Dewey（1904）在〈教育理論與實務的關係〉中指出，培養教師不應只談理論，也要有實務操作的訓練。由於師資生的學習態度影響其參與投入的表現，故活動辦理前的目的說明與經驗傳承是非常重要的（何縕琪，2018）。尤其當師資生到偏遠地區服務時，因為服務對象背景多元，鄭怡萱（2015）發現，如果師資生從服務中體會到「理解差異」，將有效地促進其習得對不同文化價值的尊重與服務熱情，且會透過反省過程來檢視自己意識形態的合理性。吳叔璇（2016）亦認同，當師資生經由省思轉化後，參與服務即成為一種關懷行為，且更了解到教師角色的意義與價值，並願意為偏鄉教育做出更積極的付出與表現。

總之，過往的公民教育課程少了「行動」一環，身為培育未來教師的

師資培育大學更應引領師資生關懷社區／社會環境，理解你我身處的共同世界，並經由參與 USR 來發現社區公共問題，藉此驅動其問題解決的行動能力。換言之，教師透過計畫將師資生帶進服務場域，除可凝聚其對社區發展的認同感外，USR 的實踐結果亦讓學生擁有社會參與感及公民行動力（吳叔璇，2016；鄭怡萱，2015）。

 ## 研究設計與實施

一、研究對象

本研究採用質性研究法，透過半結構式訪談了解師資生及其帶領教師在參與活動期間，其參加 USR 及其公民教育實踐歷程的反思與回饋。研究者選擇二所國立大學為訪談對象學校，一所是北部教育大學，另一所則是東部師資培育大學。兩所大學在師資人才養成和教育政策推動上不遺餘力，所培育的師資生對參與 USR 實踐公民教育亦有積極的課程規劃。選擇質性研究法來蒐集師資生和教師資料，除希望深入了解其學習態度與參與情形外，更期待受訪者能從參與者角度提出個人的經驗省思與觀察發現（Lincoln & Guba, 1985）。

二、訪談題目與資料編碼情形

訪談題目計有三題：(1) 參與 USR 的過程及其學習反思與心得回饋；(2)USR 課程或活動幫助你／妳提高那些公民意識；和 (3)USR 計畫下推動公民教育的永續發展。研究者在資料彙整與編碼上，以「代號-訪談日期-訪」為編號原則，如 Q-20220117- 訪，即代表師資生 Q 在 2022 年 01 月 17 日接受訪談（Denzin, 1994）。

表 1　受訪者編碼彙整表

編碼	訪談對象	學校所在地／師資類科
A-2022-0411 訪	師資生	臺北／國民小學

編碼	訪談對象	學校所在地／師資類科
B-2022-0411 訪	師資生	臺北／國民小學
C-2022-0411 訪	師資生	花蓮／中等教育
C-2022-0412 訪	師資生	花蓮／中等教育
D-2022-0411 訪	師資生	花蓮／中等教育
E-2022-0411 訪	師資生	臺北／國民小學
F-2022-0413 訪	師資生	臺北／國民小學
G-2022-0801 訪	教授	花蓮／授課教授

 結果與討論

　　研究發現，透過公民教育課程使學生成為全球公民尚需一段時間努力（劉美慧，2005）。師資培育大學如何讓師資生以在地化觀點走向全球公民歷程，過程中確實需要投入更多的在地實踐與差異理解。既然公民教育的目的在幫助學生以信心與決心勇敢地承擔他們的社會責任，大學如何引導其增進學習動機與參與意願，讓學生在過程中將生命經驗轉化為知識與能力（劉美慧，2005），並運用所習得的知能轉換成為實踐的動能是本研究關注的焦點。

一、參與USR師資生堅定對未來教職的使命感與責任心

　　透過大學資源整合與課程／活動的設計，USR 計畫讓師資生藉由連結社區參與城鄉教育觀察，在實踐過程中喚起其未來擔任教職的信心。結果發現，在實踐過程中由於師資生接觸到實境場域，個人對自身的參與感受皆十分明顯，尤其在教學相長部分更有深刻的體悟與認同。此外，師資生透過參與活動直接面對教育現場所帶來的問題衝擊，即從中反省自己應具備哪些能力。再者，師資生對於來自現場服務對象的回饋與鼓勵，確實感知到自身從事教職的使命感與認同感。最後，師資生透過參與 USR 不僅將自身的責任覺醒和關懷延伸至學校以外的範圍；亦藉由參加 USR 計畫，

讓學生除了學以致用外，更因服務期間各種突發狀況的產生，使其得以重新認識問題，不斷修正錯誤，以做成較好的判斷。

不管是師資生或是有經驗的老師，他們的態度都很正向，很非常願意幫助你，甚至會主動詢問你有沒有什麼困難？也會關心你的參與狀況，讓我更加願意投入 USR 活動和未來教書工作，它讓我對社會服務有參與感和認同感，也讓我覺得教育工作很有意義。（E-2022-0411 訪）

因為參加系上的 USR，在思考與設計教學活動、撰寫教案、試教以及參加過程中，我覺得很符合我從事教職的意願和興趣，覺得我可以發揮我的專長，更加深我想成為一名老師的想法。（B-2022-0411 訪）

記得有一次課輔到學期末的時候，學生問我下學期還會不會繼續來？當時我有一點被感動到。我知道自己的用心已經被學生感受到，這也是讓自己願意繼續教學的動力來源。（A-2022-0411 訪）

這個過程可以增進自己問題解決能力和責任心與榮譽感，也培養我正確的服務態度、價值觀和很多技能，尤其對學校教育的重要性有更深的體悟。（B-2022-0411 訪）

二、參與USR師資生擁有跨文化的公民思維與判斷能力

師資生在參與不同文化情境的 USR 後，能清楚地表達自己的想法，同時也能理解到他人不同文化與呈現方式。結果發現，培養前述能力首先要知道如何說出自己的想法，且理解與認同他人的文化，好調整自身態度以做出滿足在地與社區期待之行動。訪談中，受訪者表示在進入現場後，內心所做的反思儼然已達到跨越自身去看待問題並著手解決問題。此外，透過國際事件的發生，受訪者開始思考事件的是非對錯，學習從不同角度看待事情的本質及未來公民教育議題的發想。換言之，參與 USR 有助於師資生藉由社會參與體驗到公民參與的議題反省，也培養其具備理解他人與思考的能力。

當我們有了對這些領域的理解和認識後，才能夠和這個社會有良好的互動，也維持這個社會的和諧發展。（A-2022-0411 訪）

在帶領小學生參與團隊活動時，我們常會把動作進行拆解，從分解到連續，再要求速度和精準。借鏡到國小教學，我們也是把一個學科知識切成好幾個單元、好幾塊知識來教，學生學會後我們才會進行進階的題目練習。USR活動讓我練習到許多判斷問題的操作機會。（C-2022-0411訪）

因為參加USR，要與不同族群的孩子互動，我開始關心文化議題和國際新聞，並試著從不同角度來分析問題，就像我會反思奧斯卡影帝因為妻子病情揭露，憤而打人一事是否正確，我能夠換位思考雙方的立場嗎？我可以給孩子什麼公民教育讓他們分辨是非？（D-2022-0411訪）

三、參與USR師生知道永續發展的重要性

讓USR成為大學教育的一環，以肩負起公民教育的責任，並透過課程與活動的設計喚起學生社會實踐與生命經驗的連結是非常重要的。高等教育既為學術殿堂的頂端，所賦予的教育使命即不僅在知識與技術的傳承，更要提供學生社會參與、實作實踐的機會，使其以關懷服務的心為社區發展、社會建構和公民議題不斷的投入與經營。「在別人的需要裡找到你的責任；在需要你的地方付出自己」，責任就是一種使命工作，USR計畫讓大學教授在帶領學生走進山林進行環境議題課程時，透過切身感受與生命經驗的自我對話，型塑學生公民意識進而願意從事公民行動。一個好意識的形成不是一朝一夕即能達成，尤其是要讓人形成永續責任的意識；透過訪談發現，擔任USR課程的教師須對生命意義、服務信念和公民意識有所認識，因為唯有如此，教師才能連結學生與在地間的關係，使其明白自己所居住的環境是生動且獨特的（Lutts, 1985）。

如果每個學校對USR的概念和推動主軸是清楚且不改變，那今天的行政人員再怎麼換？所謂的經驗傳承跟經驗交接還是會存在的。除非行政人員對USR認知不夠或根本不想推動。（G-2022-080訪）

大學要推動USR甚至公民教育，首先在老師的教學經驗上，他們須先對生命有所感動，對公民意識有所瞭解。畢竟感動過的人才能說出感動的故事，有公民意識的人，才知道公民素養、公民教育的可貴，才能夠促

進學生參與其中，並瞭解各中的眞實意義。（G-2022-080 訪）

　　如果之後有機會我願意再參加一次，畢竟這是個很難得的體驗。因爲 USR 讓我了解其實我可以創造一個 19 歲孩子生命中一次有意義的學習經驗，我在想著如何讓這份感動一直延續下去。（C-2022-0411 訪）

伍　結論與建議

　　本研究礙於受訪學生、教師人數及學校地區的限制，僅根據上述結果據以提出結論與建議，以作爲大學推動 USR 在政策規劃、推動思維和永續發展決策的參考依據。

一、結論

㈠USR永續發展需要大學教職員生一起參與和支持

　　研究發現，大學在推動 USR 時，須先與社區／社會做縝密的連結並以此爲實踐場域，以培養師資生社會責任與社會公民角色。透過 USR 參與過程，學生基於社區服務經驗，多能感知到自己在不同文化接納與課堂所學實踐有明顯的提升，這與 Terry（2008）的發現一致。Terry 指出，服務學習、社會參與的歷練確實能精進學生創造思考和問題解決能力；尤其是本研究師資生在參與過程中產生的群體互動，皆有助於將課堂所學轉化爲問題判斷和有效解決問題的能力。另外，參與 USR 是一種學習歷程，大學透過 USR 計畫培養師資生成爲自主學習者，同時過程中也加深其社會責任感與教職使命感。王亮（2016）曾說，學習成效多在團隊學習和參與式學習中達到較佳效果，USR 就是最佳的實踐途徑。既然大學 USR 以「人才培育」與「在地連結」爲推動核心，大學帶領師資生服務在地，提供場域讓學生主動參與並進行團隊合作的自主學習時，行政人員亦需對 USR 有所了解，方能提供較好的行政支持與輔助規劃，好讓 USR 永續深植爲校園文化和師生參與投入的一環。

㈡在地關懷與行動實踐提升師資生專業態度與問題解決能力

張慶勳（2021）指出，大學善盡社會責任，儼然扮演起區域性教育、文化與產業發展角色，確實對社會進步有一定程度的影響力。研究結果顯示，大學教師採鷹架功能，帶領師資生以多元跨域的團隊協作方式進入在地社區服務，除拓展其對多元文化、教育、國際事件等議題的了解外，也培養未來教師對社會真實問題的判斷、理解和解決能力。既然大學是社會文化發展與維繫的重要推動成員，培養學生成為關心公共事務與行動實踐的責任公民刻不容緩。結果發現，透過 USR 能提供師資生在實境場域對社會問題的觀察、反思與處理，亦藉此培育其具備公民意識和跨域思考能力，這對師資生理論與實務的結合和公民教育的實踐，確實有助於提升其專業態度和教育使命感。

二、建議

㈠大學社會責任網絡化以服膺多變社會的需求與期待

身為在地發展的知識殿堂與教育基地，大學應整合資源發揮教育影響力，並扮演推動地方進步與永續發展的推手。另一方面，因應科技發展日趨成熟和生活型態多元變遷，大學需多與社會社區互動，進一步建立社區服務網絡，以擴大其教育推廣與實踐功能，提升學校在地形象與實質建設。其次，透過網絡的建立，師資生藉由 USR 計畫走入社區，運用所學解決社區問題，與在地發展形成互補支持關係；亦即透過參與實踐公民責任的 USR 活動，讓學校師生有機會了解真實世界的問題與挑戰，從而協助社區解決問題，落實大學教育功能與社會服務責任。

準此，大學在投入 USR 課程規劃時，亦須與學校發展特色和在地產業、文化相結合，敏察在地公共政策。以本研究為例，大學 USR 在師資培育單位推動時即強調「公民意識」是計畫重點之一，其目的在預備師資生成為更好的公民（Long & Ibson, 2016）。另外，為因應未來政府經費不再補助 USR 計畫，大學思考永續經營勢必得及早與地方政府和產業界進行關係連結與合作互動，除回應在地需求外，深耕在地、資源挹注、持續

發展的目標才得以實現。

㈡結合多元策略以利USR和公民教育永續發展

　　相較其他先進國家以世代責任在談永續，我國 USR 政策雖起步稍晚，但各大學在教育部政策的推動下，已成為學校積極規劃的教育任務一環。結果發現，社會責任工作要落實與成功，師生需在實踐的歷程中結合個人的生命感動與故事，方能讓 USR 精神得以呈現。其次，USR 成為學生公民自覺與適應多元文化的學習管道之一，大學系統化的課程設計，結合團隊互動、實務操作和生命敘事等策略，引領學生進入在地社區，透過每個節點的故事串連，形成社群永續發展網絡，有效提升學生公民意識與實踐應用能力。另一方面，USR 跨領域協作讓學生有更多元的專業對話和知識連結機會，例如將地方學、偏遠學校輔導、環保衛生等議題融入課程或活動中，公民教育即藉此推動。亦即透過課程設計讓學生了解公共政策與公民實踐的重要性。

 研究限制

　　本研究採用質性研究法，訪談師資生參與 USR 從事公民教育的實踐歷程與反思，透過 USR 提供學生在地實踐場域，雖然如此，本研究仍有諸多限制亟待未來研究者進一步探討。首先，本研究僅對 7 位師資生和一位教授進行訪談，其結論恐無法推論至其他學科領域或不同類型大學。故建議未來研究者可擴大訪談對象，或以問卷方式收集更多師資生對 USR 和公民教育議題的認知與實踐情形。此外，推動 USR 時可能會涉及到地方不同層面的服務需求、進入管道或意見回饋，建議未來研究者可將地方生態勢力納入研究考量，以了解學校推動 USR 之途徑、限制與永續經營。再者，本研究缺少對學校決策者與行政人員在推動計畫時的上位考量和行政支持系統，建議亦能分析學校在執行 USR 時，不同層級主管或行政團隊對永續經營、成效評估和在地連結的看法與回饋。

參考文獻

王全興（2016）。品德教育的重要性與落實之道。**臺灣教育，698**，33-35。

王亮（2016）。**學習金字塔**。取自 https://read01.com/zh-tw/dQ4y7.html#. Wrn6eohuaUk

何縕琪（2018）。**偏鄉教育實地學習創新課程：結合設計思考之師資培育教學實踐研究**。教育部教學實踐研究計畫成果報告（計畫編號：MOE107114A），未出版。

吳叔璇（2016）。**師資生參與史懷哲服務學習計畫之實踐關懷行動敘說研究**（未出版碩士論文）。私立慈濟大學，花蓮市。

吳清山（2018）。教育名詞—大學社會責任。**國家教育研究院教育脈動電子期刊，15**，1-2。

吳清山、王令宜（2017）。公立大學通識教育課程架構內涵分析與改進之研究。**課程與教學，20**(1)，1-23。

洪世謙（2022）。差異即正義：多重層理的社會實踐。**新實踐集刊，2**(5)，38。

張秀雄（1998）。公民教育的心理學基礎。公民訓育學報，**7**，97-117。

張慶勳（2021）。大學永續發展：「好」「大」學追求　極大化影響力的思維與策略。**臺灣教育評論月刊，10**(1)，27-33。

教育部（2012）。中華民國師資培育白皮書。臺北市：教育部。

教育部（2017）。教育部推動大專校院社會責任實踐計畫補助要點。**教育部主管法規查詢系統**，取自 http://edu.law.moe.gov.tw/LawContent.aspx

教育部（2018）。**為臺灣種下希望，USR 讓地方創生底氣十足」—2018 大學社會實踐博覽會**。取自 https://www.edu.tw/News_Content.aspx?n=9E7AC85F1954DDA8&s=4FF49769527 CC4E4

劉美慧（2005）。多元文化師資培育—一位師資培育者的敘事探究。載於中華民國師範教育學會主編，**教師的教育理念與專業標準**（頁 203-

230）。臺北市：心理。

鄭怡萱（2015）。**師資生參與史懷哲計畫對原住民族教育認知之研究**（未出版碩士論文）。國立臺中教育大學，臺中市。

Armstrong, J. S., & Green, K. C. (2013). Effects of corporate social responsibility and irresponsibility policies. *Journal of Business Research, 66*(10), 1922-1927.

Cohen, A. (2013). *Conceptions of citizenship and civic education: lessons from three israel civics classrooms.* Doctoral Thesis: Columbia University.

Callan, E. (1997). *Creating citizens: Political education in a liberal democracy.* Oxford: UK Oxford University Press.

Dewey, J. (1904). The relation of theory to practice in education of professionals. *The third yearbook of the national society for the scientific study of education, Part 1: The relation of theory to practice in the education of teachers,* 9-30.

Esfijani, A., & Chang, E. (2012). University Social Responsibility (USR) Factors and Indicators, *The Proceedings of ABISA Annual Meetings*, pp. 59-60, April 2012 Brisbane, Australia.

EU-USR (2018). *Social responsibility of universities in Europe and development of a community reference framework.* Retrieved from http://www.eu-usr.eu/wp-content/uploads/2014/05/2013_EU-USR_e-leaflet.pdf

Gomez-Vasquez, L. (2014). The importance of university social responsibility in Hispanic America: A responsible trend in developing countries. In Gabriel Eweje (ed.). *Corporate Social Responsibility and Sustainability: Emerging Trends in Developing Economies* (pp.241-268). Emerald Group Publishing.

Greene, M. (1974) Cognition, consciousness, and curriculum. In W. Pinar (Ed.), *Heighten consciousness, culture revolution, and curriculum theory* (pp. 69-84). Berkeley, CA: Mccutchan.

Halstead, M., & Pike, M. (Eds.). (2006). *Citizenship and moral education: Values in action.* New York: Routledge.

Judith, T. J. (1985). *Predictors of Global awareness and global concern among secondary school students*. Columbus, Ohio: Mershon Center, Ohio State University.

Karima, R., Oshima, Y., & Yamamoto, K. (2006). Identification of subjects for social responsibility education at universities and the present activity at the university of Tokyo. *Environmental sciences: an international journal of environmental physiology and toxicology, 13*(6), 327-337.

Ki-moon, B. (2012). *Global Education First Initiative*. The UN Secretary-General's Global Initiative on Education. United Nations. Retrieved from https://sdgs.un.org/partnerships

Latif, K. F., Bunce, L., & Ahmad, M. S. (2021). How can universities improve student loyalty? The roles of university social responsibility, service quality, and "customer" satisfaction and trust. *International Journal of Educational Management, 35*(4), 815-829.

Lawson, A. E. (2002). Sound and Faulty Arguments Generated by Preservice Biology Teachers When Testing Hypotheses Involving Unobservable Entities. *Journal of Research in Science Teaching, 39*(33), 237-252.

Lincoln, Y. S., & Guba, E. G. (1985). *Naturalistic inquiry*. Beverly Hills, CA: Sage.

Longo, N. V., & Gibson, C. M. (2016). Collaborative engagement: The future of teaching and learning in higher education. In M. A. Post, E. Ward, N. V. Longo, & J. Saltmarsh (Eds.), *Publicly engaged scholars: Next-generation engagement and the future of higher education* (pp. 61-75). Sterling, Virginia: Stylus Publishing.

Lopes, H., & Menezes, I. (2015). *Atividades académicas (co)curriculares e o (d)envolvimento dos estudantes: o curso e as margens na travessia da implementação do Processo de Bolonha no ensino superior (dissertation)*. University of Porto, Porto, Portugal.

Lutts, R. H. (1985). Place, Home, and Story in Environmental Education. *Journal of Environmental Education, 17*.

Muijen, H. (2004). Civic Education and Civics: Where do we draw the line? *Journal of Lexicography and Terminology, 1*(2), 125-148.

Muleya, G. (2017). Civic Education and Civics: Where do we draw the line? *Journal of Lexicography and Terminology, 1*(2), 125-148.

Nejati, M., Shafaei, A., Salamzadeh,Y., & Daraei, M. (2011). Corporate social responsibility and universities: A study of top 10 world universities' websites. *African Journal of Business Management, 5* (2), 440-447.

Pompper, D. (2017). A Study of University Social Responsibility (USR) Practices at Rwanda's Institut Catholique de Kabgayi, *In Pompper, D. (Ed.), Corporate Social Responsibility, Sustainability, and Ethical Public Relations (The Changing Context of Managing People (pp. 143-166)*, Bingley: Emerald Publishing Limited.

Resch, K. (2018). Third Mission and service learning. A narrative evaluation of the relevance of students' experiences. *Civic Engagement in Higher Education Institutions in Europe, 13*(2), 127-139.

Santos, M. A., Sotelino, A., & Lorenzo, M. (2016). El aprendizaje-servicio en la educación superior: unavia de innovacióny de compromiso social. *Rev. Educ. Divers. 10,* 17-24.

Setiawan, C., & Davianti, A. (2018). International seminar on accounting for Society: *university social responsibility (USR) a study of top ndonesian Universties. Seminar ilmiah nasional pasca sarjana tahun, 9* (1),199-205.

Simons, M., & Masschelein, J. (2009). Form active citizenship to word citizenship: A proposal for a world university. *European Education Research Joural, 8*(2) 236-248.

Strandbrink, P. (2017). Civic Education and Liberal Democracy. In Strandbrink, P. (ED.), Civic Education and Liberal Democracy, 35-70.

Terry, A. W. (2008). Student Voices, Global Echoes: Service-Learning and the Gifted. *Roeper Review, 30*(1), 45-51.

Tufts University (2013). Talloires declaration institutional signatory list. form University Leaders for a Sustainable Future.

Vallaeys, F. (2007). Responsabilidad Social Universitaria. Retrieved from http://bit.ly/YtrdZw.

Vallaeys, F., De La Cruz, C., & Sasia, P. (2009). *Responsabilidad Social Universitaria: Manual De Primeros Pasos*. México: McGraw Hill.

Zhu, Q. H., Yin, H., Liu, J. J., & Lai, K. H. (2014). How is Employee Perception of Organizational Efforts in Corporate Social Responsibility Related to Their Satisfaction and Loyalty Towards Developing Harmonious Society in Chinese Enterprises? *Corporate Social Responsibility and Environmental Management, 29*(5), 28-40.

第九章

公私協力教育治理模式與決策：問題與挑戰

陳榮政

國立政治大學教育系教授兼系主任

楊雨樵

國立政治大學教育系碩士生

摘要

　　本文係以實驗教育三法公布實施後，各地陸續出現的公辦民營學校運作後所產生的公私部門於教育經營與管理間的合作與溝通模式，其至今尚無一個具體的研究討論。是故，本文從公私協力（Public-Private Partnership, PPP）之理論著手，探討公私協力的關係與背景，並以公私協力治理的模型與實務作為理解探討本文教育治理的基礎。再藉由分析我國現今在相關縣市公辦民營學校的運作與分類，從中分析公辦民營學校在公私協力的價值與框架中，其運作的應然與實然之面。本文認為公私協力的應用，已由過去的基礎建設層面擴及至社會福利，朝向解決重大社會議題的方向發展。社會議題為政府過去無法獨立解決的難題，需仰賴與民間協力下的創新與有效的策略。另一方面，教育為國家發展的基石，同樣需要更多優質與創新的元素，以提升國家整體的教育品質。因此，我們有必要面對當前公私協力教育所帶來的改變與衝擊，思考未來可行方向。

關鍵詞：公私協力、教育治理、實驗教育、公辦民營學校

前言

　　2014 年我國頒布實施的實驗教育三法使教育服務的提供變得多元，但是其中影響原本公立學校辦學結構最深的，應是引進私部門力量辦理學校型態的實驗教育，亦即我們所熟知的公辦民營學校。此類以公私協力（Public-Private Partnership）為基本價值的辦學，除了依立法意旨落實學生學習權、家長選擇權之外，同時意味著教育經營有可能走向採用新管理主義精神（陳榮政，2019），提倡企業管理經驗供公部門借鏡，透過「有權管理」（authorized）的概念減少政府的干預並下放權力至民間機構，同時使教育經營文化與服務的態度趨向顧客導向，增加自由市場的競爭，並藉此競爭提升服務品質。除了權力的轉移外，公私協力也具有公民參與的意涵。當私部門開始介入公共事務時，能夠積極地培養公民的資格，學習公民應具備的知識與技巧。

　　Drucker（1984）指出政府因為財務與需要立即的效果以展現效能給選民等因素，較難施力於許多社會與社區工作。在政府力有未逮並且私人企業不願意投資的領域中，以高優先度處理公益目標並且比政府更具彈性的第三部門便承擔起了重大的責任。政府透過與民間力量合作的方式將更有能量執行長期且有效的計畫。在公私協力的關係中，政府由管理者轉變為倡導者，負責政策的制定與規劃，並交由民間團體執行，而民間團體能處理的事務，政府則不會介入。如觀察美、英國等國公辦民營學校的發展歷程和背景，能發現大多公辦民營學校建立方針優先考慮學習成效不佳的學生，以解決傳統學校無法顧及所有類型學生之問題。以我國發展的趨向來看，目前公辦民營學校也多位於招生不利或是學生學習動機普遍不高的地區，在傳統教育方式或經營團隊不易改變的情況下，以公辦民營方式作為公私協力的運作主軸，其學校經營成效與對學校面貌的改變，值得學術界持續觀察。

公私協力的理論與實務

一、公私協力的理論

㈠公私協力理論背景與發展歷程

1.新自由主義

新自由主義主張自由市場、政府最小干預、個人自由與責任，呼應古典自由主義的精神。自由主義者認為經濟自由是人類自由的基礎，影響著公民自由（civil liberties），如宗教、言論、集會等社會自由。新自由主義打破社會舊有的體制，塑造當今西方國家與公共服務提供的基本架構（Adams, 1998; Harvey, 2007/2016）。

新自由主義學說的興起，源於 1947 年海耶克（Friedrich von Hayek）創辦的朝聖山學社（Mont Pelerin Society）、倫敦政經學院與芝加哥經濟學派（Chicago school of Economics）的經濟學家。新自由主義學者主張絕對的自由，反對當時主流的凱因斯主義（Keynesianism），亦反對由政府主導經濟的福利自由主義（welfare liberalism）和中央政府所制訂的政策（Harvey, 2007/2016；何秉孟，2017）。

然而，新自由主義在當時並未受到重視。直至 1970 年國際財政危機，英國政治新右派（The New Right）批評凱因斯社會福利政策。1979年英國柴契爾（Margaret Thatcher）推動徹底的政治經濟改革，使去政治化與自由市場成為不可逆的國家根基（Wiltshire,1987; Adams, 1998）。1980 年美國雷根（Ronald Reagan）總統推行諸多政治經濟改革，使政府退出市場，由企業營運公共服務（Savas, 2005/1987）。新自由主義帶來經濟與政治的重大變革，相繼影響各大國際組織，例如國際貨幣基金組織（International Monetary Fund）、世界銀行（World Bank）及世界貿易組織（World Trade Organization）（Harvey, 2007/2016）。除影響國際金融外，新自由主義廣泛應用於其餘社會思潮與體制，橫跨政治、經濟、城市、性別、公民權、教育、生物科技等領域，深深影響人的思想，成為世上的霸權意識形態（Springer, Birch, & MacLeavy, 2016；Tomlinson, 2005）。

　　新自由主義的思想相當複雜，Peck（2004）認爲新自由主義沒有一個純正或典範性的版本，而是一系列地緣政治分明的綜合體。雖無法以簡單的定義說明，但其仍不脫離自由市場、政府最小干預、個人自由與責任的核心意識（Adams, 1998）。然而，陳榮政（2019）與 Springer 等人（2016）認爲我們應以霸權意識型態、國家形式、政策與方案、治理、知識論的五個概念，才能完整認識新自由主義如何成爲世界上的霸權意識，並推及其他公共服務的提供。

　　當新自由主義作爲一種意識型態，其影響著政府制訂政策，而政策將會改變國家的形式並影響人民思想，其中人民思想又將促使專家學者續以新自由主義的觀點提供政府治理方式的建議，進而促成一項循環。

2. 新管理主義

　　新管理主義發展於 1970 年政府再造運動的時期，建立在新自由主義轉變國家意識型態、去中心化、自由市場的基礎上，旨在以最少的投入，帶來最具效益的成果，解決政府失靈的問題。新管理主義批評，傳統官僚體制（bureaucracy）與國營事業的壟斷，造成公部門效率低落、服務品質差、浪費資源、缺乏回應的問題（Savas, 1987/2005）。潛於公部門內的低效率宿疾，在 1970 年石油危機造成的經濟危機格外凸顯，成爲當時政府的改革焦點。

　　經濟危機是新管理主義發展的關鍵之一，然而此主義得以改革政府、創造新典範，進而影響世界各國政府的因素尚包含政治背景、資訊科技進步、全球化與國際顧問組織興盛等原因（陳榮政，2019）。新管理主義在英美與紐澳推行政策後擴展至全世界。其中，全球化的影響，是新管理主義能夠實踐並傳播至全球的關鍵。以下將說明當時的政治背景與全球化所造成的影響。

　　1979 年英國柴契爾政府（The Thatcher Government）的政策下，爲英國民營化打下不可逆的基礎（Wiltshire, 1987）。另一方面在美國雷根政府、澳洲、紐西蘭等國相繼改革既有的社會福利政策，具體實踐新管理主義且展現正向的成果（Savas, 1987/2005; 陳榮政，2019）。新管理主義得以提升政府效能低落的核心在於引進市場機制，市場競爭不僅爲資源有效

分配，更能夠增進整體的生產效率（Vickers & Yarrow, 1991），避免公共選擇理論論述中官僚怠惰與資源浪費，造成國家財政困難。

然而，新管理主義雖提升政府效率與競爭力，但亦有其無法實現公共利益、視民眾爲顧客、課責不明、國家空洞化（hollow state）等的重大課題。舉例而言，撤除偏遠地區的公車站牌、取消弱勢補助、公共建設發生意外時互相推諉等。此外，以營利爲目的的企業若掌握具壟斷性的公營事業，亦造成貪腐與濫權的重大問題（陳敦源、張世杰，2010）。

二、公私協力理論與運作

(一)協力治理

雖然公私協力在定義上有各種說法，未有明確統一的定義。有一派學者認爲公私協力是一種「政策工具」（tool of governance），另一派則視之爲「文字遊戲」（language game）（Hodge & Greve, 2007）。雖然定義紛雜，但不少學者認爲其核心在於，以公部門與私部門的夥伴關係爲基礎，共同承擔社會責任、合作以解決複雜的社會議題，促進公共利益（陳敦源、張世杰，2010）。

協力關係具體而言，具有穩固的協力治理（collaborative governance）架構，得以讓公部門與私部門合產（corporation）出具有效用、創新、經濟性等潛力的服務或解決方案（Bovaird, 2004; Roehrich, Lewis, & George, 2014）。

Ansell 與 Gash（2008）定義協力治理，係指政府單位直接允許非政府的利害關係人，與政府在一明確旨在實施政策、制訂計畫、審核預算的過程裡，進行共同決策。因此，協力治理須由政府與民間共同決策與共同執行，相較於僅能達成契約要求的契約式合作關係，協力夥伴關係能使雙方更具自主性與積極性，能夠促進雙方自主負責、不斷學習、找出最佳的辦法（吳英明，1996；Bovaird, 2004）。

所以，協力治理具有實現公共利益最大化的理想，而其治理的自主性與積極性，需建立在公私部門間的信賴關係。如同人與人之間關係有許多

的種類，建立關係有必要的條件與努力。公家單位與民間單位，彼此間的關係亦有不同種類、目的，以及影響關係建立的要素。接下來以種類與影響關係形成的要素，進一步探討協力關係的內涵。

㈡協力關係

1. 關係的種類

協力關係，係由政府單位與民間單位相互建立，其中民間部門可以是企業、非政府組織或非營利組織，而關係亦有許多種類。根據 Bovaird（2004）對協力關係的分類，協力關係可依部門特性（sectoral basis）、關係網絡特性（relationship basis）、經濟特性（economic basis）、政策類別（policy area）與互動模式進行（scope）分類。

部門特性的分類即是以民間單位的類別作為分類，民間單位包含私人企業、公共社團組織、第三部門（志願部門）。舉例如文山社區大學，即是由公立學校提供場地，非營利之社團法人營運校務（李伯諭，2005）。此即是與第三部門協力的模式。

關係網絡分類，是以公私部門合作的方式，可分作契約型、合作型、權力共享型以及鬆散型。契約型的舉例如機關內部業務委外，常見的有清潔工作、訓練服務、車輛維護、警衛保全等（林淑馨，2013）。經濟特性分類，是以供給端與需求端來分類協力關係中，公部門與私部門的立場。政策類別分類，是以政策目標作為分類，例如旨在促進經濟生產力、解決社會議題、救濟弱勢族群等。

互動模式分類的原則在於公私兩部門於協力關係中互動的位置，其可分作「垂直分隔」、「水平互補」與「水平融合」這三種模式。垂直分隔的互動，是政府居於上層指導，要求下層的私部門配合。其共同決定的成份較少。水平互補式的互動，雖然決策權多為公部門決定，但私部門擁有更多得以參與的機會。水平融合的互動，即是最符合協力治理精神的模式。公部門與私部門得相互合作與協議，共同分擔公共責任與尋求解決公共事務（吳英明，1996）。

2. 關係建立的要素

人與人間關係的建立，涉及到人與人之間網絡的形成。而協力關係的建立，即是政府與民間單位間網絡的建立。建立網絡，需要成員相互的溝通，以及信賴的基礎。Ansell 與 Gash（2008）分析相關公私協力案例後，提出協力關係的溝通模型與發展關係的要素，被視為最完整的協力模型。在此即以 Ansell 與 Gash 的理論，來說明協力關係建立所需的要素（如圖 1）。其內涵有四個要件，分別為初始狀況（Starting Conditions）、制度設計（Institutional Design）、協力過程（Collaborative Process）與協助型領導（Facilitative Leadership）。初始狀況是指參與者合作意願的高低，攸關參與者的動機。制度設計重視自由公平的環境，這兩要件為協力的背景因素。

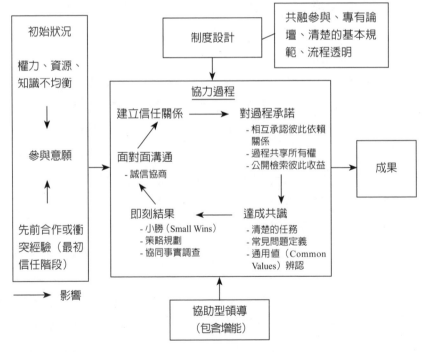

圖 1 協力治理模型

資料來源：作者自行翻譯繪製自 Ansell, C & Gash, A. (2008). Collaborative Governance in Theory and Practice. *Journal of Public Administration Research and Theory*, *18*(4), 550.

　　在實際進行協力時，協助型領導的立場爲負責平衡雙方權力的公正第三者，協調成員進行良好協力過程。在協力的過程中，有五個步驟的循環，分別爲面對面溝通（face-to-face dialogue）、建立信任關係（trust-building）、對過程承諾（commitment to process）、達成共識（shared understanding），最後創造即刻的結果（intermediate outcomes），五步驟以後，便能合產出協力關係的成果（outcomes）。

　　面對面溝通是雙方關係建立的第一步，是建立信任關係的必要條件。透過溝通，得以打破彼此的成見，在日後合作時較能不受阻礙。良好的溝通有助於建立信任關係，而信任關係爲協力關係的基礎。建立根本的信任關係之後，雙方應承諾此協力的過程，立下具體的目標與時間表，實踐協力時的目標與維持合作動機。接著，雙方逐漸能夠建立共識與清楚的目標，也爲相互學習的氣氛打下基礎。最後，經過四個協力步驟後，會產生立即性的成果。雙方應致力於創造出小小的雙贏成果，激勵彼此以促進合作關係的建立。

　　在經過五步驟的協力過程後，即會產出協力的結果（outcomes）。而此結果的好壞，會影響下次協力的初始狀況，即會影響日後合作意願的高低。每次的協力皆會影響往後的協力關係，因此協力過程是關係建立的關鍵。Anesll 與 Gash（2008）認爲協力治理的關鍵要素在於時間、信任、依存，因此在協力過程時需留意信任的建立需要具體行動、即刻的結果，以及時間的累積。而在分配任務上，應注意相互依存的比例不應過低，避免關係弱化。

　　因此，公私協力時應重視協力過程中雙方的溝通、工作分配以及即刻的結果回饋，在經過一段時間後，即有機會加深合作伙伴間的信任與依存。若能藉由合作的機會建立起相互信任的網絡關係，即形成可善加利用的社會資本，得以於日後合作時更加自願投入於創新、解決問題以及自我學習，減少下次協力時所需的交易成本，發揮公私協力所追求的價值（陳敦源、張世杰，2010；Ansell & Gash, 2008; Roehrich et al., 2014）。

三、公私協力實務

㈠實務運作模式

公私協力有相當多元的模式（孫本初，2010）。在協力的運作中，公部門大多依然與民間簽約。然而，與民營化委外的作法並不相同，其協力方式包含民間融資提案制度（Private Finance Initiative, PFI）以及興建、營運與移轉（Built Operate Transfer, BOT）模式等。

PFI 始於 1992 年英國，其後傳入日本、美國等國家。臺灣政府為因應 2020 年疫情下的財政減縮，也推動 PFI 相關法案減少財政壓力（林昱均，2020）。PFI 類似承包的契約關係（contract out），但不同於民營化的承包制，PFI 依然保有政府實質的影響力。其運作的規則步驟為：1. 招募民間資金。2. 由民間設計、建設與營運。3. 政府購買其合約要求的公共服務。如此的模式可達成政府減少公共支出、引入民間創意、共同承擔風險等效益（Allen, 2001）。著名的實例如日本鐵路（JR），即因公私協力而造就高服務品質（林淑馨，2013）。

另一方面，BOT 則由興建、營運、移轉，這三核心所構成。即是一公共建設由民間興建、民間營運、營運期屆滿以後由交還經營權予政府的模式（陳明燦、張蔚宏，2005）。BOT 同樣旨在政府減少公共支出、符合企業效率的經營、創新管理等目標。臺灣 BOT 案例，例如臺灣高鐵、國立臺灣博物館、桃園航空貨運園區等營運，皆為 BOT 的協力的案例。

㈡實務類型——以教育為例

在全球競爭的壓力下，提升教育的品質與效能為各國所重視的內容。英國、美國率先透過教育民營化，以市場競爭的機制促進教育品質革新。Ball（2007）認為民間參與教育為必然的趨勢。然而教育市場化對教育公平（equity）有許多爭議，因此政府與民間的協力關係，政府的角色應當扮演管理跨空間層級領域的領航者，民間則為政策的實踐者（Ball, 2009；陳榮政，2019）。在此發展下，民營化就是悄悄進入學校的經營與管理之中。

1. 從鄉村小校轉型公辦民營學校

我國目前有新北市、宜蘭縣、雲林縣、嘉義縣、臺南市、屏東縣、花蓮縣、臺東縣與基隆市等九個縣市設立公辦民營學校，以上公辦民營學校位處之縣市和位置多屬偏鄉地區，鄉村小校面臨的首要問題為少子女化和人口外移，導致鄉村學校的生員不斷減少。少子女化現象導致學生人數逐年降低，除了波及校務的運作，亦使得學校教師人數過剩、學校閒置空間資源增加，甚至遭到裁併廢校等情形。鄉村小校為了解決面臨經營問題的危機，開始思考經營轉型與競爭優勢，而引進公私協力觀點，開始辦理公辦民營學校，促進民間興學成為此波變革之主要思考方式。

2. 由民間基金會與宗教團體承接公辦民營學校

我國公辦民營學校委託私人辦理單位多由民間基金會與宗教團體興學，基金會目前包括財團法人兒童教育實驗文教基金會、人文展賦基金會等，以及辦理學校數最多、共計九所民營學校的誠致教育基金會，宗教團體的部分是由福智文教基金會辦理的兩間學校最多，以及慧光圓通普賢文教基金會。

以企業為背景之民間基金會承接的公辦民營學校，其辦學理念在於期待透過籌備及辦理公辦民營學校發揮企業社會責任，為偏鄉小校提供不同的教育發展方向；而由宗教團體承接的公辦民營學校，在辦學的經營多融入與自身宗教相關之觀點與生命教育議題，為其辦理公辦民營學校時出現之特徵。

在民間基金會的部分，國內誠致教育基金會整合了各贊助方，如臺積電文教基金會、財團法人文曄教育基金會、致伸科技股份有限公司及財團法人張榮發基金會等其他贊助經費之基金會或私人公司，共同推動公辦民營學校營運，由此可知公辦民營學校於運作的過程中，受委託私人單位進行經費和資金的籌募。

在宗教團體的部分，承接基隆市瑪陵國小與屏東縣大路關國中小的福智文教基金會為辦學學校數最多的宗教團體。基隆市瑪陵國小自民國 105年開始進行公辦民營型態的實驗教育，由福智文教基金會參與經營，並以生命教育為辦學核心，發展學校品格教育特色。民國 106 年，屏東縣大路

關國中校奉准由福智文教基金會辦理，統籌廣興國小、關福分校校舍及資源，成立大路關國民中小學，成為屏東縣第一所公辦民營中小學，為偏鄉兒童提供另外的學習選擇。

不過以目前偏鄉小校的問題，如學生及教師的刺激不足、學習資源短缺、各科教師編制不完整以致於無法依專長授課等，這些先天不足的問題，能否透過轉型為公辦民營學校解決，亦有待進一步的評估。

依照公辦民營學校委託私人辦理單位開始承辦時間與期程，大致可分為三個階段，分別為《地方政府委託私人辦理條例》時期的民國91年至93年、《實驗教育三法》擬定及頒布時期民國102年至106年，以及《實驗教育三法修正案》通過後的民國107年至109年。

首先於民國91年至93年階段，宜蘭縣的人文國中小與慈心華德福實驗小學（慈心華德福教育實驗小學後延伸發展為慈心華德福教育實驗高中）於民國91年最早成立。宜蘭縣政府在教育政策上鼓勵公辦民營及實驗教育學校興學，其中經費預算分配則與同等規模的公立學校相當，自民國91年至104年期間補助經費已逾6億，顯示宜蘭公辦民營學校依據當時公布之《宜蘭縣屬國民中小學委託私人辦理自治條例》開啟地方獎勵民間辦學的教育方式（宜蘭縣政府，2015）。

第二段期程於民國102年至106年階段，實驗教育三法經立法院三讀通過後，《公立國民小學及國民中學委託私人辦理條例》鼓勵私人投入興辦公立國中小，進而促成教育實驗及教育多元化，發展教育特色。此階段公辦民營實驗教育學校數量急遽增加至8所，其中由民間基金會及宗教團體占多數，誠致教育基金會承辦雲林縣拯民國小、花蓮縣三民國中與三民國小、臺東縣桃源國小，而福智文教基金會辦理基隆市瑪陵國小、屏東縣大路關國中小。於這一階段民間辦學的興起與設立之縣市，顯示偏鄉小校經營轉型，透過朝向公辦民營學校發展力求生存及營運。

第三段期程於民國107年至109年階段，實驗教育三法修正案經立法院三讀通過，主要給予實驗教育擁有更大的彈性辦學，簡化行政流程，並強化保障參與實驗教育學生的權益，營造更友善的實驗教育環境，原《公立國民小學及國民中學委託私人辦理條例》名稱修訂為《公立高級中等以

下學校委託私人辦理條例》，修正私人參與辦理之學校範疇，將高級中等學校納入規範之中。此階段新增之公辦民營學校有誠致教育基金會承辦之新竹縣峨眉國中、雲林縣樟湖生態國民中小學、嘉義縣光榮國小、新北市坪林實中、臺南市仙草實小，以及慧光圓通普賢文教基金會辦理的餉潭國小，總計就讀公辦民營學校的學生人數亦逾兩千四百人（教育部統計處，2022），顯示公辦民營學校逐漸受到民間推動能量的展現與家長選擇的重視。

㈢連鎖經營型態逐漸形成──以誠致教育基金會為例

由上述相關之整理及說明，顯示誠致教育基金會為國內辦理公辦民營學校數量最多的受委託私人單位，因此誠致教育基金會對公辦民營學校的營運策略能展現連鎖經營型態已逐漸形成。2012 年時，藉由建立均一教育平臺，發起臺灣線上數位學習的熱潮，接著又在 2014 年積極推動強調「以學生學習為中心」教學的翻轉教育（Flipped Education）。為使創辦理念更加落實，其在 2014 年 11 月立法院三讀通過《公立國民小學及國民中學委託私人辦理條例》後（2018 年修正為《公立高級中等以下學校委託私人辦理實驗教育條例》），開始籌備 KIST 公辦民營學校。

截至 110 學年度，誠致教育基金會承接了九所學校，分別為花蓮縣玉里鎮三民國小、花蓮縣立三民國中、臺東縣延平鄉桃源國小、雲林縣虎尾鎮拯民國小、雲林縣樟湖生態國民中小學、新竹縣峨眉國中、嘉義縣義竹鄉光榮國小、新北市坪林實中及臺南市白河區仙草實小，以下將探討誠致教育基金會辦學經營策略與提出可能之挑戰。（誠致教育基金會，2022a）

誠致教育基金會借鏡美國 KIPP（Knowledge Is Power Program）學校的成功經驗，於我國籌辦 KIST（KIPP-Insprired School in Taiwan）學校。KIST 學校教育理念以「努力學習，有善待人」（Work hard. Be nice）為宗旨，將七大品格力，熱情、樂觀、好奇、感恩、自制、堅毅、社交智慧等視為關鍵基礎能力，並使它們融入師生互動、校園環境、課程架構及組織文化中。（誠致教育基金會，2022b）

雖說 KIPP 學校現為美國眾多特許學校中，單一組織數量最為龐大、

亦較受社會認可的一種類型，但李康莊與郭昭佑（2018）則指出 KIPP 是一項非常耗費資金的計畫，資源即是重要的環節，需要善用媒體行銷、移動通訊，將學校績效定期分享給大眾，加強與家長、社區的溝通聯結，打開面向外部系統的窗口。因此若將 KIPP 概念施行於公辦民營學校經營理念中，將面臨到經費籌措及績效檢核之壓力，因此在扶助偏鄉小校所發揮的效果，將值得後續觀察。

 結語

在法規規範上，公辦民營學校得使其在制度、行政運作、組織型態等行政方面；設備設施、教職員資格與任用等學校經營方面；以及課程教學、學生入學、學習成就評量、學生事務及輔導、家長和社區參與等事務等教學方面，皆獲得充分彈性與自主，對於偏鄉小校打造學校特色與口碑，以吸引家長將孩子送來就讀，儼然成為鄉村學校經營的重要課題。《實驗教育三法》提供許多開展不同型態實驗教育的機會，由此也可預見我國未來的實驗教育和公辦民營學校運作上尚有極大的發揮空間和可能性，經由公私部門攜手協力，彼此競合促進正向變革。

近年來公辦民營學校數量迅速增長，尤其將公私協力概念應用於鄉村小校為因應裁併校危機，政府開始和民間基金會、宗教團體等合作，轉型為公辦民營學校的案例因而增加；接續透過分析關於公辦民營學校的近期研究，揭櫫公辦民營學校辦學過程中所遭遇的困難及意見，值得作為政策擬定和發展的評估參考。公私協力追求協力關係的建立，以發揮公部門與私部門相互合作、學習的夥伴價值。可帶來成本降低，同時能夠合產出有效、創新的解決方案，實現公共利益。

然而，協力關係的建立需有法規支持、適當的協力夥伴、共同目標、信任關係、組織承諾、彈性的領導權威、正式的面對面溝通、營造學習的文化等要求（O'Brien, 2010），才能夠良好地建立。在政府角色仍有一定之扮演，非營利組織有其特定理念，使得建立共識的條件不易建立。另外，在協力關係中面對跨部門的衝突的文化與限制，勢必阻礙協力過程中

溝通的效率。最終合產出的內容是否能顧及社會公平，促進公共利益，亦為公私協力所需面對的難題。

　　公私協力的應用，已由基礎建設擴及至社會福利，朝向解決重大社會議題的方向發展（Bovaird, 2004）。社會議題為政府過去無法獨立解決的難題，需仰賴與民間協力下的創新與有效的策略，例如當前網路中假消息的存在，除政府成立即時澄清平臺外，亦仰賴民間資訊查核機構輔助推廣大眾資訊辨識知能與設立 AI 機器人查核管道等，減少假訊息造成的影響。另一方面，教育為國家發展的基石，同樣需要更多優質與創新的元素，以提升國家整體的教育品質。因此，我們有必要面對當前公私協力教育所帶來的改變與衝擊，思考未來可行方向。

參考文獻

公立高級中等以下學校委託私人辦理實驗教育條例（民 107 年 01 月 31 日）。

王欽譯（譯）（2016）。**新自由主義簡史**。（原作者：David Harvey）。上海市：上海譯文出版社。（原著出版年：2007）。

何秉孟（2017）。新自由主義的源流與本質。載於本書編寫組（主編），**新自由主義辨析**（43-49）。北京市：學習出版社。

吳英明（1996）。**公私部門協力關係之研究：公私部門聯合開發與都市發展**。高雄市：麗文出版。

李伯諭（2005）。公私協力與社區治理的理論與實務：我國社區大學與政府經驗。**公共行政學報**，（16），59-106。

李康莊、郭昭佑（2018）。小型學校創新經營策略—美國 KIPP 學校創新經營模式的啟示。**教育研究月刊**，**287**，115-128。

宜蘭縣政府（2015）。全國第一所公辦民營 12 年一貫華德福學校—宜蘭縣立慈心華德福教育實驗高級中等學校揭牌典禮。【官方網站】。取自：https://www.e-land.gov.tw/News_Content.aspx?n=770C4B84956BD13B&s=4F601345B87CF8B3

林怡伶（2017 年 11 月 10 日）。前瞻宜蘭—公辦民營學校為臺灣教育革新帶來經營創新與價值存續。未來親子學習平臺。取自 https://futureparenting.cwgv.com.tw

林昱均（2020 年 06 月 17 日）。促參 PFI 新制 最快明年 H1 拍板。**工商時報**。取自 https://www.chinatimes.com

林淑馨（2013）。**檢證：民營化、公私協力與 PFI**。臺北市：巨流圖書。

林錫恩、范熾文、石啟宏（2018）。學校型態實驗教育經營策略之探析。**我國教育評論月刊**，7(1)，135-142。

政大教育部實驗教育推動中心（2019 年 10 月）。公立高級中等以下學校委託私人辦理之法制發展與問題。周志宏（主持人），實驗教育法制講

座。2019 實驗教育共識營手冊，高雄蓮潭國際會館。

孫本初（2010）。新公共管理（三版）。臺北市：一品文化。

秦夢群（2015）。教育選擇權。臺北市：五南。

張金田（2018）。偏鄉小校轉型公辦民營之省思與建議。我國教育評論月刊，**7**(1)，91-95。

教育部統計處（2022）。高級中等以下學校實驗教育概況。取自：https://stats.moe.gov.tw/statedu/chart.aspx?pvalue=51

許家齊（2017 年 12 月 11 日）。實驗教育法 3 年，為什麼公辦民營實驗學校成長緩慢？翻轉教育。取自 https://flipedu.parenting.com.tw

陳其邁（譯）（2001）。失控的世界：全球化與知識經濟時代的省思（原作者：Anthony Giddens）。臺北市：時報出版。（原著出版年：2000）

陳明燦、張蔚宏（2005）。我國促參法下 BOT 之法制分析：以公私協力觀點為基礎。公平交易季刊，**13**(2)，頁 41-75。

陳敦源、張世杰（2010）。公私協力夥伴關係的弔詭。文官制度季刊，**2**(3)，17-71。

陳榮政（2016）。學校型態實驗教育之探析與學校行政變革。教育與多元文化研究，**14**，157-181。

陳榮政（2016）。學校型態實驗教育之探悉與學校行政變革。教育與多元文化研究，**14**，157-181。

陳榮政（2019）。教育行政與治理：新管理主義途徑。臺北市：學富。

曾冠球（2017）。良善協力治理下的公共服務民間夥伴關係。國土及公共治理季刊，**5**(1)，67-79。

黃煜文（譯）（2005）。民營化歷程：公部門・非營利・企業的夥伙雙贏之道。（原作者：Emanuel S. Savas）。臺北市：五觀藝術出版社。（原著出版年：1987）

楊振昇（2018）。我國實驗教育的實施與前瞻。我國教育評論月刊，**7**(1)，1-7。

誠致教育基金會（2022a）。KIST 聯盟【官方網站】。取自：https://www.chengzhiedu.org/kist/

誠致教育基金會（2022b）。KIST 教育理念與內涵【官方網站】。取自：https://www.chengzhiedu.org/kist/approach/

臺南市社會局（2020 年 7 月 12 日）。南市社會局辦理婦女團體共識營公私協力共同推動婦女福利權益。**臺南市政府**。取自：https://www.tainan.gov.tw/News.aspx?n=13370&sms=9748

蔡允棟（2002）。新治理與治理工具的選擇：政策設計的層次分析。**中國行政評論**，**11**(2)，47-76。

衛生福利部社會及家庭署（2019）。**政府推動設立公私協力平價托嬰中心，惟提供服務量能不足，經審計部促請研謀改善，衛福部社家署已推動準公共化托育機制，有效擴大服務量能，滿足民眾托育需求**。取自：https://www.audit.gov.tw/p/16-1000-5461.php?Lang=zh-tw

賴志峰（2008）。我國地區中小學公辦民營政策實施之研究。**東海大學教育評論**，**1**，35-53。

Adams, I. (1998). *Ideology and politics in Britain today*. Manchester, UK: Manchester University Press.

Allen Grahame. (2001). *The Private Finance Initiative (PFI)*. London, UK: HOUSE OF COMMONS LIBRARY.

Ansell, C., & Gash, A. (2008). Collaborative governance in theory and practice. *Journal of public administration research and theory, 18*(4), 543-571.

Ball, S. (2007). *Education Plc: Understanding Private Sector Participation in Public Sector Education*. Oxfordshire, UK: Routledge.

Ball, S. (2009). Privatising education, privatising education policy, privatizing educational research: network governance and the 'competition state'. *Journal of Education Policy*, *24*(1), 83-99.

Béland, D. (2010). Reconsidering policy feedback: How policies affect politics. *Administration & Society, 42*(5), 568-590.

Bovaird, T. (2004). Public–Private Partnerships: From Contested Concepts to Prevalent Practice. *International Review of Administrative Sciences* (*70*). 199-215.

Drucker, P. F. (1984). The new meaning of corporate social responsibility. *California Management Review, 26*(2), 53-63. doi:10.2307/41165066

Fleming, D. J. (2014). Learning from schools: School choice, political learning, and policy feedback. *Policy Studies Journal, 42*(1), 55-78.

Hilvert, C., & Swindell, D. (2013). Collaborative Service Delivery: What Every Local Government Manager Should Know. *State & Local Government Review, 45*(4), 240-254.

Hodge, G., & Greve, C. (2007). Public-Private Partnerships: An International Performance Review. *Public Administration Review, 67*(3), 545-558.

Sandoz, A., Eudes, J. R., & Prévot, R. (2008, January). Public-private partnership in e-government: A case implementation. *2008 International MCETECH Conference on e-Technologies*, 203-211.

Torfing, J., Peters, B. G., Pierre, J., & Sørensen, E. (2012). Interactive governance: Advancing the paradigm. Oxford, UK: Oxford University Press on Demand.

Keddie, A. (2016). Children of the market: performativity, neoliberal responsibilisation and the construction of student identities. *Oxford Review of Education, 42*(1), 108-122. doi:10.1080/03054985.2016.1142865

LaRocque, N. (2008). Public-private partnerships in basic education: An international review. Reading: CfBT Education Trust.

Leutert, W. (2020). Innovation through iteration: Policy feedback loops in China's economic reform. *World Development, 138*, 105-173.

Marg O'Brien. (2010). Review of Collaborative Governance: -Factors crucial to the internal workings of the collaborative process. *New Zealand Ministry for the Environment Report.*

Marsilio, M., Cappellaro, G., & Cuccurullo, C. (2011). The intellectual structure of research into PPPS: A bibliometric analysis. *Public Management Review, 13*(6), 763-782.

McDonnell, L. M. (2013). Educational accountability and policy feedback. *Educational Policy, 27*(2), 170-189.

Michener, J. (2019). Policy feedback in a racialized polity. *Policy Studies Journal, 42*(2), 423-450.

Moynihan, D. P., & Soss, J. (2014). Policy feedback and the politics of administration. *Public administration review, 74*(3), 320-332.

Peck, J. (2004). Geography and public policy: Constructions of neoliberalism. *Progress in Human Geography, 28*(3), 392-405.

Pierson, C. (1998). The New Governance of Education: The Conservatives and Education 1988-1997. *Oxford Review of Education, 24*(1), 131-142. Retrieved November 25, 2020, from http://www.jstor.org/stable/1050745

Rhodes, R. A. W. (1996). The New Governance: Governing without Government1. *Political Studies*, 44: 652-667. https://doi.org/10.1111/j.1467-9248.1996.tb01747.x

Roehrich, J. K., Lewis, M. A., & George, G. (2014). Are public–private partnerships a healthy option? A systematic literature review. *Social science & medicine, 113*, 110-119.

Sally Tomlinson. (2005). *Education in a post-welfare society*. Berkshire, UK: Open University Press.

Springer, S., Birch, K., & MacLeavy, J. (2016). *An introduction to neoliberalism*. In Handbook of neoliberalism (pp. 29-42). Oxfordshire, UK: Routledge.

Stephen P. Osborne. (2006) The New Public Governance? *Public Management Review, 8*(3), 377-387, DOI: 10.1080/14719030600853022.

The Institute for Public-Private Partnerships. (2009). *Public-Private Partnerships in E Government: Knowledge Map*. WA: World Bank.

Vickers, J., & Yarrow, G. (1991). Economic perspectives on privatization. *Journal of economic perspectives, 5*(2), 111-132.

Wichowsky, A., & Moynihan, D. P. (2008). Measuring how administration shapes citizenship: A policy feedback perspective on performance management. *Public Administration Review, 68*(5), 908-920.

Wiltshire, K. (1987). *Privatisation, The British Experience: an Australian perspective*. Australia: Longman Cheshire.

WorldBank (2019). Public private partnerships overview. https://www.worldbank.org

第十章

國民中小學學校本位決策現況分析：以三個委員會為例

丁志權

國立政治大學教育博士
國立嘉義大學教育學系名譽教授

摘要

我國學校本位決策風潮，始於 1995 年制定《教師法》規定，學校設立教師評審委員會，將教師聘任權授權至中小學層級。1999 年修正公布《國民教育法》，學校設立校務會議，負責校務大事項之審議，強化校務會議權責。2000 年教育部發布《國民中小學九年一貫課程暫行綱要》實施要點，規定國民中小學應成立課程發展委員會，負責學校課程計畫審議。然而，回顧 20 餘年來，國民中小學學校本位決策的進展有限，也遭遇到一些瓶頸，甚至有倒退現象，其原因值得探討。

本論文採文獻分析法，首先分析美國與英國學校本位管理制度內涵，再以國民中小學校務會議、課程發展委員會、教師評審委員會等三個委員會為例，分析國民中小學學校本位決策現況。接著歸納出八項結論：(1) 美國與英國推動學校本位管理皆有完備的法規基礎；(2) 美國與英國學校理事會是決策單位，校長負責執行；(3) 美國學校本位偏專業模式，英國偏社區模式，臺灣偏專業模式；(4) 美英兩國積極鼓勵特許學校的設立，給予最大的自主決定權力與責任；(5) 過多的委員會會議，影響教師參與校務決策的功能與教師本職工作；(6) 現行校務會議運作的缺失，包括權責不明、成員組成比例失衡、行政準備不周全、會議規範不熟悉、涉及利害關係時，決策偏差等；(7) 課程發展委員會任務繁雜，學校運作不易；(8) 教師評審委員會功能有萎縮現象。依據上述八項結論，提出六項展望。

關鍵詞：學校本位決策、學校理事會、校務會議、課程發展委員會、教師評審委員會

壹　前言

　　臺灣於 1987 年 7 月 15 日解除戒嚴，開始邁向民主自由之路。在戒嚴時期，教育被視為「精神國防」，主要由國家控制。在解除戒嚴後，對教育改革的意見紛至沓來。彙整各方改革建言，1996 年出版了二本代表作，一本是四一○教育改革聯盟出版的《民間教育改造藍圖：朝向社會正義的結構性變革》，另一本是行政院教育改革審議委員會出版的《教育改革總諮議報告書》。

　　四一○教育改革聯盟（1996）指出，官僚化的學校應予改變，主要有三：(1) 校長獨攬大權的決策機制，(2) 行政掛帥下被忽視的教學組織，(3) 僵化無效率的事務組織。主張應把學校還給教育活動的主體，包括：教師、學生、家長、住民、行政人員等五種主體。行政院教育改革總諮議報告書（1996），在落實學校自主經營方面，提出三項具體建議：(1) 重新檢討各項法規，廢除影響學校專業自主之規定，並賦予學校組織架構彈性；(2) 確認校長為首席教師，兼行政主管之角色，並釐清其權限，以落實校長責任制；(3) 專案增設國小專任職員，辦理專業行政，減除教師之非教學工作負擔。回顧上述總諮議報告書的三項具體建議，似乎尚未達成。

　　開啟學校本位決策風潮的是 1995 年制定《教師法》規定，學校設立教師評審委員會（簡稱教評會），將教師聘任權授予各學校。其次是，1999 年修正公布之《國民教育法》，學校設立校務會議，負責校務重大事項之審議。接著是，2000 年教育部發布《國民中小學九年一貫課程暫行綱要》實施要點，規定國民中小學應成立課程發展委員會（簡稱課發會），負責學校整體課程計畫之審議。在此期間，陸續設立了許多委員會，學校行政運作已有相當大的變化，教師出席各委員會會議的時間也增加很多。

　　本論文採文獻分析法（Document Analysis），從國民中小學學校本位決策的視角，以校務會議、課發會與教評會等三個委員會為例，引用相關法規及實施問題之文獻，探討學校自主決策的發展現況。本論文內容首先

分析學校本位決策的理論基礎；其次，分析校務會議、課發會與教評會等三個委員會的任務與組織運作的現況與問題；最後歸納八項結論，並提出六項邁向自主決策的展望。

 ## 貳 學校本位決策的理論基礎

一、美國與英國學校本位管理制度分析

所謂學校本位管理（school-based management），係指教育行政機關，將與學校發展有關的課程、人事、預算等決策權力，移轉至學校層級，並由學校校長、教師、家長、社區人士、學生等成員，共同參與校務決策（decision making），同時由學校層級承擔績效責任的制度。如上述，學校本位管理的定義，包括三項要點：(1) 權力結構的分權化；(2) 授予學校發展有關的決策權力；(3) 由學校承擔績效責任（吳宗立，2005；張鈿富，2000；黃嘉雄，2001；Ogawa & Wite, 1994）。

美國各州境內會劃分若干學區，每個學區設有教育委員會（local board of education）公立中小學由學區設立與管理。紐約市在 1960 年代中期，首先試行社群控制學校，實施學校分權化管理；1986-1990 年間，美國已有三分之一學區，具有某種形式的學校本位管理型態（張鈿富，2000）。以肯塔基州為例，該州議會於 1990 年所通過《肯塔基州教育改革法》（Kentucky Education Reform Act, KERA）規定，各地方學區教育委員會（local board of education）推動學校本位決策（school-based decision making），每一所學校都必須設立學校理事會（school council），其成員包括 3 位教師、2 位家長及校長，得依前述比率增加理事人數（Kentucky Department of Education,2022）。

從肯塔基州教育改革法規定中，可歸納出學校理事會的主要決定權力有四方面：

1. 在一般校務方面：確認學校政策與學區教育委員會政策一致，提供良好環境，提升學生學習成就。

2. 在人事權方面：包括選任校長，以及在規定員額內聘任教職員。

3. 在課程與教學權責方面：學校理事會對學校課程發展與評鑑、學年起迄日、學生編班、學生管教、校園安全等方面，提供政策。

4. 在經費運用權責方面：學校理事會對於學區撥款給學校的自由運用經費（discretionary funds）、活動經費、學校設備與維護經費等，提供政策。

英國在 1988 年公布《教育改革法》（Education Reform Act），規定各公立中小學成立學校管理委員會（school governing body），實施學校自主管理（local management of school, LMS）。2013 年以後稱為學校理事會（school board），負有學校的辦學績效責任（the school's legally accountable body）（Department for Education, 2020）。

公立學校的學校理事會至少應有 7 位理事，包括家長理事（parent governor）至少 2 位，校長（headteacher governor），代表地方當局理事（local authority governor）至少 1 位，教職員理事（staff governor）至少 1 位，以及增選理事（co-opted governor）若干人。學校理事會設有一位專責人員（clerk），負責確保遵守相關法律；學校理事會為特地議題得設立相關委員會（committee），例如：財政委員會、課程委員會。設立學校管理委員會的目的有五：(1) 提高學校自主性，尊重專業發展；(2) 透過社區人士參與，學校較能適應社區的需求；(3) 透過委員會的集思廣益，使學校的決策較為嚴謹，且可避免校長獨裁；(4) 使學校更能對社區負責；(5) 增進社區人士與教師對學校的向心力（Department for Education, 2020；丁志權, 2020a）。

依據 2013 年《學校治理辦法》（The School Governance Regulations）規定，學校理事會核心任務有三：(1) 確保清晰的願景、精神和戰略方向；(2) 要求行政領導對學校及其學生的教育績效以及員工的有效和高效績效管理負責；(3) 監督學校的財務表現並確保其資金妥適運用。校長對管理機構負責履行其所有職責，校長必須遵守管理機構的任何合理指示，校長的主要職責有二：(1) 學校的內部組織、管理和控制；(2) 學校的教育表現（Department for Education, 2020）。

　　從權力結構的觀點來看，學校本位管理的機制設計可分爲四類（吳宗立，2005；張鈿富，2000；黃嘉雄，2001）：

　　1. 行政模式（administrative control）：行政機關將決策權力移轉至學校，但未說明學校內如何參與決定，因此，決定權力在校長，教師、家長只能提供建議。

　　2. 專業模式（professional control）：行政機關將決策權力移轉至學校，並要求學校將決策權力須由校長和教師分享，決策的形成採共識決定或投票決定。

　　3. 社區模式（community control）：行政機關將決策權力移轉至學校，而學校層級的決定，是以家長和社區人士爲核心。

　　4. 特許學校模式（charter school model）：美國在 1992 年出現第一所特許學校，英國在 2002 年出現三所特許學校，稱爲「academy」。政府將公立學校委由私人經營，私人受託後，享有廣泛的校務自主決權（丁志權，2020a）。

　　對於學校本位管理的評論，歸納學者意見，學校本位管理的優點有五：(1) 提供學校教職員及社區人士參與校務決定之機會；(2) 能提高教師士氣與關心校務發展；(3) 分享決策，增進溝通，提升品質；(4) 強調學校辦學的績效責任；(5) 因校制宜，配合學生學習的需要，提升學習成效。而學校本位管理的限制有三：(1) 教育行政機關未能充分授權；(2) 學校行政結構與歷程產生變化，學校人員、學生、家長、社區人士等，都要適應新角色，短期內可能有些困惑，尤其校長可能產生挫折感；(3) 有些人員可能沒有興趣參與，或知能不足，不願意參與（吳宗立，2005；張明輝，1998）。

　　綜上所述，美國與英國學校本位管理制度有五項特點：

　　1. 美國各州及英國建立學校本位管理制度，皆有完備的法規基礎。

　　2. 美英兩國學校理事會是自主決定主體，同時也負有辦學績效責任的主體。

　　3. 美英兩國理事會是決策單位，理事會爲研議專項議題，分別會設立不同委員會；校長的職責是學校日常管理。

4. 美國偏專業模式，教師理事占一半；英國偏社區模式，教師理事只占七分之一。

5. 美英兩國積極鼓勵特許學校的設立，給予最大的自主決定權力與責任。

二、參與決定理論

謝文全（2013）指出，參與管理（participatory management）又稱爲參與決定（participative decision-making），是讓成員有機會參與組織決定的一種經營方式，旨在使成員產生認同感與責任心，對組織做出更大的貢獻，進而提升組織目標的達成及個人滿意感；換言之，這是一種權力分享（shared authority）的領導方式。王政彥（1994）認爲，參與決定係指一群人共同享有決策的權力，透過互動、資訊分享，以及相互影響的方式，做成最後決定，其目的在表現民主精神，提高決定品質。

賽蒙（H.A Simon）曾指出，個人決定合理性的限度至少有三方面：(1) 個人受到無意識的技術、習慣及反射行爲的限制，(2) 個人受到價值和目的的限制，(3) 個人受到其相關知識程度的限制（吳清山，2014）。學校事務繁雜，校長本身的能力、時間有限。所以校長主持校務，應鼓勵教職員參與學校決定，使教職員能發揮所長。其次，參與式決定，不只希望教職員「參與」即可，更希望能「投入」（involvement）；此乃基於互動的觀點，俾收到集思廣益之效，以獲得最佳的學校行政決定（吳清山，2014）

王政彥（1994）歸納出團體決定有 10 項優點：(1) 獲得較多資訊，(2) 產生更多的備選方案，(3) 增進對決策結果的接納，(4) 增加合法性，(5) 助長成員的學習與對意見的理解，(6) 提高滿足感，(7) 幫助成員了解自己，(8) 在執行時協調比較容易，(9) 在執行時可以減少溝通的需求，(10) 正確性較高。而團體決定也可能產生 8 項缺點：(1) 花費較多時間，(2) 少數人操縱，(3) 成員可能有服從的壓力，(4) 責任歸屬不明確，(5) 成員可能過於依賴他人，(6) 所獲致的決定可能過於保守而缺乏創新，(7) 成員可

能刻意保留獨特的資料，(8) 創造力較低。

在**影響**學校教職員參與決定的因素方面，主要有五（王政彥，1994；王麗月，2008；王麗雲、潘慧玲，2002；吳清山，2014；Hoy & Miskel, 2013）：

1. 教職員個人需求：學校的決定，如果與教職員有密切關係，則參與的意願較高；反之，則意願較低。

2. 教職員需具與問題相關的資訊和知識：如果對於學校待決定的議題，具有相關的資訊和知識，較能對議題的決定有所貢獻；反之，則貢獻低。

3. 教職員人格特質：自信心強，獨立性高的教職員，可能較喜歡參與學校的決定，這種特質的人較有主見，不易被他人所影響。

4. 教職員對學校的認同：對學校具有較高度忠誠者，縱使不喜歡學校的決策，也會配合校務推動。

5. 教職員需能撥出參與的時間：教職員的時間與精力有限，如果要參與學校決定，可能會減少其對教學與輔導學生的時間。

另外，還有校長的因素與情境的因素，前者例如：校長能改變權威式管理的習慣、校長與教職員工有坦誠的信任關係、校長在缺乏足夠資訊做決定時。後者例如：組織文化不排斥嘗試創新、組織結構有助於參與、問題的政策性程度適宜（王政彥，1994）。

綜上所述，歸納出學校推動校務參與決定的三項要點：

1. 參與決定是一種權力分享（shared authority）的領導方式，是校園民主化的展現。

2. 學校成員參與校務決定，能發揮許多正面的功能，但也可能產生一些缺點。

3. 影響教職員參與校務決定的因素的個人因素，主要是個人的相關資訊與知識，以及個人能撥出的時間與精力；過多的校務參與，可能會影響教職員的本職工作。

校務會議與學校本位決策分析

一、校務會議的任務

　　1989年修正發布的《國民教育法施行細則》第16條第1項規定：「國民小學及國民中學校務會議由全體教職員組織之，以校長為主席，研討校務興革事項。」第2項規定：「前項會議於每學期開始與結束時各開會一次，必要時得召開臨時會議。」當時校務會議定位為「研討校務興革事項」，可稱之為校務會議1.0版。1999年修正公布之《國民教育法》，將校務會議提升至法律位階，該法第10條該條文增列第1項規定：「國民小學與國民中學設校務會議，議決校務重大事項，由校長召集主持。校務會議以校長、全體專任教師或教師代表、家長會代表、職工代表組成之。其成員比例由設立學校之各級主管教育行政機關定之。」可稱為校務會議2.0版。以落實校園民主化，提供學校人員之校務參與。其次，在任務方面，也由「研討校務興革事項」，修正為「議決校務重大事項」。而《國民教育法施行細則》第12條進一步界定，所謂「校務重大事項」有四：(1)校務發展計畫，(2)學校各種重要章則，(3)依法令規定應經校務會議議決之事項，(4)校長交議事項。

　　依據目前相關法規規定，應經校務會議審議通過者，分為一般校務、教務、學務、人事等四方面，列舉如下：

1. 一般校務方面
　　(1)審議學校中長程計畫：依據《教育經費編列與管理法》第12條第1項；《國民教育法施行細則》第12條。
2. 教務方面
　　(1)審議學校教科書選用辦法：依據《國民教育法》第8-2條第2項。
　　(2)審議學校課程發展委員會之組成及運作方式：依據《十二年國民基本教育課程綱要總綱-實施要點一》。
3. 學務方面
　　(1)審議校定「導師聘任」相關辦法：依據《教師法》第32條。

(2) 審議輔導與管教學生辦法：依據《教師法》第 32 條。

(3) 審議學校校規：《學校訂定教師輔導與管教學生辦法注意事項》第 21 條。

(4) 審議學生獎懲實施要點：依據《臺南市國民中學學生獎懲準則》第 8 條。

4. 人事方面

(1) 審議任期屆滿後一年內屆齡退休之校長續任所提之校務發展計畫：依據《國民教育法》第 9 條第 2 項。

(2) 審議教評會委員之總額、選舉與被選舉資格、委員選（推）舉方式、增聘校外學者專家擔任本會委員之遴聘方式、會議規範及相關事項規定：依據《高級中等以下學校教師評審委員會設置辦法》第 2 條第 5 項。

(3) 審議教師成績考核委員會委員之總數、選舉與被選舉資格、會議規範及相關事項規定：依據《公立高級中等以下學校教師成績考核辦法》第 9 條第 6 項。

教育部於 2022 年提出《國民教育法修正草案》，該草案第 19 條，參考《高級中等教育法》，規定校務會議議決事項有四：(1) 校務發展或校園規劃等重大事項；(2) 依法令或本於職權所訂定之各種重要章則；(3) 教務、學生事務、總務及其他校內重要事項；(4) 其他依法令應經校務會議議決事項。該草案除了把校務會議議決事項，從施行細則提升至法律位階，也參照現行實務，作較為具體的規定；刪除原來的「校長交議事項」。

二、校務會議的組織與運作

依據《國民教育法》第 10 條第 1 項後段規定，國民中小學校務會議的組成，重點有三：(1) 校務會議由校長召集主持；(2) 其成員的組成方式分為兩種，第一種方式是以校長、全體專任教師、家長會代表、職工代表組成之；第二種方式是以校長、教師代表、家長會代表、職工代表組成之；(3) 其成員比例由設立學校之各級主管教育行政機關定之。以桃園市

政府 2018 年發布之《桃園市國民中小學校務會議實施要點》為例，校務會議之成員及組成方式如下：

　　1. 校長、教務主任、學務主任、總務主任及輔導室主任均為成員。

　　2. 採全體專任教師方式組成者，全體專任教師均為成員。

　　3. 採教師代表方式組成者：教師會理事長或會長為當然代表，其餘代表由教師互相推選之。

　　4. 家長會代表：家長會會長為當然代表，其餘代表由家長會推選之。學校設有特教班或附設幼兒園者，應推選特教班家長代表或幼兒園家長代表各一名。

　　5. 職工代表：由學校職工互相推選之；學校總班級數 24 班以下者，代表一名；25-48 班者，代表二名；49 班以上者，代表三名。

　　前項全體專任教師或教師代表與家長會代表之人數比例應為六比四，換言之，代理代課教師不能參加。又規定，任一性別比例以不低於成員總人數之三分之一為原則，以顧及性別平衡。依據上述規定，將桃園市國民中小學校務會議代表制成員分類如圖 1。代表制之成員可分為三類：當然代表 A、當然代表 B 與推選代表。值得注意的是，「教師代表與家長會代表之人數比例應為六比四」。假定某校有 25 班之學校，當然代表 A 與當然代表 B 共有 7 人；假定教師代表 12 位，家長會代表會有 8 位，再加上 1 位職工代表，則該校校務會議成員共有 28 人。

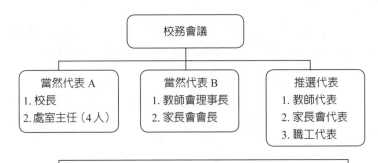

圖 1　桃園市國民中小學校務會議代表制成員

對於當前國民中小學校務會議運作出現的問題，劉嘉貞（2006）指出，校務會議中校務決策之困境有四：(1) 權責不明，易生紛爭；(2) 決策參與者間利害關係衝突；(3) 多元參與淪為假參與；(4) 決策參與者參與度與代表性不足之疑慮。林志成、謝鳳香（2014）也指出，中小學校務會議面臨的問題有三：(1) 制度設計不清楚、權責失衡待規範；(2) 行政準備不周全、會議規範不熟悉；(3) 缺乏衝突折衝機制，領導力待發揮。

其次，目前國中小校務會議的組成以「全體專任教師」參加為主，少見以「教師代表」組成形式。李永烈（2014）指出，以全體專任教師組成的運作模式，常有以下三個問題：(1) 校務會議成員組成比例失衡；(2) 校務會議與學期會議混淆；(3) 校務會議成員實質參與及效率問題。邱世杰（2015）指出，全體教師制的優點有二：

1. 全體教師制相較於的代表制，會議中能讓教師的意見充分表達，最後大家共同投票決議通過，不會出現在會後若有不滿意的結果，責怪教師代表。

2. 全體教師制不會如代表制一樣，被批評為教師代表在攸關教師權利消長的議案自肥，例如：職務分配、課務減授等。

全體教師制的缺點有三：

1. 會議時間較代表制冗長許多，為了讓與會者有充分表達意見的時間，常常一開就是好幾個小時，致使會議效率不彰，且曾發生教師集體退席而導致流會的情形，

2. 為會議中全體同仁各自代表自己本身的權益，在全校資源有限的前提下，為了討論資源分配方式（如減課規則），同仁間針鋒相對的情形較過去代表制的情形更為激烈，對校內和諧產生負面的影響。

3. 教師占絕大多數，導致決議偏頗，例如：102 學年度第一學期，南部某縣市有 39 所國中小學透過校務會議決議，「導師早上 8 點上班」，引發家長反彈。

綜合上述，對於校務會議任務與組織運作分析，歸納四項要點：

1. 校務會議之任務與組織，由 1989 年《國民教育法施行細則》的 1.0 版，於 1999 年提升為《國民教育法》的 2.0 版；其任務由「研討校務興

革事項」，修正爲「議決校務重大事項」。在組織方面，校務會議的類型分爲全體教師制與教師代表制兩種；成員也增加了家長會代表及職工代表。然而，許多校長與教師對校務會議的認知，仍停留在 1.0 版。

2. 隨著國民教育相關業務法制化提升，須經校務會議議決，再據以推動事項越來越多，校務會議負擔也越來越重。

3. 校務會議採全體教師制，最大的缺失是，當討論到與教師本身有利害關係時（例如：寒暑假返校日數、作息時間、導師輪調等），其決議可能有所偏差。

4. 校務會議的組成與運作，屬綜合業務，不易歸屬於哪一處室，是校務會議運作不順暢的因素之一。有鑑於校務會議扮演的角色越來越重要，學校有必要設立「綜合業務組」。

 ## 肆　課發會與學校本位決策分析

一、課發會的任務

國民中小學設置課程發展委員會，首見於教育部2000年3月發布《國民中小學九年一貫課程暫行綱要》實施要點，自 2001 學年度起，各國民中小學應成立課發會。同年 11 月修正發布之《國民教育法施行細則》第 17 條第 1 項，增訂第 3 款，「國民小學及國民中學應成立課程發展委員會，下設各學習領域課程小組；其規模較小學校得合併設置跨領域課程小組。」課發會的任務方面，依據《十二年國教課程總綱 - 實施要點一》規定：「學校課程發展委員會應掌握學校教育願景，發展學校本位課程，並負責審議學校課程計畫、審查全年級或全校且全學期使用之自編教材及進行課程評鑑等。」由此可知，學校課發會任務包括四方面：(1) 發展學校本位課程，(2) 審議學校課程計畫，(3) 審查學校自編教材，(4) 進行課程評鑑。

上述之學校課程計畫，至少包含總體架構、彈性學習及校訂課程規劃（含特色課程）、各領域 / 科目之教學重點、評量方式及進度等。而彈性

課程（校訂課程）包括四類課程：(1) 統整性主題／專題／議題探究課程，(2) 社團活動與技藝課程，(3) 特殊需求領域課程，(4) 其他類課程。以國中的彈性課程為例，每週最多有 6 節彈性課程，除了社團活動、技藝課程、班級輔導，還要有 1 節本土語言，真正能安排「統整性主題／專題／議題探究課程」或學校本位課程的節數大概只有 2 節。

二、課發會的組織與運作

《十二年國教課程總綱 - 實施要點一》規定：「學校為推動課程發展應訂定課程發展委員會組織要點，經學校校務會議通過後，據以成立學校課程發展委員會。學校課程發展委員會下得設各領域／科目教學研究會。學校得考量學校規模與地理特性，聯合成立校際之課程發展委員會。」其次，又規定：「學校課程發展委員會成員應包括學校行政人員、年級及領域／科目（含特殊需求領域課程）之教師、教師組織代表及學生家長委員會代表。」前者規定學校課發會的組織架構，分為各領域／科目教學研究會；後者規定學校課發會的組織成員。國民中小學課發會組織架構，如圖 2 所示。

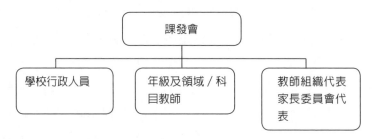

圖 2　國民中小學課程發展委員會成員

依規定，學校課程計畫為學校本位課程規劃之具體成果，應由學校課程發展委員會三分之二以上委員出席，二分之一以上出席委員通過，於開學前陳報各該主管機關備查，並運用書面或網站等多元管道向學生與家長說明。

　　小校的課發會運作較有困難，例如：一所六班的小學，其行政代表 2 人（主任）、年級代表 6 人，領域／科目代表 10 人，合計 18 人。但該校教師只有 11 人（校長不算），因此，會有多位老師代表 2 種以上身分，要參加課發會，也要參加領域／科目會議，可能難以全心投入。

　　甄曉蘭（2002）指出，推動學校本位課程發展的困難有七：(1) 教師意願不高，缺乏課程發展經驗；(2) 權責劃分不明，行政支援不足；(3) 課程發展認知偏差；(4) 課程發展知能不足；(5) 疏離的教學生態環境；(6) 缺乏視導、評鑑機制；(7) 相關法令限制、缺乏充分授權推動學校本位課程發展的策略。

　　鍾靜（2002）也提出課發會的實行困境，例如：(1) 教師擔任課發會委員意願不高；(2) 課發會開會時間不易安排；(3) 課發會委員對整體架構認知不足；(4) 有的領域小組成員較多，有些小組則不足；(5) 領域小組不容易找到共同開會時間；(6) 各年級縱向課程連結不易。黃巧妮（2020）再指出，學校課程發展委員會運作之困境有三：(1) 理想與實踐上的落差；(2) 課發會委員欠缺課程發展專業知能；(3) 重行政管理，忽略課程領導。

　　綜合上述，對於課發會任務與組織運作分析，歸納三項要點：

　　1. 學校課發會任務包括四方面：(1) 發展學校本位課程，(2) 審議學校課程計畫，(3) 審查學校自編教材，(4) 進行課程評鑑。彈性課程的節數是學校發展校本課程的時間，但實際上，最多可能只有 2 節，學校自主空間也不大。

　　2. 學校課發會成員包括五方面：(1) 學校行政人員，(2) 年級教師，(3) 領域教師，(4) 教師組織代表，(5) 家長委員會代表。對於小校而言，年級教師與領域教師會有部分重疊，影響參與課程發展之時間與精神。

　　3. 學校本位課程發展陳義甚高，但實際運作可能遭遇一些困難，例如：教師意願不高、教師課程發展的經驗與知能不足、行政支援不足等。

伍 教評會與學校本位決策分析

一、教評會的任務

《教師法》1995 年公布，是一部全新的法律，授權學校人事自主權，同時允許學校組成教師會，對校園組織氣氛衝擊甚大。該法第 11 條第 1 項規定：「高級中等以下學校教師之聘任，分初聘、續聘及長期聘任，經教師評審委員會審查通過後由校長聘任之。」教育部於 1997 年發布《高級中等以下學校教師評審委員會設置辦法》（以下簡稱教評會設置辦法），其中第 2 條規定教評會任務。配合《教師法》於 2019 年修正公布，《教評會設置辦法》亦於 2020 年修正發布，其中第 2 條規定教評會任務有五：(1) 教師初聘、續聘及長期聘任之審查，(2) 教師長期聘任聘期之訂定，(3) 教師解聘、不續聘、停聘及資遣之審議，(4) 教師違反本法規定之義務及聘約之審議，(5) 其他依法令應經本會審議之事項。

在教師的聘任方面，可依辦理時間先後分為三種：(1) 現職教師介聘（約每年 3-5 月），(2) 專任教師甄選（約 6-7 月），(3) 代理代課老師甄選。在教師的解聘、不續聘事由方面，規定於《教師法》第 14 條、第 15 條、第 16 條，例如：被判刑確定、性平事件、體罰與霸凌學生、教學不力或不能勝任工作、違反相關法規會聘約等，就是一般所稱的「不適任教師」。對於前述事由，依所涉情節輕重，依解聘與停聘的時間分為三種：(1) 終身解聘（教師法第 14 條），(2) 解聘 1-4 年（教師法第 15 條），(3) 原校解聘、不續聘（（教師法第 16 條）。另依第 16 條規定，「其情節以資遣為宜者」，依規定辦理資遣（丁志權，2020b）。

在審議教師聘任議案時，比較不會對教評會委員造成困擾，但在審議教師解聘、不續聘議案方面，由於大部分的教評會委員對於審議解聘、不續聘議案較無經驗，會感受到相當的壓力，因此，有的委員就會選擇不出席。

二、教評會的組織與運作

《教師法》第9條第2項規定：「前項教師評審委員會之組成，應包括教師代表、學校行政人員代表及家長會代表一人；其中未兼行政或董事之教師代表，不得少於總額二分之一，但教師之員額少於委員總額二分之一者，不在此限。」第3項規定：「高級中等以下學校教師評審委員會於處理第十四條第一項第七款及第十款、第十五條第一項第一款至第四款時，學校應另行增聘校外學者專家擔任委員，至未兼行政或董事之教師代表人數少於委員總額二分之一為止。」

在教評會委員組成方面，《教評會設置辦法》第3條規定，置委員5-19人，其爲原分爲兩類：(1) 當然委員：包括校長、家長會代表、教師會代表各一人；(2) 選舉委員：由全體教師選（推）舉之，如圖3所示（丁志權，2020b）。並規定，委員中未兼行政或董事之教師不得少於委員總額之二分之一。但教師之員額少於委員總額之二分之一者，不在此限。

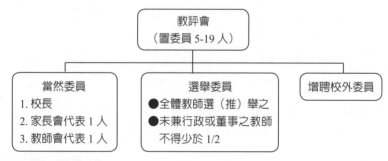

圖3　教評會委員之組成

《教評會設置辦法》第3條第5項規定，本會委員之總額、選舉與被選舉資格、委員選（推）舉方式、依第5條規定增聘校外學者專家擔任本會委員與候補委員遴聘方式、會議規範及相關事項規定，應由學校訂定，經校務會議通過後實施。第4條規定，教評會委員應親自出席會議；選舉委員於任期中經本會認定無故缺席達二次或因故無法執行職務者，解除其委員職務。

　　小校的教評會會運作較有困難，假定某校教評會置委員 5 人，當然委員 2 人，未兼行政教師需要 3 人。有的偏遠小校，代理代課教師多，未兼行政之教師可能沒有 3 人。

　　在聘任教師方面，洪啓昌（2003）指出，運作的過程中出現爭議現象有五：(1) 學校派別林立，教師甄選成為角力鬥爭的工具；(2) 資訊明顯不足，人情關說嚴重，有意遷調之教師須發揮各種關係打通關節；(3) 遷調之金錢與時間成本偏高，教師疲於奔命；(4) 重複錄取嚴重，偏遠地區學校不斷甄選不斷出缺；(5) 教評委員的素質與甄選專業不足，經常發生評選成員非甄選科別之專業。學校為避免壓力，紛紛又授權委託聯合甄選，將人事自主權交回縣市政府。

　　在教師解聘、不續聘方面，吳志光（2020）指出，對於不適任教師，學校普遍有處理不力之現象，原因複雜，主要有八：(1) 證據蒐集不易；(2) 學校教評會的處理能力與意願不足；(3) 教評會教師的專業素養或情誼因素牽絆；(4) 校長面對的壓力與處理的態度；(5) 不適任教師的自我保護與反擊；(6) 民意代表與家長團體介入；(7) 教師心理輔導機構未臻健全；(8) 教師本身的人格特質不適合從事教職。

　　為處理教師解聘、不續聘、停聘、資遣等情事，教育部依據《教師法》第 29 條授權訂定《高級中等以下學校教師解聘不續聘停聘或資遣辦法》（簡稱解聘資遣辦法），該辦法第 4 條規定，學校接獲檢舉或知悉教師疑似有違反第 2 條第 4 款情形（性平、校園毒品、體罰或霸凌學生、行為違反相關法規等），應於 5 日內召開校園事件處理會議（簡稱校事會議）審議。《教師法》第 17 條亦規定，主管機關為協助高級中等以下學校處理「教學不力或不能勝任工作」案件，應成立教師專業審查會。教育部另訂有《高級中等以下學校教師專業審查會組成及運作辦法》，受理學校申請案件，再分別組成調查小組與輔導小組。

　　《教師法》第 26 條第 2 項規定，學校教師評審委員會未依規定召開、審議或決議，主管機關認有違法之虞時，應敘明理由交回學校審議或復議；屆期未依法審議或復議者，主管機關得敘明理由逕行提交教師專業審查會審議，並得追究學校相關人員責任。

綜合上述，對於教評會任務與組織運作分析，歸納四項要點：

1. 教評會在執行教師聘任的任務，產生一些問題，學校紛紛把聘任權交回縣市政府。政府授予學校人事自主之權力，學校似乎無法承受。

2. 教評會在執行教師解任（解聘、不續聘、停聘、資遣），遭受阻力，無法適時不適任教師淘汰，遭社會詬病，教評會功能受阻。

3. 新版《教師法》規定縣市政府設教師專業審查會，以及發布《解聘資遣辦法》，似乎又把學校教評會權力回收。

4. 學校教師評審委員會未依規定召開、審議或決議，主管機關得得追究學校相關人員責任。

 陸　結論與展望

綜合前述，對於學校本位決策理論（包括美國與英國學校本位管理制度、參與決策理論）、校務會議、課發會與教評會運作現況分析，歸納八項結論，並提出落實學校自主經營的六項展望。

一、結論

1. 美英臺三國學校本位決策制度之建構基礎：我國在 1990 年代後期，從教師法規定學校設立教評會，開啟學校自主管理之路邁進，稍晚於美國（1990 年）與英國（1988 年）。美國各州（例如：肯塔基州）及英國推動學校本位管理政策，皆有完備的法規基礎。我國則只是在學校零星的增設個別的委員會，欠缺從學校整體組織架構調整著手。

2. 學校理事會與校長之權責劃分：美英兩國學校理事會是自主決定主體，同時也負有辦學績效責任的主體；學校理事會是學校決策單位，校長是理事之一，負責理事會決議之執行。我國並無類似美英兩國學校理事會的組織，國民中小學校長綜理校務，為學校辦學績效負責；校務會議較接近諮詢性質，並非學校最高決策單位。

3. 美英臺三國學校本位決策模式之差異：美國偏專業模式，教師理事占一半；英國偏社區模式，教師理事只占七分之一。我國的校務會議大多

採全體教師制，其他委員會之委員也大多是教師；教評會委員中，教師代表占一半以上。由此可知，我國各委員會的組織運作，也偏專業模式，但運作情形未臻理想。

4. 美英兩國積極鼓勵特許學校的設立，給予最大的自主決定權力與責任。我國也在 2000 年以後，陸續出現公立學校委託私人辦理之學校，但 2021 年時校數只有 15 校。

5. 過多的委員會會議，花費教職員時間，影響教師參與校務決策意願：我國於 1990 年代興起教育改革，校園民主化逐步加深，學校組織架構中，陸續設立相當多的委員會，學校教職員有許多參與校務決策機會，展現校園民主化。但過多的委員會會議，花費教職員時間，影響本職工作品質。

6. 校務會議組織與運作缺失：校務會議是校務決策合法化的重要過程，其任務也相當廣泛。目前絕大部分採全體教師制，採教師代表制甚少。現行校務會議運作的主要缺失，例如：(1) 權責不明，易生紛爭；(2) 校務會議成員組成比例失衡；(3) 行政準備不周全、會議規範不熟悉；(4) 涉及利害關係時，決策偏差等。

7. 課程發展委員會任務繁雜，學校運作不易：課發會負責學校總體課程計畫的發展，學校總體課程內容繁多，課發會及領域教學研究會會議次數亦多，單是安排共同時間開會就不容易。特別是偏鄉小校，教師人數少，運作起來比較吃力。

8. 教評會功能有萎縮現象：學校教評會設立於 1997 年，至今 25 年，原來授權學校聘任教師自主權，出現許多問題後，又紛紛委託縣政府辦理聯合甄選，似乎把自主權又交回縣政府。2019 年《教師法》修正後，規定縣市教師專業審查委員會，審議不適任教師案，再進一步縮減了學校教評會的功能。

二、展望

如前述，1996 年行政院教育改革總諮議報告書，即提出落實學校自

主經營的建言，過去 26 年來，國民中小學在學校組織中，增設了許多委員會，但學校自主經營方面並未顯著落實。對於國民中小學邁向自主決策，提出六項展望：

1. 將校務會議提升為「學校理事會」，成為學校的決策單位：1990年代以來，國民中小學陸續設立各種委員會，研議校務中的各專項議題，校務會議應該脫離一般委員會的性質。校務會議提升為「學校理事會」性質，負責校務決策與辦學績效，而校長轉型為校務決策的執行者。

2. 建構學校本位決策法制，提供學校自主經營的運作基礎：如前述，美國肯塔基州及英國都有完整的學校治理法規，主要內涵例如：學校理事會成員、任務、與教育行政機關權責劃分、校長的職掌等。當然，《國民教育法》必須在校務會議部分，進行大幅增修。

3. 校長辦公室增置專職人員，負責整合業務：在目前國民中小學行政處室的架構下，跨處室的業務未能妥善處理，例如：學校中長程校務發展計畫誰負責撰寫？校務會議運作有關業務誰承辦？導致校務發展計畫諸多缺失，校務會議的事前準備相當不足，會議品質低落。

4. 建立小校聯合運作機制，節省會議人力：目前許多偏鄉小校，學校教師較少，代理代課教師比率高，教師無暇參與委員會運作；可以聯合幾所小校成立「聯合學校理事會」，負責校務決策。其餘例如課發會、教評會等，都可以聯合組成，減少教師參與各委員會運作的壓力。

5. 提升校長與教職員行政參與知能：為應對教育議題，法規增修頻繁，同時校園民主化的機制已逐步成形；校長應隨時了解法規變動，進修領導知能，鼓勵教職員參與校務決策。教師除教學、輔導與親師溝通等的本職學能外，亦應旁及教育法規與政策的變化，積極參與校務決策，貢獻本身的專業，以利校務推動。

6. 借鑒實驗教育的辦學型態，逐步推動：2014 年實驗教育三法公布，允許公立的學校，辦理學校型態實驗教育，可以免除部分法規的規範。其次，在公立學校委辦私人經營方面，學校的辦學自主性更大。或許這些實驗教育學校，可以成為推展學校本位決策，落實學校自主經營之參考範例。

參考文獻

丁志權（2020a）。**六國教育制度分析：美德英日法中**，4版。高雄市：麗文。

丁志權（2020b）。**中小學教育行政法規分析：法規與現象之間**。臺北市：師大書苑。

王政彥（1994）。**團體式教育決策參與**。臺北市：五南。

王麗月（2008）。**國民小學教師參與決策與組織承諾關係之研究**。國立屏東教育大學教育行政研究所碩士論文。

王麗雲、潘慧玲（2002）。種子與土壤：校長與教師在學校革新中的角色與作法。集於潘慧玲主編：**學校革新：理念與實踐**（101-137）。臺北市：學富。

四一〇教育改革聯盟（1996）。**民間教育改造藍圖：朝向社會正義的結構性變革**。臺北市：時報文化。

行政院教育改革審議委員會（1996）。**教育改革總諮議報告書**。臺北市：編者。

吳志光（2020）。108年新修訂教師法與不適任教師之處理。**國立臺灣師範大學教育法學評論，5**。53-74。DOI: 10.6920/ELR.202005_(5).0003

吳宗立（2005）。**學校行政決策**，2版。高雄市：麗文文化。

吳清山（2014）。**學校行政**，7版。臺北市：智勝文化。

林志成、謝鳳香（2014）。國民中小學校務會議的問題與對策。**臺灣教育評論月刊，3**(2)，26-29。

邱世杰（2015）。國民小學校務會議從代表制到全體制的轉變：一所個案學校的研究。**教育行政論壇，7**(1)，56-73。

洪啓昌（2003）。學校權力結構改變與校長領導因應轉變。**學校行政，23**，69-84。

張明輝（1998）。**學校行政革新專輯**。臺北市：國立臺灣師範大學。

張明輝（1999）。**學校教育與行政革新研究**。臺北市：師大書苑。

張鈿富（2000）。**學校行政決定原理與實務**。臺北市：五南。

黃巧妮（2020）。從專業導向論學校課程發展委員會之運作。**台灣教育，722**。121-128。

黃嘉雄（2001）。**學校本位管理制度之比較研究**。臺北市：五南。

甄曉蘭（2002）學校本位課程發展的的理念與實務策略。集於潘慧玲主編：**學校革新：理念與實踐**（141-171）。臺北市：學富。

劉嘉貞（2006）。從中小學校務會議探討學校校務決策權力之重組。**學校行政，46**，326-344。doi:10.6423/HHHC.200611.0326

謝文全（2013）。**教育行政學，4**版。臺北市：高等教育。

鍾靜（2002）課程發展委員會的組織定位與運作的問題及其因應策略之分析。集於潘慧玲主編：**學校革新：理念與實踐**（173-199）。臺北市：學富。

Department for Education (2020). *Maintained school governance: Structures and role descriptors*. Retrieved 2022/06/20. Web: https://assets.publishing.service.gov.uk/ government/uploads/system/uploads/attachment_data/file/937573/Maintained_governance_role_descriptors.pdf

Hoy, W. K. & Miskel, C. G. (2013). *Educational administration: Theory, research, and Practice, 9 ed.*. Boston: McGraw-Hill.

Kentucky Department of Education (2022). *School-based decision making*. Retrieved 2022/06/10. Web: https://education.ky.gov/districts/SBDM/Pages/default.aspx

Lunenburg, F. C. & Ornstein, A. C.(2012). *Educational administration: Concepts and practices*. Belmont, CA: Wadsworth, Cengage Learning.

Ogawa, R. T. & Wite, P. A. (1994). School-based management: An overview. In Mohrman, S. A. & Wohlstetter, P. Eds. *School-based management: organizing for high performance*. San Francisco, Calif.: Jossey-Bass.53-80.

第十一章

發展校本課程的決策歷程與實踐策略

陳世聰

國立高雄師範大學教育學博士
屏東縣長榮百合國小校長

摘要

　　學校本位課程發展是近代課程發展的新趨勢，雖隱含著自主與課責的糾葛，然此課程發展模式蘊含諸多教育創新的可能性。自 1980 年代起即有學者引入國內，後經教改總諮議報告書的倡議，再經九年一貫課程政策的倡導，十二年國民基本教育課程的大力推動，然而從理想課程到經驗課程幾經不同層級決策與轉化，理想與實際之間存在不小落差。

　　本文結合理論、研究與實務之探究，提出課程發展十一個決策歷程供參：(1) 對學校背景、效能、理想與理論的理解；(2) 教育理念、學校願景和學生圖像建構；(3) 釐清教育理念相關的教育觀點；(4) 確定在地知識融入課程與教育資源的整合；(5) 選定課程設計類型以含納校訂課程與在地知識；(6) 規劃統整課程、擬定課程進度；(7) 建構學習者中心的教學協作系統；(8) 型塑友善校園文化；(9) 促進創新教學與適性學習；(10) 檢視教學創新與學習任務成果；(11) 持續增能、促進協作與整體課程評鑑。本文並依每一決策歷程的課程慎思，提出各歷程相對的實踐策略，以及整體性建議。

關鍵詞：學校本位課程、課程決策、課程教學領導、教師領導、學校文化

壹　緒論

　　課程決策概可分爲理想的、正式的、知覺的、運作的、經驗課程等五個層次（Goodlad, 1979），而學校教育人員是課程設計體系中最後的決定者，其決定影響課程改革之成效甚鉅（黃政傑，1999）。從理想課程到經驗課程，經歷層層決策，最後的決定與轉化確實落在學校教育者層級（學校與教師），而教師更是理想與實際之間落差大小的關鍵。

　　隨著時代思潮的演變，課程發展衍化出許多不同的類型，而「國外課程界對於學校本位課程發展十分重視，國內課程界自 1980 年代左右，亦有學者開始引進」（黃政傑，1999）。學校本位課程發源，一爲美國學校本位管理的倡議（King, Swanson & Sweetlannd, 2003; Jal, 2015），另一爲源自英國早年教師倫理與專業尊嚴的理念（Stenhous, 1975）。前者導入新制度主義，以量化競爭爲手段，但仍不放棄民主信仰、公平與選擇的價值。後者與當前教師專業自主的精神較相符，在多元價值競逐與兼融的期待下，學校本位課程發展可兼顧上而下的課程政策，以及下而上教師課程理想實踐。

　　課程發展離不開課程決策歷程，其內涵概爲課程結構、課程設計、課程研究、課程選擇、課程組織與統整、課程發展、課程實施與領導、課程評鑑（王文科、王智弘，2010；黃光雄、蔡清田，2015）。此外隱而未顯卻深深影響決策與發展的，尚有課程理論、課程愼思、課程取向、課程意識等（黃政傑，2005）。然而，課程發展的正確步驟從未有廣泛的共識，即便熟悉某些課程發展步驟，執行時卻又面臨領導模式或方法的困境（Bailey & Littrell, 1983）。解決組織問題須從組織文化切入，才能促進組織的變革和發展（張慶勳，2011），有了共識與信任，才可讓課程發展導向專業發展，讓教學的思辨與協作成爲日常（Karen & Kyla, 2011; Keiny, 1993）。課程無法在眞空中決策與實踐，需要領導力的發揮，是以近年課程發展與組織文化型塑的相關研究，已蔚爲趨勢。因此自 1980 年初期起教學領導即被關注，1990 年代起課程領導亦逐受重視，順此脈絡教師領導已然成爲教育改革應有的特性（Murphy, 2005; Smylie, Canley, & Marks,

2002）。

　　基於上論，本文先就學校本位課程相關的概念進行探討，以概覽課程本身複雜性。進而就課程決策與課程相關領導進行評析，以釐清發展校本課程在決策與轉化過程可能面對的問題。最後就發展學校本位課程決策歷程與實踐策略，提出具體觀點與建議。

課程發展的相關概念分析

　　課程發展涉及概念頗多，但學校在發展校本課程時往往容易陷入技術本位，依樣仿做，卻忽略決策過程極其重要的課程相關概念。本節就課程思想與課程理論、課程意識與課程取徑、課程決策、課程慎思等進行分析。

一、課程思想與課程理論

　　誠如 Taba 所言，複雜如課程，需要某種理論或概念的思維框架來指導。課程文本應試著體現理論，在方法上系統化，並建立有價值的實踐（Orenstein & Hunkins, 2018）。課程理論是一套通則化且邏輯相互關聯的定義、概念、命題及其他構念，代表對課程系統化觀點（黃政傑，2005）。課程理論亦有以課程概念、課程思想稱之，如黃政傑（2005）主編的《課程理論》一書，收錄了泰勒、許瓦布、赫斯特、楊格、艾波、吉魯斯、蓋聶的課程思想等篇章，即以課程思想稱之。不過要求教師在學校或班級中實際運用課程理論會有不少困難，Orenstein 與 Hunkins（2018）提出理論轉化為實踐的步驟：閱讀文獻、確定主要術語、檢查現有理論的合理性、評估採用方法、理論與實踐契合、測試理論、解釋理論、修改理論等，可供參考。

二、課程意識與課程取徑

　　課程的意識形態則是課程的信念系統，影響課程問題的界定和課程實踐的價值判斷，指引著學校課程方向（Eisner, 1994），內容選擇就是

一種意識形態的過程（Apple, 2004）。課程意識形態包括宗教規約、理性人文主義、進步主義、批判主義、概念重建論、認知多元論等（Eisner, 1994）。

課程取徑（Approach）與意識形態相似，一樣具有引導課程方向的功能；但學校通常不會只參引一種課程意識形態或取徑（Eisner, 1994; Ornstein & Hunkins, 2018; Parkay, Anctil, & Hass, 2014）。自廿世紀至今，永恆主義、精粹主義、進步主義、重建主義等取徑一直相互競逐，影響著課程目的的形成、學習經驗的發展，以及如何評估學習（Parkay, Anctil, & Hass, 2014）

三、課程決定

課程決定係指一個人、一群人、一個團體或一個組織針對課程分析、設計、執行或評鑑中，進行決定的過程（吳清山，2012）。Goodlad 將課程決定層級可分為理想、正式、覺知、運作及經驗課程等五個層次；後經 Klein 的擴充衍生為七個層次：學術的、社會的、正式的、制度的、教學的、運作的、經驗的課程等（簡良平，2005）。實則，課程決定早在 1969 年 Elliot《Persistent Dilemmas in Curriculum Decision-Making》一文中即已出現，文中指出當時美國正面臨重塑學校教育目標和功能之社會與教育革命，致使課程決定長久存在的困境變得更加緊張；社群控制和學生主體的課程制定、大規模課程發展優劣點之間的選擇、針對學生個人和智力發展更廣泛研究的必要性，以及方案成果評估等，都是亟需面對的難題（Elliot, 1969）。學校本位課程決定，也交互使用課程發展一詞（方德隆，2001），由此可知課程決定與課程發展就概念意義與實際操作，往往同被關注與論述，無法分割。大體而言，校本課程發展包括學校自身理念與方向的形而上政策性思辨，也包含策略性與具體性作為之形而下規劃，因此本文就決策和決定並未特意區分。

四、課程慎思

課程決定關乎不確定實踐問題的決定，慎思則適於考慮選擇方案與

決定適切行動的過程，也是思考實踐問題的推理過程，屬於「問題解決導向」、朝向「行動方針或途徑」的決定。進行慎思的過程中，組織成員之間要相互理解，透過理性溝通與辯論，從多樣化的內涵獲得創造性的需求，調合彼此的目的、資料與判斷，共同發展並創造課程。這樣的觀點轉移了課程領域的研究焦點，諸如教師即研究者、行動中反省與學校本位課程發展等（黃繼仁，2005）。課程慎思應用並不易，Schwab 提出了八項規準可供參考，包含覺察情境中的問題、知悉決定後果與責任、辨明相關事實、探究事實可信度、依據具體事實、陳述理論個殊論述、慎思啓始具體問題情境、演練檢查與判斷等（黃繼仁，2005）。

綜合上論，課程發展是一件極其龐雜之事業，需要有理論、研究與實務的基礎，才可讓課程理論、意識、取徑、決策與慎思之間的思辨與對話，作出發展歷程應有的決策與作為。

 課程領導相關理念之分析

領導是使眾人朝向共同目標前進，課程發展定得有領導力的發揮才可成就。本節就課程領導與教學領導、教學領導與教師參與、教師專業社群與領導、教師領導與學校文化等概念進行分析。

一、課程領導與教學領導

課程領導指在課程發展過程中，對於教學方法、課程設計、課程實施和課程評鑑提供支持與引導，以幫助教師有效教學和提升學生學習效果。1980 年代初期 Hallinger 和 Murphy 等人即提倡教學領導，到了 1990 年代課程領導才逐漸受到重視，對於課程改革提供一個新的助力；而營造教師間相互溝通與對話的環境與機會，以利教師能夠進行有效的課程決定，則是後來期待課程領導發揮的功能（吳清山、林天祐，2003）。

教育工作者喜歡並希望新的理論思想有效，然而期待變革被接納之前，團隊成員需對內容有深刻理解，才會作出需要的改變。所以錨定和強化核心概念對於理論與實踐的融合過程至關重要（Glatthorn, Boschee,

Whitehead & Boschee, 2019）。對於理論和實踐之間的對話不足，往往是學校本位課程發展不理想、發展經驗難以精進深化的主因。沒有哲學的教育是盲，沒有教育的哲學是空；實踐缺乏理論、理念的引導協助，不僅讓組織缺乏有力的對話頻率與品質，更可能愈走愈心虛，愈走愈偏離。

二、教學領導與教師參與

如 Eisner 所言，課程發展將教育的想像與熱望轉化為方案，轉化的過程無法預先精準陳述所有的內容和目標，需賴教師在課程歷程中的決定（周淑卿，2007），Jacob 亦認為，教師工作孤立，易各自為政，致使課程決定常在真空中進行，造成很嚴謹地跟隨課程手冊的腳步，以確保所有教學活動都在控制之中，或是變得鬆散模糊，沒有人清楚接下來要發生什麼事（引自王嘉陵，2011）。可見課程發展要能引領社群共同參與決策，使課程發展歷程之決策合乎邏輯，內容和目標才不致偏離教育規準。以澳洲中小學為對象的相關研究就顯示，教師對學校決策過程的看法越積極，教師社群彼此的影響和約束程度就越高，學生知覺、教師人際關係和自我表現知覺都比上而下的決策、聽命執行和沒有促進教師廣泛參與的決策方式都來得更正向（Mulford, 2003）。顯然，沒有實質的參與，課程解構歷程可能過猶不及，教學實踐亦缺乏教學領導的發揮，以致影響整體效能。

三、教師專業社群與領導

早年教育領導文獻，很少關注教師可以成為學校教育領導者（Brownlee, 1979; Murphy, 2005），總以為教師應重在課堂教學，而領導是學校行政人員與管理者之事（Murphy, 2005）。1980 年起課程與教學領導逐受重視，教師社群領導力的發揮，成為美國教育改革必要的規範（Smylie, Canley, & Marks, 2002; Murphy, 2005）。美國北卡羅來納州因應 21 世紀教育需求所公佈的教學專業新五大核心標準中，首要標準就是期許教師在班級、學習社群、學校決策、學生學習上、道德規範上「展現領導能力」（North Carolina Professional Teaching Standards Commission,

2006）。

　　就組織內部結構，角色本位被定位為結構的、階級的、制度的，而社群本位是有機的、自治的、文化的（Murphy, 2005）。權力下放是**趨勢**，學校轉型的動能越來越多來自學校社群內部（Muiford, 2003）；課程地圖繪製，理應以班級、班群或領域小組為單位，相互研擬、複審與檢核（Jacobs, 2013）。在在說明結構與權力需要下放，不只依賴角色功能，更賴社群本位的專業展能。

四、教師領導與學校文化

　　教師領導有多元不同的領導風格，包括權威領導、附屬領導、民主領導、示範型領導、教練式領導等（School of education online programs, 2019），而行政支持、共同合作是其基本要素。因應環境脈絡的多變性，為確保合作與彈性，校長領導與教師領導在決定歷程中，應依課程領導的角色與功能加以調配。讓課程重點溝通、課程相互詮釋成為例常，營造正向開放的氣氛、促進溝通、建立共同願景、透過參與激勵同僚發展，並成為正向有效的角色典範等（Glatthorn & Jailall, 2009）。

　　校長應強而有力型塑鼓舞變革的文化，以分享或分散式的課程與教學領導，促進教師的教學。而組織成員投入更深層的組織學習、參與專業社群成長、建立親師生彼此的信任，是學校文化變革成功與否的關鍵（Karen & Kyla, 2011）。教師領導、課程決策都無法在真空中進行，校長對組織變革與教師領導力的促進，有其難以抹滅的角色與功能。不過，教師社群若能落實專業對話與合作，亦可發揮向上領導的功效，促進全校教師文化與學校文化的正向變革。

 ## 學校本位課程發展模式之分析

　　國內外針對學校本位課程發展已有豐富的研究，然而實務經驗取向的現場實踐者，對其發源與背後的思潮瞭解有限，難以對理論、研究與實務有足夠的系統觀。基此，本節就學校本位決策與管理、學校本位課程發

展、學校本位課程發展困境與條件、學校本位課程發展模式與要素、新課綱學校本位課程發展指引等分析如下。

一、學校本位決策與管理

《國家在危機之中》（A Nation at Risk），一直影響著後續的公共教育政策；強調教育對經濟與國際競爭力的重要，並提出功利主義和工具性的教育願景，尤有甚者認爲學校而非社會，應負更高的績效責任，且由外部測試衡量（Jal, 2015）。事實上，舊制度理論的思維，認爲學校治理結構造成教育系統不公平、沒效率，極力倡議去行政中心化及家長選擇學校的市場機制化，因此學校本位管理（SBDM）因應而生，促使學校本身成爲基層的規劃單位，主張在課程、人事和財政均應予以自主（King, 2003）。後現代本就強調差異、去中心化（黃乃熒，2000），這股自主決策、績效課責與家長自由選擇教育權理念交相糾葛，教育被等同學校教育，負載了所有整體教育和教育以外的目的和期待。是以，自主專業隱含著課責本質，雖可激出不少教育變革的可能與挑戰，但也存在著陷阱。

二、學校本位課程發展

前述背景間接促進學校本位課程發展理念的盛行，不過其原初並非眞正以兒童、學生爲主體。而早於 1905 年英國教育委員會發行的公立小學教師指引指出，學校中每位教師應有自我的思想，形成自我教學的方法，將自我的權力運用到恰到好處。就英國的傳統，教師擁有訴求自主的權利，而權力和權威就在學校事務和夥伴互動之間。教師爲學生決定適當課程的專業精神，所關心的不僅是科目而是學到了之後，能維持相關主題的學習熱情，此概念可以視爲是學校本位發展的起源（Stenhouse, 1975）。上述源起理念比較符合學生主體，可見課程發展即教師專業發展的概念萌芽頗早。黃政傑（1985）甚至認爲學校本位課程可上溯自古希臘時期與中國東周時代，蘇格拉底與孔子即透過教育現場師生互動設計課程時起。

三、學校本位課程發展困境與條件

正式結構的束縛、教師的學術背景與家長與學生的態度是學校本位課程發展可能面對的限制（王文科，2007）。而 Marsh 等人認為，影響教師參與學校本位課程發展的主要因素，包含個人因素、學校本身因素和學校外部因素，其中學校因素，包括課程領導、學校組織結構與氣氛，經費、資源、諮詢服務等支持系統、教師流動、學校規模等（張嘉育，1999）。而家庭承諾、人格、信念型態、教師訓練等教師特質，以及對當前工作滿意程度，亦會影響教師校本課程發展的參與（黃光雄、蔡清田，2009）。基此，學校本位課程發展應有良好學校氣氛、預備度、自主等作為必要的條件（Orenstein & Hunkins, 2018）。

四、學校本位課程發展模式與要素

就 Lawton 與 Skilbeck 的觀點，學校本位課程發展模式之構成要素為（內在、外在）情境分析、目標擬訂、方案設計、解釋和實施、檢查、評估、回饋和重新建構（黃嘉雄，2000）。《肯塔基州教育廳的課程發展指引》將課程發展分成四個階段：(一) 準備階段：包括回顧 SBDM 政策、建立課程審視週期、制定時程表、確定預算、成立課程發展委員會；(二) 闡明方案理念：包括分析研究以形成證據為本的共同理解、闡明 K-12 課程哲學；(三) 發展課程：包括分析特定內容領域的州學術標準、識別及評估和選擇高品質的教學資源來支持實施、創建課程表文檔範本、組織和排序課程標準、發展年級／教程課程支援；(四) 實施和監測課程：包括設定實施目標、提供持續的專業學習、收集數據以監控進度、分析數據並進行調整（Kentucky Department of Education, 2022）。課程發展的正確步驟從未有廣泛的共識，一般認為它應包含目的、範圍、篇章、課程引導、目標、評鑑形式。然而即便學區熟悉某些課程發展步驟，執行時仍會發生沒有領導模式或方法之困（Bailey & Harvey, 1983）。而無論 Lawton 與 Skilbeck 的課程模式或是肯塔基州教育廳的指引，都是條列式的步驟規則，見不著領導力與組織能量的動態關聯。

五、新課綱學校本位課程發展指引

依據《十二年國民基本教育課程綱要總綱》（以下簡稱新課綱）的相關規範，學校本位課程包含部定課程及校訂課程，由學校課程發展委員會掌握學校教育願景以發展學校本位課程，而學校課程計畫為學校本位課程規劃之具體成果（教育部，2014）。

學校發展素養導向的學校本位課程之步驟如下（教育部，2017）：(一) 參據總綱之「理念與精神」，建構校本課程之願景與內涵，並且探究學生圖像；(二) 參據總綱三面九項「核心素養具體內涵」，研訂校本課程目標；(三) 參據總綱及領綱核心素養，發展學校課程地圖，發展領域、跨領域／科目的部定與校訂課程設計並實施教學與學習評量。此外，新課綱針對學校本位課程發展亦有諸多原則說明，並發行各領域教材教學模組與課程手冊作為各校發展課程之參考，以及建立素養導向人才資料庫、提供學校支持系統、結合輔導員系統協助教師增能、發展評量工具等。

而《國民中學及國民小學課程計畫備查作業參考原則》進一步提供完整詳盡的評鑑項目（黃嘉雄，2018），若可逐一檢視執行亦可作為校本課程發展之鷹架。

 伍　校本課程發展決策歷程與實踐策略

校本課程發展是當前學校整體經營之關鍵要務，然而愈趨複雜的教育生態、多元任務與組織成員的更迭，讓學校課程發展歷程與整體決策作為難以穩健前行。本節依課程發展四階段：課程研究、課程規劃與設計、課程實施與經營、課程評鑑等階段，提出其發展決策歷程與實踐策略（表1），供不同規模學校參引。

表1 學校本位課程發展決策歷程與實踐策略統整表

發展階段	決策歷程	慎思重點	實踐策略
課程研究	1. 對既有學校背景與效能、理想與理論理解	如何明白學校處境與過去成效，在多重論述中找到共同方向、擴展組織的認同度。	型塑有力核心團隊，促進正向文化作為隱型引擎翅膀。以走動理念交流，並運用任務群組社群，釐清校本課程論述與在地資源。
	2. 對教育理念、學校願景、學生圖像與目標的共識與建構	錨定和強化核心概念。思考理念、願景、目標之間的合理性。	會議前作足功課，核心團隊先醞釀信賴氛圍，形成初步合宜觀點，讓參與式決策增進理性共識可能。組跨界教育諮詢，協助校正，避免團體迷失。
	3. 釐清教育理念項下相關的教育觀點	學校整體立場（如課程觀、學習觀、評量觀等）是否與校本理念相符。	透過專業社群探討校本教育理念下的各項教育觀點，以四教檢視是否符應理論。
課程規劃與設計	4. 確定在地知識的範圍、順序、銜接與資源整合	校訂課程的在地知識如何選擇，是否具有在地認同與真確性	彙整在地知識、人力與資源，增進夥人的信賴感與使命感，在地知識的深度理解，教師社群的對話和課程教學研討。
	5. 選定課程設計類型以融合校訂課程與在地知識	校訂課程實踐學校願景與學校特色，在確定欲融入校本課程的在地知識範圍與內涵後，如何進行在地知識的課程統整。	發展以學生為主體的統整學習模式，教師社群運作相互支援，以模式作為組織對話有效術語，激發團隊反思理論、理念與課程實踐的邏輯性。
	6. 規劃統整課程，擬定課程進度	在龐雜課程元素和有限節數下，如何克服抗拒心理，讓課程更有系統脈絡利於符應願景目標的學生學習。	落實備課機制，採產出型社群就課程安排與規劃進行共作。將兒童圖像置入全校、年級、班級課程地圖中，不斷探索精進、平等自由的學習身影。
課程實施與經營	7. 建構學習者中心的教學協作系統	如何支持學生興趣與學力，如何支援學習。	施行班級本位教師領導，展現教師合作文化，成為學生學習榜樣。
	8. 型塑友善校園文化，優化潛在課程	如何促進學校制度氛圍與全人教育精神相符應。	檢視各處室相關事項與典章制度是否與理念相違。透過師生自主與自治，成就校園民主生活。
	9. 促進創新教學與適性學習	如何激勵教學創新，提升學生學習動能延伸，學習層次提升。	引用現成或發展校本創新教學模組，成為教學和學習之鷹架，有效策進教學，滿足差異化需求。

發展階段	決策歷程	慎思重點	實踐策略
課程評鑑	10.檢視教學創新與學習任務成果	採取何種評量方式才可看到每個孩子的成長，組織如何共學。	多元評量兼顧形成性與總結性評量，發展創新教學分享平臺，促進內外部公眾學習。
	11.持續增能、促進協作與整體課程評鑑	讓專業文化在教學現場發酵，讓理想課程與經驗課程間減少落差。	定期運作課程相關會議組織，善用課程評鑑參考原則檢視課程發展歷程。

資料來源：研究者依研究結果自行整理製表。

一、對既有學校背景與效能、理想與理論的理解

　　課程意識形態是課程的信念系統，指引學校課程方向（Eisner, 1994）。學校可能不只參引唯一課程理論、意識或取徑，但均應慎思理解；掌握教育合夥人的期待，轉化教育論述為公眾可以對話的語言，才可形成共同的信念。依 Goodlad 課程決策層級，從理想層級到經驗層級，若能對教育思潮與理念多加理解，當可兼融自我的教育理想，對課程發展的方向更加穩健。

　　無論學校當前的課程發展基底如何，都需要一個有力起動的著力點──含納校內外菁英的核心團隊，引領決策歷程朝向正向思維、促進團隊質變。核心團隊的理想意念成為組織文化潛在氛圍，逐步發酵為相互信賴感與組織承諾的顯著文化，讓組織成員容易接納共同的理想與願景。此團隊屬非正式組織，宜由校長或優秀主任透過真誠領導來擴散向心，以走動式的理念相互交流催化。帶領上，可採任務型社群，在多重論述中逐步找到團隊共同認同的方向：成就一個組織隱形的引擎和翅膀，讓組織具有朝向正向成長的課程發展動能。

　　因此理解既有學校背景與效能、理想與理論是課程發展決策歷程之首要，基此亟需建立一個強而有力的核心團隊，掌握在地情境脈絡，佐以學理反覆溝通對話，歸結政策方向與各方期待，蘊釀課程意識共識。

二、教育理念、學校願景、學生圖像與目標的共識與建構

依新課綱所示，學校課程發展委員會應掌握學校教育願景，發展學校本位課程，而學校課程發展委員會之組成及運作方式由學校校務會議決定之。學校本位課程的開展，在權責上已有明確規範，但如何作出好決策、發揮良好功能，亟需組織有效運作。教育理念、願景與目標對學校本位課程發展具有引導作用，應採取理性決策，回歸教育規準來思考，不宜僅憑經驗而偏離學生主體。

「進行慎思的過程中，組織成員之間要相互理解，透過理性溝通與辯論，共同發展並創造課程」（黃繼仁，2005）。在理念、願景、目標與圖像決定之前應作足功課；針對提出的觀點均要有研究與探討的支持，會議之前應針對課程政策、學校和學生背景與在地期待進行分析、整理和分享對談。為弱化團體迷失，可另組跨界教育諮詢委員會，協助反思檢視。而課發會、諮詢委員會和其他相關課程發展組織，都應有民主與尊重的信賴氛圍為基礎。

是以為達成教育理念、學校願景、學生圖像與目標的共識與建構，需形成學習型課程發展委員會與教育諮詢委會，落實組織運作，評估所參引的教育理念，構思與定義學校使命、願景與兒童圖像。

三、釐清教育理念項下相關的教育觀點

教育理念通常包含哲學思維、理想價值、教育目的、人性觀、學習觀、課程觀、社會觀、生態觀等內涵，這些觀點形成一個相互關連的系統，並影響整體教育實踐的方式與過程（臺灣實驗教育中心，2019），此等觀點應彼此相扣。新課綱本於全人教育之精神，然而全人教育係複合理念並非單一理念（Miller, 1997/2008）。而「自、動、好」原則背後隱含著本體觀、知識觀與倫理觀的思維（潘文忠，2014），教育工作者對此認知有限。因此組織至少應知其梗概，方可使方向與作為不至相違。

教育工作者對哲學與理念往往忽視之或敬而遠之，為解此一困境，可透過教育界熟知的四教　身教、言教、境教與制教，協助整體檢視修正。

團隊可反思實際運作，在前述理念、願景、圖像和各觀點是否相扣，抑或前後不合、連貫不足、相互違背。基本上與全人教育相融的理念，概均尊重兒童的發展權利，因此就四教而言，應能符應平等、公平、友善、包容與尊重的價值。

因此爲釐清教育理念項下相關的教育觀點，需透過專業社群探討校本教育理念下的各項教育觀點，並以身、言、境、制四教來檢視理論是否實踐。

四、確定在地知識的範圍、順序、銜接與教育資源的整合

「地方文化產業需要對歷史性的記憶、自覺、表現體系與象徵體系的整理」（沈清松，2002），此整理的功夫大抵即是在地知識的建構。再者「文化產業離不開社區總體營造」（葉知魁，2002），社區爲學校所在之處。校本課程功能之一在於回應在地文化傳承與保存，因此在地知識建構有利本位課程發展、學生情境化脈絡化的學習、多元文化教育課程統整與戶外教育課程規劃，以及小公民實踐力行的引導。

適當地彙整在地知識，引進有利教學的人力與資源，營造學習情境，對校訂課程與特色課程的實踐至關重要。任務型專業社群分組分工，應注意在地知識採擷的信效度，定期在課研討會議以分享成果。透過學校統整性活動提供校內外協作機會，增進各類教育合夥人的信賴感與使命感。一次次的課程實踐、分享、修正再行動，可讓在地知識在課程規劃與教學協作獲得及時性的反覆修正。

是以爲確定在地知識的範圍、順序、銜接與教育資源的整合，需以任務型社群進行在地知識的蒐集與建構，並將之與學校願景和兒童圖像進行結合，整合教育資源以支援學生情境學習。

五、選定課程設計類型以融合校訂課程與在地知識

部定課程與校訂課程節數配比在課程總綱中已有明確規範，目前學校願景與特色實踐主要依賴四類校訂課程。校訂課程實踐學校願景與學校特

色，在確定欲融入校本課程的在地知識範圍與內涵後，如何進行在地知識的課程統整，因在地背景各自殊異，沒有客製化的明確指引可供參考。因此，在課程設計的決策上，難免會有困頓無所適從、不確定之感。

需要發展一個以學生為主體的統整教學模式，協助學生豐厚知識基礎和觀點。有了團隊認同的模式，據此檢視模組中的環環結構，即可見出模式中各協作者如何支持學生的學習，以及在課前、課中和課後，教學者與學習者需要進行的作為與可能面對的問題。由於課程統整模式與探究、自主或延伸學習相扣，整個統整課程得由眾師共作，以如常的社群運作相互支援、互補與延伸；此亦可成為組織對話有效術語，激發團隊重新反思課程理論、理念與課程實踐的關聯。

因此為選定課程設計類型以融合校訂課程與在地知識，需在部定既有領域課程設計與校訂課程引導下，發展校本需要的課程統整模式，方可引導教學者實踐課程創新。

六、規劃統整課程，擬定課程進度

一般學校概依課程總綱的規範進行課程的規劃與安排，即便實驗學校，雖可透過實驗規範獲得更大解構的可能，但進入細部規劃一樣會面臨與慣習對話與抗拒；師資結構與人員素質也往往掣肘理念的實踐。因此如何產出學年或學期課程表、發展統整性學習單元，以及如何豐富與補救學習，更是貼近課程實踐的前置作業。

一個複雜的網路，其中成員經常圍繞「結」（共同的問題和目標）進行連接，定義了一種強大的相互聯繫的文化。相比之下，較弱的文化只有一個領導者來指導，倚賴權威執行工作（Karen & Kyla, 2011）。因此合宜的課程規劃與進度，需要落實專業社群的共作。落實寒暑假備課是課程規劃基本功，可採產出型社群就課程安排與規劃進行共作；規劃過程需要慎思新課綱核心素養如何符應，校本願景和目標是否有相對應的課程加以實踐。更可將兒童圖像置入全校、年級、班級課程地圖中，看看是否呈現出樂於學習、素養展現、不斷探索精進、平等自由的學習身影。

　　因此為規劃統整課程，擬定課程進度，需規劃有效可行的課程安排，需要運作班級本位社群，讓整個學期的課程產生縱貫連橫，讓學習的支持和啓發眞正有效。

七、建構學習者中心的教學協作系統

　　基本學力被視爲繼續行使學習權的工具，因此課程與教學創新不可偏廢基本學力。課程發展的決策歷程，如何兼顧學生的學習興趣與基本學力是決策的核心。新課綱課程以成就每個孩子爲願景，強調核心素養、啓發多元智能，期待學生邁向共好。教學者長久以來一直存在學力提升的問題，投入關注「測驗量化結果」的心力，可能還強過啓發學生潛能的關懷。爲充分維護學習者的權益，應思考如何建構多元學習與探索的支持系統。

　　回歸學生主體，以同一班級學生作爲共備觀議課的關懷對象，導師應爲社群領導者，協同該班各領域和科任教師，共同教導該班學生；此教師社群教授對象相同，導師有如「班級本位教師社群」內閣的閣揆，有利於學生的統整學習、跨域探究、多元智能啓發、學習和生活認輔，亦讓班級課程與教學的縱貫連橫更加到位。班級社群合力共作若能到位，跨域統整探究、自主學習與多元智能啓發才有著力點，而教師合作文化，更是具體的身教。

　　因此為建構學習者中心的教學協作系統，需導入班級本位教師領導理念，透過同班教師社群的共作與共輔，可以符應新課綱精神，兼顧學力強化與多元智能啓發。

八、型塑友善校園文化，優化潛在課程

　　課程理論、意識與取向均影響學生權益的面貌。各校宣稱不離本於全人教育的精神。因此需要去除不必要的規訓、限制，協助學生天賦自由開展。在課程規劃除了正式與非正式課程，亦應思考潛在課程。「文化的變化與課堂教學的有效性，有著密切的關係」（Bryk & Schneider, 2002）；

但如何改變學校文化，應該「不只需要適當的課程內容與過程，它還需要真實情境、組織氛圍、文化浸潤與感通的師生關係來搭配」（詹志禹，2019）。

此階段需檢視各處室相關事項，舉凡課程教學、環境、設備與設施的空間使用權利等，一切組織的人工製品與典章制度宜重新審視修正隱藏於其中的過於傾向功利主義、競爭本質者，以回歸自我肯認、自我激勵。運作過程應逐步反思修正，回頭檢視與理念下的各種觀點相互對應，思考理念與實際是否相扣未分離。此外應讓學生學習自治與互助，成就校園民主生活的學習。

因此為型塑友善校園文化，優化潛在課程，需反思學校與班級既有形式、規約與框架與理念、願景和成效之間的邏輯性和必要性，重構一個友善平等民主的校園文化。

九、促進創新教學與適性學習

新課綱的課程教學強調核心素養，教學者面對的挑戰並非是教學設計內涵如何鋪陳，而是如何激勵學生跨域延伸學習、進行跨域課程探究與符應新課綱自動好的學習動力。不同學力、學習風格、探究興趣的學生，如何獲得啓發與支持是需有一套有效的教學模組來驅動。「教師可能大幅修改課程政策的內在邏輯，使政策意向與課堂實踐之間存在落差，並未徹底參用課程的理念」（Priestle & Drew, 2017），可見不只學習者需要鷹架，教學者亦需要教學鷹架。

進行有意義的學習需要師生共同合作，因此教學模組與學習模組應可以相互結合。從教育部教學卓越獎評選得獎方案（教育部，2022）不難發現，校本創新教學模組儼然成了必要的關鍵元件。學校或以現有教學策略或思考模式代之，如 DFC、ORID、ARCS、DRA 等已在教學現場運用的模組，或直接引用，或再加以創發，更有以學校的願景 slogan 標語字首形成模組名稱者。如此簡易可行、朗朗上口的步驟有助於策進教學與學習。在學理支持下，需發展出的一套輕巧可行的校本教學與學習模式，促使教

學符應新課綱與實驗教育之精神。

因此為促進創新教學與適性學習，需發展校本教學模組以支持不同學習風格與各學習歷程，符應注重學習歷程、方法與策略等核心素養教學原則。

十、檢視教學創新與學習任務成果

如何檢視教學實踐的學習成果，亦是重要的決策歷程。評量不只檢視學習，亦是教學的反思，以求達到成就每個孩子的願景。向來評量傾向於以量化測驗或教學夥伴的反思對話為之，然而當前評量觀，強調多元評量、重視素養導向評量，期待學生實踐力行、自主學習；評量觀點與作為，應與教育理念項下的各觀點在取向上相互符應，讓多重取向發揮促進而非相互牴觸的效應。

筆紙測驗或線上測驗是檢視學習成效的部分認知目標層次不可少的方式。而在生活情境、自主學習與核心素養導向教學的概念下，真實評量、實作評量、檔案評量、報告分享等，更能見出學生的核心素養，且能兼顧形成與總結評量，才足為精進教學與學習的參考。透過分享平臺讓教育合夥人得以反思在實驗教育中的改變與創新，並檢視孩子的學習動能與自主學習的樣態，讓內部學習擴展到外部，亦可奠定在地創生與永續發展的基底。

因此為檢視教學創新與學習任務成果，需符應素養導向評量原則，可進行全校參與的成果分享市集、成果展與博覽會分享教學者教學理念實踐與學生自主、延伸學習的成果，

十一、持續增能、促進協作與整體課程評鑑

課程發展即專業發展，如何讓專業文化在教學現場中發酵，使專業成長與社群協作成為新的教師文化，應是新課綱推動期待的理想境界。後現代期待教師為知識型轉化者，希望在行動中反思，使教育更符應應有的理想與規準。是以在正式會議與協作場合敢於真誠分享，全校性專業社群與

班級本位教師社群交相運作，讓校本課程發展歷程在在展現教育專業，使理想課程與經驗課程之間減少落差，實踐以學生為主體的經驗課程（如圖1）。

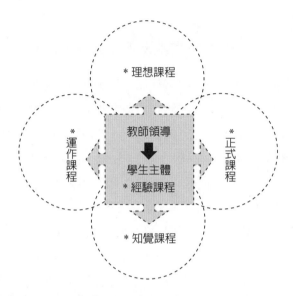

圖1 教師領導修補各課程決策層級落差關係圖

資料來源：參考 Goodlad（1979）課程決策層級概念融入本文觀點自行繪製。

在工作中的專業發展效果最好（Bredeson, 2003），在反思實踐者的分享與發展理念的氣氛中，才可帶來成功的變革（Priestle & Drew, 2017），如上圖所示才可堅持教育理想而利於學生全人發展。目前國教署公布有《國民中學及國民小學實施課程評鑑參考原則》，各縣市也盡依此參考原則訂定有各自的補充規定和注意事項。學校課程評鑑，以學校課程總體架構、領域學習課程及彈性學習課程為對象，對於潛在課程則較未關注。前述參考原則若能詳加閱讀，據以在課程教學研討時定期檢視，當可發揮持續增能、促進協作和檢核執行整個課程發展過程。而課發會及其相關研討論會議定得依學期、學年和課程發展時程予以落實。

因此為持續增能、促進協作與整體課程評鑑，應落實教學領導與教師領導，讓聚焦於學生學習的教育理念、研究與實踐成為對話日常。

綜合上論，課程發展歷程涉及理念、研究與實踐，確實是一件不易卻深具意義的挑戰。然而學校團隊若能抱持教育理想與熱誠，以積極保障學習權為共同的關懷，真誠對話攜手同心，審慎落實課程研究、課程規劃與設計、課程實施與經營、課程評鑑等階段之決策歷程與實踐策略，以反思再行動持續修正課程與教學，定可讓校本課程發展逐年精進。

 結論

時代社會思潮與教育理念的因緣衍化，學校本位課程發展承載著不同思想、意識與期待，已是近代課程發展的趨勢。雖然隱含著自主與課責的糾葛，但此課程發展模式蘊含諸多教育創新的可能性，亦可成就更積極的學習權保障。從 1980 年代起即有學者引入國內，後經教改總諮議報告書的倡議，再經九年一貫課程政策的倡導，十二年國民基本教育課程的大力推動，但理想課程到經驗課程之間存在不小落差。究此落差之主因在於校本課程發展幾乎涉及整個教育學的學門，含蓋課程相關概念、課程決策、課程領導、教學領導、學習型組織等等理念，在在說明課程發展不易。

徒法不足以自行，課程發展不是在真空中進行，結合理論、研究與實務，本文提出課程發展的 11 項決策歷程：(1) 對學校背景、效能、理想與理論的理解；(2) 教育理念、學校願景和學生圖像建構；(3) 釐清教育理念相關的教育觀點；(4) 確定在地知識融入課程與教育資源的整合；(5) 選定課程設計類型以含納校訂課程與在地知識；(6) 規劃統整課程、擬定課程進度；(7) 建構學習者中心的教學協作系統；(8) 型塑友善校園文化；(9) 促進創新教學與適性學習；(10) 檢視教學創新與學習任務成果；(11) 持續增能、促進協作與整體課程評鑑。其相對應的實踐策略為：(1) 建立強而有力的核心團隊協助推動；(2) 形成學習型課程發展委員會與教育諮詢委會協助；(3) 以專業社群探討教育觀點；(4) 任務型社群在地協作；(5) 發展校本需要的課程統整模式；(6) 運作班級本位社群編配統整課程；(7) 導入班級本位教師領導理念；(8) 反思學校與班級既有形式與規約；(9) 發展校本教學模組；(10) 建立參與的成果分享平臺、強化組織學習；(11) 落實

教學領導與教師領導。

　　總之，校本課程發展決策歷程，是專業發展的歷程，亦是學校專業文化型塑的歷程。層層教育理想經慎思決策，需有教師專業的體現與教師領導的運作，才可在專業自主與績效課責之間取得均衡，兼融各層級的理想與目標，真正實現　成就每個孩子，適性揚才、終身學習的課程願景。

參考文獻

方德隆（2001）。學校本位課程發展的理論基礎。**課程與教學季刊，4(2)，**
　　1-24。

王文科（2007）。**發展學校本位課程的理念及實務分析**。論文發表於國民中
　　學九年一貫課程學校總體計畫課程研討會論文集，彰化師範大學，彰
　　化。

王文科、王智弘（2010）。**課程發展與教學設計論**。臺北市：五南。

王嘉陵（2011）。臺灣高等教育課程地圖繪製之反思。**教育研究與發展，**
　　7(2)，57-80。

吳清山（2012）。回歸教育專業的課程決定。**師友月刊，545，**37-41。

吳清山、林天佑（2003）。**教育小辭典**。臺北：五南。

沈清松（2002）。歷史性、文化空間與文化產業。**哲學雜誌，38，**26-36。

周淑卿（2007）。教育的想像：學校課程計畫的設計與評鑑。輯於甄曉蘭（主
　　編），**課程經典導讀**（頁397-412）。臺北：學富。

張嘉育（1999）。**學校本位課程發展**。臺北：師大書苑。

張慶勳（2011）。校長領導促進學校組織的變革與發展：以校長領導的反思
　　與學習為切入點（學校教育改革系列叢書之56）。香港：香港中文大學。

教育部（2014）。十二年國民基本教育課程綱要總綱。臺北：教育部。

教育部（2017）。**學校如何設計素養導向的校本課程？**取自 https://www.edu.
　　tw/News_Content.aspx?n=BA5E856472F10901&sms=5588FE86FEB94225
　　&s=3AA5BCDF7CC7652B

教育部（2022）。**教育部國民中小學課程與教學資源整合平臺**。取自 https://
　　cirn.moe.edu.tw/Benchmark/Results/index.aspx?sid=23&mid=1049

黃乃熒（2000）。**後現代教育行政哲學**。臺北：師大書苑。

黃光雄、蔡清田（2015）。**課程發展與設計新論**。臺北：五南。

黃政傑（1985）。**課程改革**。臺北：漢文。

黃政傑（1999）。黃序。載於張嘉育，**學校本位課程發展**（頁 i - ii）。臺北：師大書苑。

黃政傑（2005）。**課程理論**。載於黃政傑（主編）。課程思想（頁 1-24）。臺北縣：冠學。

黃嘉雄（2000）。**情境模式**。取自 https://terms.naer.edu.tw/detail/1309686/

黃嘉雄（2018）。國民中學及國民小學實施課程評鑑參考原則解析。**中等教育，69**(4)，頁 22-35。

黃繼仁（2005）。許瓦布的課程思想。輯於黃政傑（主編），**課程思想**（頁 59-102）。臺北縣：冠學。

葉知魁（2002）。發展的迷失與危機—文化產業與契機。**哲學雜誌，38**，4-25。

詹志禹（2019）。轉型實驗教育前準備。論文發表於空手入白刃—2020 公立學校如何轉型做實驗教育工作坊，政治大學。

臺灣實驗教育推動中心（2013）。**什麼是學校實驗教育條例中之「特定理念」**？取自 http://teec.nccu.edu.tw/faq/9/1.htm

潘文忠（主編）（2014）。**十二年國民基本教育課程發展建議書**。新北：國教院。

簡良平（2005）。淺談教師教室層級課程決定的架構。**國教新知，52**(2)，37-53。

Apple, M. W. (2004). *Ideology and curriculum* (3rd ed.). New York, NY: Routledge Falmer.

Bailey, G. D., & Littrell, J. H. (1983). The leadership hierarchy in school-based curriculum development. *Educational Considerations, 10*(1) , 188-22.

Bredeson, P. V. (2003). *Designs for learning: A new architecture for professional development in schools*. Thousand Oaks, CA: Corwin Press.

Brownlee, G. D. (1979). Characteristics of teacher leaders. *Educational Horizons, 57*(3), 119-122.

Bryk, A. S., & Schneider, B. (2002). *Trust in schools: A core resource for improvement*. New York, NY: Russell Sage.

Eisner, E. W. (1994). *The educational imagination: On the design and evaluation of school programs*. New York, NY: Macmillan.

Elliot, E. W. (1969). *Persistent Dilemmas in Curriculum Decision-Making*. Retrieved from https://files.eric.ed.gov/fulltext/ED032618.pdf

Glatthorn, A. A., Boschee, F., Whitehead, B. M., & Boschee, B. F. (2019). Current Developments in the Subject Fields. In, *Curriculum Leadership, Strategies for Development and Implementation* (5th ed.). Los Angeles, CA: Sage.

Goodlad, J. I. (1979). The scope of curriculum field. In J. I. Goodlad (Ed.), *Curriculum inquiry* (pp. 58-64). New York, NY: McGraw-Hill.

Jacobs, H. H. (2013). *Mapping the big picture: integrating curriculum and assessment K-12*. Retrieved from http://www.educationworld.com/a_curr/virtualwkshp/curriculum_mapping.shtml

Jal, M. (2015). Escaping the Shadow: "A Nation at Risk" and Its Far-Reaching Influence. *American Educator, 39*(2), 20-26.

Karen, S. L., & Kyla, W. (2011). Principals as cultural leaders. *Phi Delta Kappan, 92*(5), 52-56.

Keiny, S. (1993). School-based curriculum development as a process of teachers' professional developmen. *Educational Action Research, 1*(1), 65-93. DOI: 10.1080/0965079930010105

Kentucky Department of Education. (2022). *Model curriculum framework*. Retrieved from https://education.ky.gov/curriculum/standards/kyacadstand/Documents/M-odel_Curriculum_Framework.pdf

King, R. A., Swanson, A. D., & Sweetland, S. R. (2003). *School finance: Achieving high standards with equity and efficiency* (3rd ed.) Boston, MA: Allyn and Bacon.

Miller, J. P. (2008)。如何成為全人教師（李昱平、張淑美，譯）。心理。（原著出版於 1997）

Mulford, B. (2003). *School leaders: changing roles and Impact on Teacher and school effectiveness*. A paper commissioned by the Education and Training

Policy Division, OECD, for the Activity Attracting, Developing and Retaining Effective Teachers.

Murphy, J. (2005). *Connecting teacher leadership and school improvement.* Thousand Oaks, CA: Sage.

North Carolina Professional Teaching Standards Commission (2006). *North carolina professional teaching standards.* Retrieved from http://soe.unc.edu/academics/requirements/standards2010/NCDPI_2007_Professional_Teaching_Standards.pdf

Orenstein, A. C., & Hunkins, F. P. (2018). *Curriculum: foundations, principles, and issues* (7th ed.). Boston, MA: Allyn & Bacon.

Parkay, F. W., Anctil, E. J., & Hass, G. (2014). *Curriculum leadership: readings for developing quality educational programs.* Upper Saddle River, NJ: Prentice Hall.

Priestley, M. & Drew, V. (2017). Teacher sense-making in school based curriculum development through critical collaborative professional enquiry. In: Peters, M., Cowie, B. & Menter, I. (Eds.) (2017). *A companion to research in teacher education.* Singapore: Springer.

School of education online programs. (2019). *Teacher leadership roles inside and outside of the classroom.* Retrieved from https://soeonline.american.edu/blog/teacher-leadership-roles

Smylie, M. A., Conley, S., & Marks, H. M. (2002). Exploring new approaches to teacher leadership for school improvement. In J. Murphy (Ed.), *The educational leadership challenge: Redefining leadership for the 21st century.* One-hundred-and-first yearbook of the National Society for the Study of Education, Part I (pp. 162-188). Chicago, IL: National Society for the Study of Education.

Stenhouse, L. (1975). An introduction to curriculum research and development. London: Heinemann.

第十二章

學校整建的教育
決策新思維

何希慧

臺北市立大學教育行政與評鑑研究所教授兼所長

黃國忠

臺北市立大學教育行政與評鑑研究所博士候選人
臺北市政府教育局學務校安室主任

摘要

　　我國自 1968 年開始實施九年國民義務教育迄今已逾 50 餘年，當時所興建的校舍至今均已老舊面臨改建。以臺北市為例，在未來十五年內就有上百所老舊校舍必須大規模更新。準此，臺北市期待藉由都會區有限的教育用地資源更新校舍時，能納入市府各局處所新增的公共服務機能，以點連線方式全面帶動都市更新發展，因此推動「以整合運用教育資源為導向的都市計畫」（Education Oriented Development，簡稱 EOD）。EOD 計畫不僅涉及整體都市的點線面發展、跨局處的需求整合，也包含地方教育治理未來 50 年教育環境架構的擘劃、跨校及社區間互動關係人的意見整合。因此，如何宏觀的布局，透過縝密的規劃及細緻的溝通與整合，以千億臺幣經費，加上 15 年的時光和百所教育基地的更新，以奠定未來都市更新發展的重要基礎甚為關鍵。

　　研究者藉由觀察首善之都臺北市成功地進行第一所跨校 EOD 計畫的國小整建案的推動歷程，並參考系統領導及運用「目標和關鍵結果」（Objectives & Key Results）管理策略，藉由文件分析將理論與個案經驗進行統整歸納，據以提出學校整建的教育決策新思維與新策略，以提供未來地方政府進行教育決策、學校治理和校舍整建時之運用參考。

關鍵詞：目標和關鍵結果、系統領導、教育決策、都市發展、學校整建

壹　緒 論

　　我國九年國民義務教育自 1968 年開始實施迄今已逾 50 餘年，當時興建的校舍迄今均已老舊面臨改建；以臺北市為例，在未來十五年內就有上百所老舊校舍必須大規模的更新。張鈿富（2000）針對 921 重建區的學校改造問題指出，以全面品質教育的理念來進行學校軟體方面的重建，以協助重建區找到自己學校的定位，尋得適合自己學校發展的特色；亦即透過學校的重建，同步改造校園的組織文化，與建構學校全面品質教育的理想。這樣的思維雖於學校有益，但只限於校本的重建思維，尚無法適應當前都市更新發展，及地方政府對學校整建的期待。

　　柯文哲（2022）表示，將來學校的改建應以全市的需求為邏輯進行通盤考量。學校改建的同時應進行整個社區的重整，以整個當地的需要一併思考，如何讓社區更好，包括社區托嬰、托老以及從 0-12 歲教育照顧一條龍思維。此外，亦應把少子化、極端氣候、綠建築需求等問題統合起來，在一所學校整建時把這些問題同時思考和解決。因此，臺北市政府教育局（2022）即表示，未來逾 50 年以上的學校建物將持續增加，面對有限的資源，改建順序及改建規劃就顯得重要；即老舊校舍改建策略應符合實際校需改建者，並落實「以整合運用教育資源為導向的都市計畫」（Education Oriented Development，以下簡稱 EOD）政策。換言之，校舍整建過程中評估導入托嬰、托幼、托老、日間照顧及區民活動中心等社區所需的公共服務，使學校與社區共融共榮發展。由此可知，未來學校的整建不再只是公營造物的整建，也不只是涉於學校互動關係人的事，而是將涉及整體都市的點線面發展、跨局處的需求整合、地方教育治理未來 50 年教育環境架構的擘劃，經由跨校及社區間互動關係人的意見進行盤點與整合。

　　楊心慧（2022）指出，臺北市在規劃北區某國小設置首間校園老人日間照顧中心時，即屢遭受家長、議員的質疑未善盡溝通，家長、居民認為規劃不妥進而群體反對，日照中心啟動工程時，家長即前往校門口抗議。此事件的發生在在顯示，都市地區要整合公共服務於學校校園，確實會衍

生一些潛在爭議的可能性。潘才鉉、林麗玉（2021）亦證實，臺北市南區某學園 EOD 計畫是最早規劃的，但因里長有意見，範圍加入國小及幼兒園，而四校一園學程不同，認知落差也大，致今遲遲無進度。由此可知，學校整建的 EOD 計畫固有地方政府期待之效益，但在推動過程中相關互動關係人的利益競合與衝突亦隨之而來。而這些困境與衝突應如何避免與化解，不斷考驗著教育決策者的智慧與能耐。

目前，臺北市中區配合 EOD 計畫整併後第一所新成立的國小已在 2022 年 8 月誕生。楊政修（2022）提到，該整併新成立的學校配合附近社區都更需求，將社會局公共托育家園、樂齡學堂、社區藝文展演空間、生態池休憩空間、地下停車場及場地開放的活動中心、運動場等需求皆納入學校整建的規劃中。研究者認為，整併學校自 2015 年起倡議迄今已有數年，期間為整併所經歷的困境、問題與解決策略，實在值得了解並作為借鏡，以俾利未來學校領導者在面對學校整建的教育決策時之參考運用。

研究者在教育現場觀察首都臺北市成功地進行第一所跨校 EOD 計畫的國小整併整建案的推動歷程，並參據系統領導及運用「目標和關鍵結果」（Objectives & Key Results，簡稱 OKR）管理策略，透過文件分析將理論與個案經驗進行統整歸納，據以提出學校整建的教育決策新思維與新策略，以提供未來地方政府進行教育決策及學校治理、校舍整建時之運用參考。

 ## 貳　立論基礎與相關研究

所有的公共設施皆有其需求與生命週期，不僅學校有整建的需求，都市地區寸土寸金，老人化高齡長者的需要、都市建築需要更新等，都是地方政府所要關照的面向。因此，學校整建如何體認政策的需要，並兼顧教育的創新與需求，是值得所有教育工作者重視及為學生家長所應關注的焦點。研究者試圖從系統領導觀點，運用目標和關鍵結果管理法探討學校整建，如何結合政策、教育、社區及都市之需求，進行學校整建的教育決策與開展推動策略。

一、學校整建的教育決策新思維內涵

臺北市政府都市發展局（2021）表示，學校在都市的空間中，往往被規劃成社區活動、學習及防災避難的核心據點。學校除了提供孩童學習外，由於學校就在社區旁，可作為居民運動的空間及聯繫社區居民情感的場所，亦為社區居民終身學習的場域，因此學校已然成為社區居民生活的一環。而社區對於學校，除是學校學生的來源外，更是學校教育過程的夥伴，提供學校進行社區服務與在地文化學習之途徑。

所謂 EOD 係以兼顧教育（Education）、經濟（Economy）、生態（Ecology）、公平（Equity）及都市進化（Evolution）的 5E 原則，考量地區發展及社區需求，以整合運用教育資源為導向之都市發展模式。教育融入各年齡層可參與學習之設施或素材（如開心農場、育兒友善園、閱覽室、社區教室等），發揮全齡教育，提出地區共學策略，以成為社區公共服務與學習核心的場所。基於前述 EOD 計畫政策發展方向，根據研究者的觀察，未來學校的整建不再只是公營造物的重建，而是將涉及整體都市的點線面發展、跨局處的需求進行整合；亦即包含地方教育治理未來 50 年教育環境架構的擘劃、跨校及社區間互動關係人的意見整合。故如何宏觀的布局、縝密的規劃、細緻的溝通與整合，並投入千億臺幣的經費來進行百所教育基地的更新，是為奠定未來都市更新發展的重要基礎。

所謂整建學校係指提供現址作為師生未來教育的使用，學校自然要肩負起整建的需求整合、整體規劃、細部設計、發包施工及現員的安置等任務。但跨局處需求的整合因牽涉到現有使用需求與未來需要的競合，如何滿足各方需求者的需要，化解歧異與衝突、求同存異、活用有限的整建資源、展現學校整建綜效，整合者需具備系統整合的能力與高度，體認到學校是社區、都市的一個部分，掌握學校在社區、都市發展的脈絡定位，始能創造師生及社區居民共榮共享的學校整建效益而努力。

二、學校整建運用系統領導的新取向

Pont, Nusche 與 Hopkins（2008）強調學校領導力超越學校邊界的好

處。在學校之外，與其他學校、社區、社會機構、大學和政策制定者的合作中，各種領導力的參與可以增加專業學習，並通過互助加強改進，在所有關心孩子的成就與福祉的人中創造更大的凝聚力（Pont, Nusche, & Moorman, 2008）。系統領導即可用以發展領導能量，合理運用教育資源，增加跨校合作，並促進領導分布於學校間與跨系統中，進而改善學校表現（陳宏彰，2020）。

美國教育行政政策委員會（簡稱美國教政委員會）（National Policy Board for Educational Administration, 2015）因應社會對校長角色期望與責任有所提高，即修訂《教育領導者專業標準》（the Professional Standards for Educational Leaders）的 10 個「教育領導者專業標準」中，標準 8 提到有效能的教育領導者要能以有意義的、互惠互利的方式讓家庭和社區參與進來，以促進每個學生的學業成功和福祉。該標準揭櫫 10 項領導要素包括與家庭和社區建立並保持積極合作態度，體認學校是社區的一環，了解社區的優勢和需求，為學校爭取資源、為社區創造與家庭合作的途徑，以支持學生在校內外的學習、理解與重視，並利用社區的文化、社會、知識和政治資源來促進學生學習和學校發展，且提供學校成為家庭和社區的資源、公開倡導學生、家庭和社區的需求和優先事項，以促進學校的改善和學生的學習。

前面已經提到，學校整建的整合者需要具備系統整合的能力與高度，能體認學校是社區都市的一個部分。美國教政委員會亦認為，校長要能了解社區的需求，發展並提供學校作為社區的資源。因此，研究者認為，教育決策者在學校推動 EOD 整建方案時，應採行系統領導，除可發展教育決策者的領導能量外，亦藉由跨校、跨教育系統的協作，爭取資源擴增教育環境場域，強化師生教與學及社區在地鏈結，以利精進學校效能的展現，成就每一個孩子，達到永續發展的目標。

吳清山（2017）指出，系統領導的實踐是藉由領導分享、跨校合作以成功轉化精進學校經營效能。Boylan（2016）亦提到系統領導在微觀層級主要在形塑系統導向的領導風格及認同，中觀層級則在跨校協作，而巨觀層級則是擴大校與校的協作於區域性或全國性的系統中，以改善教育效

果。Hopkins 與 Higham（2007）則認為，系統領導人可扮演「社區領導者」（community leader）的角色，可以安排形塑跨地方社群的夥伴關係或網絡，藉此整合社區資源並擴大跨校學習經驗，將資源引入校園或網絡中，以確保孩童的福祉與潛能發展。

系統領導者整合社區資源、運用系統領導的分享與跨校協作機制於學校整建的教育決策時，除要能掌握政策目標，將有限的整建資源效益最大化外，最重要的是能藉由共同願景的引導，建構校內外及社區的跨域領導夥伴關係及網絡，以齊一努力方向，共同致力於實踐學校整建工作，達成親師生、學校、社區發展及政府都市更新四贏的結果。此外，教育決策者在進行四贏的學校整建 EOD 計畫時，除應有系統領導觀念外，亦需要有具體的專案管理工具，以協助四贏目標的實現。

三、目標和關鍵結果管理法

連拉里（2022）提到「目標和關鍵結果」（Objectives & Key Results，簡稱 OKR）為一個目標管理工具，能簡單地凝聚組織方向並提供衡量基準。它是由兩個字詞組合而成，「O」代表 Objective（目標），即為我們想要達成的某件事情，「KR」代表 Key Result（關鍵結果），就是通往目標的途徑，是衡量進展方法，亦可同時設定多個關鍵結果讓整個組織一起往目標前進。

龐寶璽（2020）指出，OKR 強調的是上下溝通，即目標從上至下分解，而關鍵結果可以從下至上提出，然後團隊或上下級之間再充分討論決定，以確保員工對每個關鍵結果都是了解有共識，這對目標的實現有影響力。採用 OKR 的好處，包括可以提升應用程度、靈活度及表現，且能協助執行者著眼於最重要的事項，促進跨部門的整合，以提升投入程度並增進前瞻思維。實施的步驟包括：組建小團隊、整理可行的 OKR、建構合作互補的共同關鍵結果、確立 OKR 及進行追蹤紀錄與溝通（Niven & Lamorte, 2016）。

OKR 除能增進前瞻思維，簡單地凝聚學校的共同方向並提供衡量基

準外，更能促進跨部門的整合，且具有靈活與簡易的應用性，適合用於需要上下溝通，這對於需充分討論後始能決定的學校整建 EOD 計畫，確實提供教育決策者參考使用。

 學校整建教育決策者可能遭遇困境

教育決策者在推動學校整建的 EOD 計畫時，可能遭遇的問題與挑戰包括：跨局處意見或需求的競合、跨校意見的整合，及學校與社區互動關係人意見的相左等困境。

一、跨局處意見或需求的競合

一般而言，最常見的跨局處意見競合就是學校提出的整建預算需求被刪減。若無法獲得全數支持，會直接導致建物量體規模縮減、功能縮減或減項設計，從而降低預期效益的實現。此外，若有相關局處在學校整建用途需求上有所競合，這也會造成學校整建可行性評估的困難。例如：楊心慧（2022）就曾指出，臺北市在規劃北區某國小設置首間校園老人日間照顧中心，即屢遭家長、議員質疑未善盡溝通，該案卡關一年多，相關局處雖舉辦過說明會，但仍有家長、居民認為規劃不妥而大力反對。

二、跨校意見的整合

潘才鉉、林麗玉（2021）指出，臺北市南區某學園 EOD 計畫是最早規劃的，但因多方意見未整合，致使進度嚴重落後。由此可知學校整建的 EOD 計畫固有地方政府的效益期待，但在推動過程中互動關係人的利益競合與衝突亦隨之而來。張慶勳（2017）發現，大學合併過程與合併後可能產生的問題情形亦很雷同，包括原來學校組織文化樣貌的文化性問題，兩校既有的法規制度如何協調／磨合過程的社會性問題，及將原來學校既有的行政與教學兩大系統整合的結構性問題等。故學校整建的 EOD 計畫若涉及學校整併，亦會有類似的問題需要面對處置。楊政修（2022）即提到，第一所跨校 EOD 計畫的臺北市中區某國小在整併前也是面臨以下三

方面問題；包含：(一) 在教師與行政方面：兩校學生上課空間的安排，資源的重新整合非常耗時，凝聚兩校教師及家長共識不易，合併後人事整合的問題；(二) 在家長會與校友會方面：兩校合併後的校名問題，市府成立專責單位督導，以教育爲優先考量，並有條件地提供社福使用；和 (三) 在土地取得與使用方面：包括公有私有地產權移轉與處理等。

　　承上所述，歸納學校整建 EOD 計畫若涉有學校存滅、校友歸屬感問題時，其需要溝通的程度要更廣泛及其時間要更長。而整併過程與合併後可能產生的問題，含學校組織文化、法規制度及行政與教學系統的整合等跨校意見整合，特別是橫跨多個學層學校的意見整合將更爲不易，需要特別留意，多給予溝通時間及空間。

三、學校與社區互動關係人意見的整合與競合

　　學校因應少子化而整併涉及學校未來經營規模的預測及規劃，若較原來總班級規模爲少時，除行政配置人數可能須調整外，教師的員額人數減少的人數管控、減班調校及搭配學校整併的課程整合與創新等，均是教育決策者須面對處置及因應溝通的議題。

　　此外，社區互動關係人的意見與需求及學校本身的需求競合也可能形成待處理的議題。趙宥寧（2020）提到，臺北市中區某國中配合學校大樓整建，原規劃興建地下二層停車場，即因社區互動關係人的意見與需求，導致學校工程需配合評估擴大停車場的興建規模，亦造成後續衍生工期、經費等爭議。

　　教育決策者推動每個學校整建的 EOD 計畫可能遭遇的困境與艱困程度，會因其區位、需求、面積規模、涉及學層和校數、各互動關係人或團體面對需求整合與競合態度的不同而有所差異。但如何掌握學校整建的新思維，以化解可能的歧異、整合政府及社區資源並擴大跨學校學習經驗，將資源引入校園社區網絡中，以確保學生學習的福祉與潛能發展，達成親師生、學校、社區發展及政府都市更新四贏的結果，是所有面臨學校整建的教育決策者所應關注的焦點。

學校整建教育決策新思維的實踐策略

教育機構領導人引領教育發展的取向，除必須掌握機構內的微觀變動趨勢外，尚需掌握社會及國際大趨勢的機會點，並將這些趨勢，如社區學校，融入策略性發展計畫當中（吳清山、林天祐，2010；湯志民，2022）。教育決策者面對學校老舊的校舍，為爭取資源以儘早推動學校整建，同樣要掌握政策趨勢、掌握學校整建的新思維，藉由運用學校整建EOD計畫可能需要的實踐策略，因應可能遭遇的困境與挑戰，透過文獻探討歸納提出學校整建教育決策新思維的實踐策略如下：

一、教育決策者強化系統領導能力以提出學校整建共享願景

教育決策者要能體認學校是社區的一分子，了解社區的需求，發展並提供學校成為社區的資源，藉由系統領導能力的強化肩負起「社區領導者」的角色，以安排、形塑跨地方社群的夥伴關係或網絡，藉此整合社區資源並擴大跨學校學習經驗。並將社區資源引入校園或網絡中，將教育盡可能融入各年齡層可參與學習之設施或素材，以發揮全齡教育的功能，並提出地區共學策略，以作為社區公共服務與學習的核心場域。

教育決策者在學校整建EOD計畫推動過程中，如何克服互動關係人的利益競合與衝突，這有賴於決策者的智慧。Kotter（1996）所提出「科特的8步驟變革模型」中即表示，領導者要能制定願景及提出戰略性計畫，並進行變革願景的溝通與實踐策略。因此，教育決策者可透過學校整建共享願景的提出，以共同的願景目標來凝聚眾人的共識、齊一努力的方向，俾利求同存異、實現計畫。

二、運用OKR管理法上下溝通以凝聚共識往目標前進

鍾德馨（2022）表示，臺北市第一所跨校EOD計畫的國小整併整建過程，自2017年起共召開90餘次相關會議，區分八項度、23要項、48細項，逐項列管每月追蹤進度。楊政修（2022）也提到，除了每個月召開工作會議追蹤管制進度，並逐月提列議題，逐項與兩校教師會、家長會、

校友會、行政代表及里長、社區居民代表共同開會討論議決，也辦理合併後發展說明會、公民參與工作坊、兩校教職員共識營、合併公聽會及綜合規劃說明會。

依上述個案的成功歷程與 OKR 管理法實施的組建小團隊，整理可行的 OKR，建構合作互補的共同關鍵結果，確立 OKR 及進行追蹤紀錄與溝通等步驟相印證，確實發現 OKR 管理工具對於教育決策者進行學校整建的上下溝通、凝聚共識往目標前進，的確有其成效。

三、善用跨校系統領導協作以公平整合促進實踐

陳宏彰（2021）發現，我國地方政府需要動員聘任督學進行跨校性協助與領導，以形成地方教育治理網絡。臺灣的聘任督學政策具有跨組織之領導與協作的系統領導特性，且對於教育領導人的運用愈益強調跨校協作的性質。地方教育首長指派聘任督學到校主持跨校 EOD 工作會議，其確能發揮資深校長的協調能力與經驗，充分化解學校親師及跨校間對學校整併與整建的歧見，並取得各方共識的最大公約數。

此外，聘任督學在工作會議中面對各項事務處理的公平性質疑時，透過其過往校務經營的聲望與資歷及其中立第三者的立場，皆有助於化解疑問並提供兩校互動關係人較可接受的處理建議。駐區督學具有法職權及熟悉區域現場的特點，可充分發揮協助整建學校的教育決策者跨校系統領導協作的功能，值得教育決策者借重。

四、爭取上級支持與資源挹注以化解爭點排除困難

楊政修（2022）提到，兩校合併後發展說明會係由副市長親率教育局及都市發展局共同辦理，會中邀請當地議員、學區里長、兩校校長、行政、教師、家長、校友、社區居民等互動關係人參加。在工程期間學生的戶外活動空間、運動場地的商借、通學巷禁止車輛通行調等配套措施的協調，均由上級機關長官的支持協助方能達成。鍾德馨（2022）亦證明，配套減班超額教師的介聘、工程經費的挹注以及承先啟後相關活動（包括兩

校校史回顧系列活動補助、校史紀錄影片、兩校紀念專刊、新學校視覺識別系統規劃與設計、首屆校服製作補助等）等經費支持，均是促成臺北市第一所跨校 EOD 計畫成功推動、共寫歷史新頁的重要關鍵。

 ## 伍 結論與建議

一、結論

㈠學校整建新思維

學校整建若僅以學校本位需求進行校舍重建規劃，將只有學校的親師生享有重建的效益。而學校土地及建物資源均屬市有財產的一部分，土地及建物所有權人均登記為市政府，學校僅為管理使用單位。當都市發展出現新需求時，地方政府治理者在都市土地資源、財政資源有限情形下，必然在資源統整運用考量上，希冀在滿足學校重建需求的前提下，亦能兼顧市民其他公共設施服務需求、社區居民與社區發展需求及都市更新等多贏的結果的個案場域，進行資源的優先配置。

因此，教育決策者實應擴大領導格局，培養恢宏領導能量進行跨校協作、扮演社區領導者的角色，提出共榮共享的願景，以整合建構達成各方需求的學校整建方案，俾利爭取財政資源的優先配置，及早實踐整建提供親師生及社區居民安全優質友善幸福的快樂學習新校園。

㈡系統領導學校整建與組織再造

教育決策者要扮演好社區領導者的角色，要能整合社區資源，將資源引入校園或網絡中；藉由系統領導進行跨校協作與需求、資源統整，以助於學校整建的實踐。依學校個案實際情形，必要時可進行學校整併、組織再造與規劃整建後學校未來新課程與運作機制，讓校園的課程師資、軟硬體設施，都能配合學校整建而更新，以提供更有效能的教學服務。

㈢學校整建新實踐策略

教育決策者在決定推動學校整建的 EOD 計畫時可能遭遇的跨局處意

見、跨校意見的競合與整合，以及學校與社區互動關係人意見多元等困境，研究者依教育現場的觀察和文獻探討後提出四點具體因應的實踐策略，包括：1. 教育決策者應強化個人系統領導能力，提出學校整建共享願景；2. 運用 OKR 管理法上下溝通、凝聚共識往目標前進；3. 善用跨校系統領導協作、公平整合促進實踐；和 4. 化解爭點排除困難，積極爭取上級支持與資源挹注，以作爲未來學校整建時，可以運用實踐的參考策略。

二、建議

㈠學校整建量體決策的新思維

學校整建教育決策者除應有上述的新思維、新實踐策略外，伴隨學校整建可以一併思考的議題還包含近年來學校進行單純的校舍整建後，都能吸引到學區內家長的重新選擇和學區外家長學生遷移戶口就讀新學校，導致額滿改分發的實際情形。因此，如何在學校整建量體的規劃評估上，不僅需就學區學齡人口進行推計，更應參考古典經濟學家曾提出「供給創造自己的需求」經濟思想與近年學校整建都會發生的額滿改分發的情形。換言之，教育決策者要有更前瞻、更符合實際需求的量體配置思維，以及區域改建順序與整體量體供需調控步驟。

㈡學校整建政策需求決策的新思維

目前城市校舍整建均已評估導入托嬰、托幼、托老、日間照顧及區民活動中心、停車場等社區所需的公共服務，期以有限公有土地資源的多功能規劃與複合利用，爲都市、社區、少子化、老人化、極端氣候、綠建築等新興需求進行通盤考量。學校改建的同時一併思考如何讓社區更好，在一所學校整建的同時把這些問題一併思考和解決。但這些嘗試目前僅在首都有系統性的導入，建議其他縣市與中央補助的學校重建個案，爲期發揮整建經費的最大綜效，亦可評估導入以整合運用教育資源導向的都市計畫。

利用學校整建的契機雖可滿足都市、社區新興公共服務需求，但評估規劃與施工過程及未來營運的溝通與管理介面及機制、相關衍生的權責

與權益，所需管理人力經費的評估增設及環境影響與交通衝擊、及細部的動線配置與可能的衝突等，均有賴於教育決策者的配套協助，並提供學校校長及教職人員增能培訓，及透過相關局處的協作，方能順利實現綜效。以防空疏散避難為例，過往學校興建的停車場皆由學校管理，要進入避難時，校長依教育主管機關的演習計畫即可決定，有利師生疏散避難；但在停車場興建要兼顧社區停車需求時，則多由都市停車場管理部門共同參建，進行演習避難的許可及管制等即需事前與相關局處進行協調，才能有效實施。

(三)學校整建教育需求決策的新思維

都市學校校舍整建過程中除需評估導入的托嬰、托幼、托老、日間照顧及區民活動中心、停車場等社區所需的公共服務，以配合實現政策的公益性與必要性之外，是否還有其他教育本身的需求需要納入，亦值得我們進一步思考。例如：德智體群美五育教育中體育的發展即是值得關注、納入需求設施中規劃的一環。體力即是國力，競技體育的發展離不開良好練習及比賽場地的提供，國際綜合體育競賽主辦權的爭取也離不開符合國際比賽場地的需求。因此，如何將都市整體規劃發展之優勢體育種類項目所需場地空間、交通衝擊等一併納入規劃評估，搭配重點運動項目升學進路分區、分學層配置練習，及比賽運動場地需求等，皆可為未來學校整建時納入參考的項目。

(四)需求整建的教育決策新思維

學校需要整建，需求也需要定期重新評估建構。以臺北市於 2003 年 3 月第一座啟用的運動中心為例，若以每個行政區平均 20 萬人計，一座運動中心是否即能滿足區內各年齡層的運動需求？特別是老人化時代的來臨，能否滿足高齡者分眾需求的都市居民運動中心的評估設置等，皆有評估設置的必要性。一旦確定有其設立的必要性，如何在兼顧教育及其他需求的前提下，滿足分眾的都市居民運動中心需求，亦值得教育決策者及上位治理者，在學校整建的關鍵時間點上納入關注思考整合。

參考文獻

吳清山（2017）。教育名詞：系統領導。**教育脈動**，**10**，i1-1。取自 https://www.airitilibrary.com/Publication/alDetailedMesh?DocID=P20160218002-201706-201706060017-201706060017-i1-1

吳清山、林天祐（2010）。**教育 e 辭書（二版）**。高等教育出版社。

柯文哲（2022）。柯文哲出席雙永國小揭牌儀式暨市府 **EOD** 政策說明會慶賀第一所配合 **EOD** 計畫併校誕生並闡述重要都市計畫政策新聞稿。取自 https://sec.gov.taipei/News_Content.aspx?n=49B4C3242CB7658C&sms=72544237BBE4C5F6&s=EA66346B9102722F

張鈿富（2000）。思考九二一重建區學校改造的策略。**學校行政**，**8**，74-77。取自 https://doi.org/10.6423/HHHC.200007.0012

張慶勳（2017）。大學合併與治理：大學、政府、學校與市場的融合。**臺灣教育評論月刊**，**6(1)**，1-3。

連拉里（2022）。OKR vs. KPI 一次讀懂兩大觀念！Hububble。取自 https://www.hububble.co/blog/okr

陳宏彰（2020）。第 10 章　系統領導。在林新發、朱子君（主編），**教育領導的新議題**（頁 263-291）。元照。

陳宏彰（2021）。英國系統領導與臺灣聘任督學政策：當代教育治理傾向的異地發展。**教育研究月刊**，**327**，45-63。取自 https://doi.org/10.53106/168063602021070327004

湯志民（2022）。2030 年臺灣學校建築與校園規劃展望。教育研究月刊，**333**，073-089。

楊心慧（2022）。北市芝山國小日照中心將動工 家長校門口抗議。自由時報。取自 https://news.ltn.com.tw/news/life/breakingnews/4016582?utm_medium=R&utm_campaign=SHARE&utm_source=LINE

楊政修（2022）。永春／永吉併校歷程及未來展望簡報。未出版。

臺北市政府教育局（2022）。EOD 政策─學校校舍改建新思維新聞稿。取自 https://www.doe.gov.taipei/News_Content.aspx?n=0F560782595DACFC&sms=72544237BBE4C5F6&s=0819859EF4BEF1B5

臺北市政府都市發展局（2021）。EOD 使學校與社區共融共榮。**建築師雜誌，559**。取自 http://www.twarchitect.org.tw/special/eod%e4%bd%bf%e5%ad%b8%e6%a0%a1%e8%88%87%e7%a4%be%e5%8d%80%e5%85%b1%e8%9e%8d%e5%85%b1%e6%a6%ae/

趙宥寧（2020）。北市中山國中停車場追 3.4 億　挨批「很有問題」再延宕。**聯合新聞網**。取自 https://news.housefun.com.tw/news/article/907299262322.html

潘才鉉、林麗玉（2021）。北市 EOD 計畫　首處艋舺學園卡關？。**聯合新聞網**。取自 https://news.housefun.com.tw/news/article/814076293927.html

鍾德馨（2022）。信義區永春國小及永吉國小合併進度與配套措施簡報。未出版。

龐寶璽（2020）。解析目標與關鍵結果評量法（OKR）。**傑報人力資源服務集團**。取自 https://www.jbjob.com.tw/%E8%A7%A3%E6%9E%90%E7%9B%AE%E6%A8%99%E8%88%87%E9%97%9C%E9%8D%B5%E7%B5%90%E6%9E%9C%E8%A9%95%E9%87%8F%E6%B3%95okr/

Boylan, M. (2016). Deepening system leadership: Teachers leading from below. *Educational Management Administration & Leadership, 44*(1), 57-72.

Hopkins, D., & Higham, R. (2007). System leadership: Mapping the landscape. *School Leadership and Management, 27*(2), 147-166.

Kotter, J. P. (1996). *Leading change*. Harvard Business School Press.

National Policy Board for Educational Administration (2015). *Professional standards for educational leaders 2015*. Reston, VA: Author.

Niven, P. R., & Lamorte, B. (2016). *Objectives and key results: Driving focus, alignment, and engagement with OKRs*. John Wiley & Sons.

Pont, B., Nusche, D., & Hopkins, D. (2008). Improving school leadership (Vol. 2): *Case studies on system leadership*. Paris, France: OECD.

Pont, B., Nusche, D., & Moorman, H. (2008). Improving school leadership (Vol.1): *Policy and practice*. Paris, France: OECD.

國際篇

第十三章

高等教育治理模式與
決策機制之國際比較

王如哲

英國曼徹斯特大學哲學博士
國立臺中教育大學教育學系教授

摘要

世界各國高等教育現正面臨變革之壓力，並認識到在高等教育機構的治理和管理結構中需要尋求平衡。大學愈來愈需要在國際上競爭學生就讀、取得研究經費和吸引學術人員，此時政府之直接管理已不合時宜。傳統上有二類經典的治理模式：理性計劃和控制模式、自律模式。在高等教育治理上則有國家控制模式模式和國家監督模式及英美市場導向模式。在高等教育治理上，是關於大學擁有自主性大小之問題。這與影響高等教育運作的五項治理變數有關：機構擁有多少自主性來管理本身的事務、大學有多大程度依賴政府經費或可資運用分配的其他經費來源、高等教育體系本身受到品質保證和控制之變化方式、加強治理機構、領導者之新角色。運用大學自主性衡量工具及其資料可比較大學組織自主性、財務自主性、人員配置自主性及學術自主性。本文之結論為：(1) 各國高等教育治理模式之轉變趨勢是從控制模式轉向國家監督模式，在此同時市場力量產生對高等教育之影響日趨明顯；(2) 臺灣政府可以善用大學自主性衡量工具來了解臺灣及各國高等教育治理模式與決策機制現狀，以洞察未來之興革方向；(3) 在高等教育治理模式與決策機制現狀上，大學正面臨機構自主性弱化，因而造成對高等教育本質與人才培育方向之不利影響。

關鍵詞：治理、自主性、高等教育

前言

　　世界各國高等教育現正面臨變革之壓力。高等教育正在快速成長，對於經濟發展的貢獻至為關鍵。期待大學創造知識，提升公平性並回應學生的需求並且能夠更有效率。治理（governance）和管理的國家和大學機構特徵可能會影響品質政策和程序的實施，甚至影響品質改進。不同的大學機構參與者似乎意識到積極和消極影響之間平衡（equilibrium）的動態性質，並認識到在高等教育機構的治理和管理結構中需要尋求平衡，特別是在學院和管理層面（Nurutdinova, et. al., 2016）。大學愈來愈需要與私部門並在國際上競爭學生就讀、取得研究經費和吸引學術人員。在這個更複雜的高等教育環境中，政府之直接管理已不合時宜（OECD, 2003）。在過去的幾十年裡，幾個傳統上依賴國家主導協調（state-led coordination）高等教育的國家愈來愈多朝向發展督導機制（steering mechanisms），以更能適應不斷變化的高等教育目標。針對高等教育治理模式與決策機制已有一些相關研究（Bianchi & Sousa, 2016; Cheung, 2003; Ho, Dey, & Higson, 2006; Kallio, et. al., 2021; Kehm, 2010; Kitagawa, 2003; Maassen & Potman, 1990; Nurutdinova et al., 2016; Sarrico, Veiga, & Amaral, 2013; Saurbier, 2021）。以下將根據這些相關研究文獻，進行本研究主題之探討。有關國際比較部分本文將參考引用國際組織之文件報告進行分析說明。

貳　高等教育治理模式

　　以下先敘述政府的二類經典的治理模式，然後闡述高等教育治理模式。

一、經典治理模式

　　根據 Vught & de Boer（2015），有二類經典的治理模式（two classic governance models）：

㈠理性規劃與控制模式

理性計劃和控制模式（model of rational planning and control）係植基於理性主義決策觀點的基本規範。在理想上，此模式假設透過規則對被監管對象具有足夠知識來進行完全控制，以及被監管對象有遵循規範的整體自我形象。政府的主導能力是「無限的」（limitless）：它能夠獲得全面和「真實的」（true）知識，以根據本身的目標正確引導社會發展。

㈡自律模式

自律模式（model of self-regulation）與理性規劃和控制模式基本是相反的。基本假設是知識是高度不確定的，應該在很大程度上避免對被監管對象之控制，原子自我形象（atomistic）而不是整體自我形象（holistic self-image）較具有重要優勢。自主規範（self-regulation）的想法是植基於決策控制論觀點（cybernetic perspective），此觀點假設被監管決策單位能夠自我規範（regulate itself）。

二、高等教育治理模式

Clark 的三角模式（triangle）是經常用來解釋現代高等教育體系中的制度起源和權力平衡的一項觀點，它區分國家控制模式（state-control model）、洪堡德學術自治模式（Humboldtian model of academic self-rule）和英美市場導向模式（Anglo-American market-oriented model）（Dobbins, Knill, & Vögtle, 2011）。van Vught（1995）則指出二項高等教育治理模式：國家控制模式（state control model）和國家監督模式（state supervising model），因此綜整為三種模式說明如下：

㈠國家控制模式

國家控制模式（state control model）是傳統上應用於歐陸的高等教育體系。這些高等教育體系由國家創建的，幾乎完全由國家予以資助的。國家通常也是這些體系的首要和強大的規範者。國家經常運用高等教育體系來培養契合專業人力需求。政府部門本身的人力需求和國家勞力市場的人

力需求都有望由高等教育體系予以培養。國家因而取得詳細控制高等教育體系之合法性（legitimization），並宣稱（self-proclaimed）是引領國家經濟的任務。

㈡國家監督模式

國家監督模式（state supervising model）係源自於美國高等教育體系，也起自於傳統的英國高等教育體系。「美國和英國模式（American and British models）」使用克拉克的用語（Clark's labels）顯示出英美政府對高等教育的影響遠小於歐陸模式。在英美模式中，國家只扮演次要角色。傳統的英國和美國模式是提供所謂的國家監督模式例子。在這個治理模式中，國家施加的影響是微弱的。國家將監督高等教育體系的任務視為確保學術品質和維持一定程度的績效責任。政府不干預高等教育體系，不會予以細部和嚴格控制。相反地，它尊重高等教育機構的自主性，並激發這些機構的自我規範能力。國家將自己視為監管者（supervisor），以遠程指導（steering from a distance）並使用廣泛的監管。與國家控制模式相比，國家監督模式似乎提供更好的契合。這種模式似乎更適合用來作對高等教育體系創新的普遍激勵作用。它在認真對待高等教育機構的基本特徵之同時，也解決了這些體系問題。它為（準）自治的專業人員（semi-autonomous professionals）和基本單位留有足夠之自主空間，並且不會試圖在一套有限的規則中來統一規範各式各樣的高等教育體系（van Vught, 1995）。

㈢市場化模式

與洪堡德（Humboldt）無拘無束的學術探究理想不同，但學術自治模式經常成為教學品質下降之代名詞，以及造成國家、大學和社會之間相互的不信任。相形之下，以市場為導向的模式認為大學在以下情況更有效運作，亦即在區域或全球市場內作為經濟企業運營。市場導向模式（market oriented models）可為政府提供一系列加強競爭的政策工具，例如補助和影響收費標準結構和入學率的工具之規定。因此，政府參與需要對競爭和

品質進行監管和激勵，而不是直接指示、立法或人力規劃。高等教育市場已在世界範圍內佔有主導地位，國家和學術寡頭（academic oligarchies）不再是協調這些系統的主要力量。這種趨勢首先出現在 1980 年代，現在已成爲一種普遍模式：機構必須競爭；獲得預算之外的資源；參與商業型態（business-style）的學術活動；大學的管理必須透過更務實、更高效、更少學院派的管理方法來實現。政府最終必須透過外部評鑑和基於契約或指標的預算分配來引導機構——所有這些都被稱爲準市場工具（quasi-market instruments）。這種趨勢是市場化，基於有利於市場的用語規範，私立高等教育的擴張，全球教育市場的繁榮，以及更多利害關係人的出現（De Boer et al., 2002）。例如地方、區域和國家政府、資源提供者、認證機構、商業和公民部門的代表、社區、雇主和家長。國家積極參與此一變革，一方面，推動對決策背後的政府結構、制定公共政策的程序和高等教育系統的資助進行改革；另一方面，導致機構管理機制的改革，以及大學獲取和分配資源的方式，在某些情況下透過擴大大學自主權。這是一項漸進但深入的改革，影響到大多數公共管理系統及其機構（Kitagawa, 2003）。但這樣的市場至少需要以下要素（Kehm, 2010）：

　　1. 一個生產領域，構成市場的邊界（在地理上定義爲國家、區域、城市或全球；或根據機構、產品或客戶予以定義）；

　　2. 管理生產者進出市場的協議（protocols）；稀有和個人化商品的生產，即可以以輸出型態描述並在經濟意義上構成私人商品或利益；

　　3. 貨幣交易，以及基於價格的生產和分配協調；

　　4. 生產的單位收入對單位成本的盈餘，即利潤；

　　5. 自主生產者之間的收入和市場佔有率競爭；放鬆直接控制的政策，理想情況下是從公共機構轉向私營機構；

　　6. 適合經濟市場的人類行爲，例如企業家精神、擴大和擴展生產的動力、降低單位生產成本、消費者購物等。

　　此時，大學可能更容易受到特殊利益的影響，因爲大學發現自己處於對國家／公部門和市場需求雙重績效責任的微妙位置。換句話說，公共部間垂直滲入到高等教育體系中，以對學術市場結構施加影響，而市場力

量將消費者需求橫向「注入」到高等教育體系中，導致之間衝突可能性的增加。卓越標準的外部標準化在今天的高等教育機構中變得愈來愈重要。然而，這些新模式的制度建立在很多情況下並不完整，並出現不同類型的批評和抵制。有一些學者認為，這種量化的評估標準會導致數量超過品質的過度重視，或者評估受到基於排名和評等標準化分數的限制。這些發展也挑戰傳統的大學學院治理觀點。所謂的「持續評估狂熱（mania for constant assessment）」正在挑戰具有管理權力及其合法性的大學傳統和學院願景。在許多情況下，商業價值正在改變大學的治理、績效責任、決策和溝通。此外，排名、認證、品質保證和卓越的迅速擴大實施正在影響高等教育機構之運行（Kallio and Kallio, 2014）。

 ## 高等教育決策機制

　　政府決策需要在各種選擇方之間分配稀有資源。在政府中，特別是在中央正政府，必須訂定決策程序（Smithies, 1964）。這涉及建立一個決策領域，在該領域中，各種層級的行為者可以行使一定程度的自主權（Ribot, 2006），在高等教育決策主要涉及政府與高等教育機構之間權力分配關係，因此涉及到大學擁有自主性大小之問題。在高等教育上面臨特定的問題是基於下述二個相互關連的理由。根據高等教育文獻，Van Vught（1989）闡述高等教育機構以下基本特徵：

　　1. 知識領域是高等教育機構內部關注的基本焦點。

　　2. 高等教育機構的組織結構高度分化。

　　3. 高等教育機構的決策權極度分散。

　　4. 高等教育組織非常具有創新性和適應性，儘管大多數的創新都是漸進式的。

　　首先是首長（教育體系之部長或大學機構之領導者）無法詳細了解到什麼是好的「產品」，因為教育和研究是信譽產品（credence goods），即使事後也無法完全了解其切確的貢獻。其次，教育和研究的「生產功能」有賴於專業人員（教師和研究人員），因此其過程在很大程度上受

這些學術人員之專業控制，導致「底部重（bottom-heavy）」之分化組織（fragmented organizations）。對於首長而言，領導高等教育體系或大學是高度不確定的，涉及許多部分獨立、鬆散組成的單位（loosely-coupled agents）。從機構的角度來看，與同事的合作是必要的（教授不能單獨完成開授整個學位課程，而且經常無法獨自完成一項研究），爲了提供共同資源（經費）以及協調，需要一個機構。總之，機構、部門之間存在相互的、不對稱的依賴關係（asymmetrical dependence）。上述顯示高等教育中的一系列委託—代理關係：國家—大學（領導者—教師／研究人員）。

每進行一步，控制的不確定性就會倍數增加。在委託者控制下機構擁有的稱之爲自主性（autonomy）。在高等教育中，程序自主和實質自主（procedural and substantive autonomy）是有區別的（Berdahl, 1990）。前者涉及運作的程序和條件（組織、品質保證、經費等），以及如何運作。後者涉及「大學的權力……決定本身的目標和課程 - 學術事宜」。「影響實質目標的政府行動會影響學術的核心」。因此，實質治理直接影響教師和研究人員，而程序治理係透過其領導作用來影響大學（參見圖 1）。

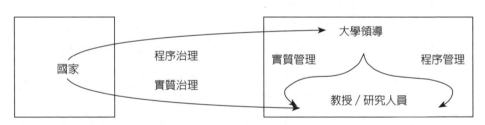

圖 1　高等教育治理與自主性

資料來源：Wsterheijden, 2018, p. 201.

具體而言，這與影響高等教育運作的五項治理變數有關（參見表 1）：

表 1　大學擁有的自主權利大小

編號	大學自主權利項目
1	機構擁有多少自主性來管理本身的事務
2	大學有多大程度依賴政府經費或可資運用分配的其他經費來源？
3	高等教育體系本身受到品質保證和控制之變化方式
4	加強治理機構
5	領導者之新角色

資料來源：OECD, 2003, p. 61.

根據 2003 年經濟開發與合作組織（OECD）高等教育機構管理（Institutional Management in Higher Education, IMHE）方案的調查結果顯示，大學治理八個領域的 14 個會員國家之自主程度（如表 2 所示）。在某些方面，大學擁有的自主性特別普遍，例如，在大多數國家，由機構負責設立學術結構和課程內容（第4欄），以及學術人員的聘用（第5欄）。另一方面，中央政府通常可以控制高等教育的財務層面，特別是貸款（第2 欄）或決定學費（第 8 欄），或者實際上核准收費標準。

表 2　大學自主性程度

	自主項目							
	1 擁有建築物與設備	2 貸款	3 支用預算來達成目標	4 設立學術結構／課程內容	5 晉用與解聘學術人員	6 決定薪資	7 決定招生人數	8 決定經費
墨西哥	●	▲	●	●	●	▲	●	●
荷蘭	●	●	●	▲	●	●	●	▲
波蘭	●	●	●	●	●	▲	●	▲
澳州	●	▲	●	●	●	●	▲	▲
愛爾蘭	●	▲	●	●	●	▲	●	▲
英國	●	▲	●	●	●	●	▲	▲
丹麥	▲	●	●	▲	●	▲	●	▲

瑞典	▲	▲	●	●	●	●	▲
挪威	▲		●	●	●	▲	●
芬蘭	▲		●	▲	●	●	▲
奧地利	▲		●	●	●	●	
韓國（國立／公立）			▲	▲		▲	●
土耳其				▲	▲		▲
日本（國立／公立）				▲	▲		
●擁有自主性 ▲擁有某些方面自主性							

資料來源：OECD, 2003, p. 63.

肆 高等教育治理模式與決策機制之跨國比較

爲了獲致成功，大學需要能夠做出本身的決策。大學自主性衡量工具
（University Autonomy Tool）可用來比較 29 個歐洲高等教育體系中的大學
自主性程度。它側重於四個自主性領域，包括組織自主性、財務自主性、
人員配置自主性、學術自主性並根據各國在每個領域的自主性程度予以比
較。此網站已更新並描述了 2016 年歐洲各國大學自主性的狀態。

表 3　大學自主之衡量指標

組織自主性	財務自主性	人員配置自主性	學術自主性
• 行政首長選聘程序 • 行政首長選聘標準 • 行政首長解僱 • 行政首長任期 • 在管理機構包含和 　選擇外部成員 • 學術結構決定 • 訂定法律	• 公共經費額度與類 　型 • 保持盈餘能力 • 借貸 • 擁有建築物 • 決定歐盟學生學費 • 決定非歐盟學生學 　費	• 決定招聘程序（高階 　學術／高階級行政管 　理人員） • 決定薪資（高階學術 　／高階行政管理人員） • 決定解僱（高階學術 　／高階行政管理人員） • 決定升等／升遷（高 　階學術／高階行政管 　理人員）	• 決定學生總數 • 能夠選擇學生 • 設立學位 • 終止學位 • 能夠選擇教學語言 • 選擇品質保證機制 　和提供者 • 規劃學位課程內容

資料來源：Pruvot & Estermann, 2017, p. 14.

　　Kallio 等人（2021）強調大學自主性和高等教育機構的監督機制（steering mechanisms）對責任績效要求之間的矛盾壓力。表 4 顯示在大學之組織自主排名上，英國擁有最高之大學組織自主性；相對地，盧森堡高等教育之組織自主性最低。

表 4　組織自主排名

排名	高等教育體系	分數 組織自主性	排名	高等教育體系	分數 組織自主性
1	英國	100%	15	愛爾蘭	67%
2	丹麥	94%	16	波蘭	65%
3	芬蘭	93%		斯洛凡尼亞	65%
4	比利時 - 法語區	90%	18	克羅埃西亞	62%
5	愛沙尼亞	88%	19	瑞典	61%
	立陶宛	88%	20	法國	59%
7	葡萄牙	80%	21	布蘭登堡（德國）	58%
8	奧地利	78%	22	拉脫維亞	57%
	挪威	78%	23	匈牙利	56%
10	黑森（德國）	77%	24	西班牙	55%
11	愛爾蘭	73%		瑞士	55%
12	佛萊明（比利時）	70%	26	塞爾維亞	51%
13	荷蘭	69%	27	冰島	49%
14	北萊茵 - 威斯伐倫（德國）	68%	28	斯洛伐克	42%
			29	盧森堡	34%

資料來源：Pruvot & Estermann, 2017, p.41.

　　高等教育一直是公共議題中的重要優先事項，因為高等教育是對個人和社會都有經濟報酬的投資。由於 1990 年代學生入學率的快速增加和政府對高等教育機構的撥款趨嚴，1990 年代十年，全球高等教育機構財務和管理改革議題意義重大且一致（Cheung, 2003）。根據 Johnstone, Arora, & Experton（1998）可以將相似的高等教育改革分為五個主題：擴大學生

入學率和機構類型的多樣化；財政壓力；提升市場導向和尋求民間資源；要求加強大學績效責任；以及對更高品質和效率的要求。有多種大學籌資模式和機制。根據（Cheung, 2003）討論的資助方式如下：(1) 學生入學率是一個共同的基本要素，只有少數人將績效作為主要標準；(2) 政府透過控制招生配額和資金分配對高等教育產生強大影響；(3) 常用整筆撥款（block grants），但只提供內部資金分配的靈活性；(4) 穩定性和教育品質似乎是大多數資助方式的基本目標。以表 5 財務自主性排名而言，盧森堡最高；相對地，德國之黑森最低。

表 5　財務自主性排名

排名	高等教育體系	分數 財務自主性	排名	高等教育體系	分數 財務自主性
1	盧森堡	91%	17	澳洲	59%
2	拉脫維亞	90%	18	斯洛凡尼亞	57%
3	英國	89%	19	瑞典	56%
4	愛沙尼亞	77%	20	西班牙	55%
	荷蘭	77%	21	波蘭	54%
6	佛萊明（比利時）	76%	22	比利時 - 法語區	52%
7	義大利	70%			
	葡萄牙	70%			
	斯洛伐克	70%	23	塞爾維亞	46%
10	丹麥	69%	24	法國	45%
11	芬蘭	67%	25	布蘭登堡（德國）	44%
12	瑞士	65%	26	北萊茵 - 威斯伐倫（德國）	43%
13	愛爾蘭	63%	27	挪威	42%
14	立陶宛	61%	28	匈牙利	39%
15	克羅埃西亞	60%	29	黑森（德國）	35%
	冰島	60%			

資料來源：Pruvot & Estermann, 2017, p.44.

　　大學教師聘用是一個多標準的集體決策過程，涉及主觀性、不精確性和模糊性，是以集體智慧（neutrosophic sets）來進行的（Ho. et. al., 2006）。在表 6 人員配置自主性排名顯示，愛沙尼亞大學之人員配置自主性排名第一；相對地，比利時法語區最低。以表 7 學術自主性排名而言，愛沙尼亞也是排名第一；相對地，克羅埃西亞排名殿後。

表6　人員配置自主性排名

排名	高等教育體系	分數 學術自主性	排名	高等教育體系	分數 學術自主性
1	愛沙尼亞	98%	16	匈牙利	58%
2	芬蘭	90%	17	西班牙	57%
3	愛爾蘭	89%	18	義大利	56%
	盧森堡	89%		斯洛伐克	56%
	英國	89%	20	葡萄牙	54%
6	黑森（德國）	88%	21	克羅埃西亞	50%
	北萊茵 - 威斯伐倫（德國）	88%	22	荷蘭	48%
8	布蘭登堡（德國）	87%	23	拉脫維亞	46%
9	挪威	83%		塞爾維亞	46%
10	冰島	78%	25	斯洛凡尼亞	44%
11	丹麥	75%	26	立陶宛	42%
12	澳洲	72%	27	法國	37%
	瑞士	72%	28	佛萊明（比利時）	35%
14	波蘭	68%	29	比利時 - 法語區	32%
15	瑞典	66%			

資料來源：Pruvot & Estermann, 2017, p.47.

表7 學術自主性排名

排名	高等教育體系	分數人員配置自主性	排名	高等教育體系	分數人員配置自主性
1	愛沙尼亞	100%		挪威	63%
2	瑞典	97%	18	葡萄牙	62%
3	英國	96%	19	斯洛伐克	61%
4	瑞士	95%	20	布蘭登堡（德國）	58%
5	盧森堡	94%		塞爾維亞	58%
6	芬蘭	92%	22	匈牙利	50%
7	拉脫維亞	89%	23	西班牙	48%
8	丹麥	86%	24	比利時 - 法語區	44%
9	波蘭	84%		義大利	44%
10	立陶宛	83%		斯洛凡尼亞	44%
11	佛萊明（比利時）	76%	27	法國	43%
12	澳洲	73%		冰島	43%
	荷蘭	73%	29	克羅埃西亞	37%
14	冰島	68%			
15	黑森（德國）	63%			
	北萊茵 - 威斯伐倫（德國）	63%			

資料來源：Pruvot & Estermann, 2017, p.50.

伍 結論

基於前面之探討結果，歸結三項結論如下：

一、 各國高等教育治理模式之轉變趨勢是從控制模式轉向國家監督模式，在此同時市場力量產生對高等教育之影響日趨明顯

前面探討結果發現，各國高等教育治理模式係朝向放鬆國家高等教育體系之控制，亦即從國家控制模式轉向國家監督模式。國家以遠程監管似

乎更有利於高等教育體系之創新發展。

二、臺灣政府可以善用大學自主性衡量工具來了解臺灣及各國高等教育治理模式與決策機制現狀，以洞察未來之興革方向

本文探討結果顯示，大學自主性衡量工具可客觀比較各國政府管控高等教育機構的程度差異，我國亦可予以運用，以了解臺灣高等教育自主性現狀，並據以分析未來我國政府與大學權力關係之調整方向。

三、在高等教育治理模式與決策機制現狀上，大學正面臨機構自主性弱化，因而造成對高等教育本質與人才培育方向之不利影響

Eaton & Uvalic-Trumbic（2021）指出目前有限制大學機構自主性的三大力量。這些包括，首先，政府的政治和政策決定導致對學院或大學的組織、結構和學術活動之更大權力。例如，有一些國家的政府以犧牲文科（liberal arts）為代價，績效指標本位經費分配（indicator-based funding allocation）強調以職業為本位的教育和研究（career-based education and research），有時會導致人文或理論研究人員的減少，來為職業教育鋪路。其次，是經濟力量，例如，可能會導致教師聘用、學生入學或研究重點發生變化的公共資助決策，正瓦解現有的大學自主性（Kallio et al., 2021）。第三，學院或大學自身內部的力量，。例如大學管理和領導力弱化，無法完全因應支持和加強機構自主性的挑戰。這可能意味著，例如，大學願意放棄其在學術決策方面的某些自主性，以便從各種來源中獲得經費或避免與政府或企業利益產生衝突。在研究、全球合作和提高識字門檻方面得到了加強公共財。高等教育和研究的大部分貢獻是間接的，而不是直接的。它提供了經濟中的生產條件和社會中的再生產條件。這些條件來源於公共財的功能。如果研究和教學中的知識內容僅作為私人商品進行生產，那麼高等教育供應將嚴重不足。因此，國家資金、監管以及在較小程度上國家提供的持續作用；非營利事業對教育和研究公共財的潛在貢獻；

以及市場模式無法滿足經濟和社會需求（Kehm, 2010）。治理和管理的國家和機構特徵可能會影響品質政策和程序的實施，甚至影響品質改進。不同的機構參與者似乎意識到積極和消極影響之間平衡的動態性質，並認識到在高等教育機構的治理和管理結構中需要平衡，特別是在學院和管理方面，更是如此（Sarrico et al., 2013），以上值得我國重視，以免我國在大學自主性相對較少的情況下進而雪上加霜，而不利於大學在國際上競爭時需要具有的自主性。

參考文獻

Bianchi, I. S., & Sousa, R. D. (2016). IT Governance mechanisms in higher education. *Procedia Computer Science, 100*, 941-946.

Cheung, B. (2003). Higher education financing policy: Mechanisms and effects. *Essays in Education, 5*(1), 4.

Dobbins, M., Knill, C., & Vögtle, E. (2011). An analytical framework for the cross-country comparison of higher education governance. *Higher Education* (00181560), *62*(5), 665-683.

Eaton, Judith S & Uvalic-Trumbic, Stamenka (2021) Towards a more diversified future for higher education. Retrieved from https://www.universityworldnews.com/post.php?story=20211110115426750

Ho, W., Dey, P. K., & Higson, H. E. (2006). Multiple criteria decision making techniques in higher education. International journal of educational management.

Johnstone, D. B., Arora, A., & Experton, W. (1998). The financing and management of higher education: A status report on worldwide reforms (p. 56). Washington, DC, USA: World Bank, Human Development Network, Education.

Kallio, T. J., Kallio, K.-M., Huusko, M., Pyykkö, R., & Kivistö, J. (2021). Balancing between accountability and autonomy: the impact and relevance of public steering mechanisms within higher education. Journal of Public Budgeting, Accounting & Financial Management.

Kehm, B. M. (2010). From Government to Governance: new mechanisms of steering higher education. *Research Institute for Higher Education Hiroshima University, 7*, 721.

Kitagawa, F. (2003). New mechanisms of incentives and accountability for higher education institutions: Linking the regional, national and global dimensions.

Higher Education Management and Policy, 15(2), 99-116.

Laffont, J. J., & Tirole, J. (1990). The politics of government decision making: regulatory institutions. The Journal of Law, *Economics, and Organization, 6*(1), 1-31.

Laffont, J. J., & Tirole, J. (1991). The politics of government decision-making: A theory of regulatory capture. *The Quarterly Journal of Economics, 106*(4), 1089-1127.

Maassen, P. A., & Potman, H. P. (1990). Strategic decision making in higher education. *Higher Education, 20*(4), 393-410.

Nurutdinova, A. R., Dmitrieva, E. V., Gazizulina, L. R., Tarasova, N. M., & Galiullina, E. I. (2016). Nature and principles of the phenomenon of higher education integration: mechanisms of implementation, pros and cons, the effectiveness and the management. *International Electronic Journal of Mathematics Education, 11*(6), 1697-1712.

OECD (2003). chapter 3 Changing Patterns of Governance of Higher Eduction. Education Policy Analysis. https://www.oecd.org/education/skills-beyond-school/35747684.pdf

Pruvot, E. B., Estermann, T. (2017). University Autonomy in Europe: The scorecard. Brussels, Belgium: European University Association.

Ribot, J. C., Agrawal, A., & Larson, A. M. (2006). Recentralizing while decentralizing: how national governments reappropriate forest resources. *World development, 34*(11), 1864-1886.

Robert Berdahl (1990) Academic freedom, autonomy and accountability in British universities, *Studies in Higher Education, 15*: 2, 169-180.

Sarrico, C. S., Veiga, A., & Amaral, A. (2013). The long road—how evolving institutional governance mechanisms are changing the face of quality in Portuguese higher education. *Educational Assessment, Evaluation and Accountability, 25*(4), 375-391.

Saurbier, A. (2021). Modelling the stakeholder environment and decision process in the US higher education system. Business, *Management and Economics Engineering, 19*(1), 131-149.

Smithies, A. (1964). Government Decision-Making and the Theory of Choice. Santa Monica, CA: RAND Corporation. Retrieved from https://www.rand.org/p

van Vught, F. A. (1989). The New Government Strategy for Higher Education in the Netherlands: An Analysis. *Higher Education Quarterly, 43*(4), 351-363.

van Vught, F. A. (1995). Autonomy and accountability in government/university relationships (P181). In In: J. Salmi and A. M. Verspoor (eds.), Revitalizing higher education (pp. 322-363). Pergamon Press.

van Vught, F., de Boer, H. (2015). Governance Models and Policy Instruments. In: Huisman, J., de Boer, H., Dill, D.D., Souto-Otero, M. (eds) The Palgrave International Handbook of Higher Education Policy and Governance. Palgrave Macmillan, London. Retrieved from https://doi.org/10.1007/978-1-137-45617-5_3

Westerheijden, D. F. (2018). University Governance in the United Kingdom, the Netherlands and Japan: Autonomy and Shared Governance after New Public Management Reforms. *Nagoya Journal of Higher Education, 18*, 199-220.

Whitehead, M., Jones, R., & Pykett, J. (2011). Governing irrationality, or a more than rational government? Reflections on the rescientisation of decision making in British public policy. *Environment and Planning A, 43*(12), 2819-2837.

第十四章

美國的教育體制、教育決策、與相關議題：以亞裔學生爲例

李宜珍（Doris Lee）

美國德州大學奧斯汀校區博士
美國賓州州立大學哈里斯堡首府學院
行為科學及教育學院正教授

摘要

本文討論亞裔學生在美國教育體制下所經歷的教育決策與相關議題。這些議題涉及美國社會對亞裔學生的成見、亞裔學生所承受來自家庭的壓力、以及亞裔學生在學習層面上的優缺點。文內首先闡述美國的基本教育體制、教育決策、與亞裔學生的升學、教育管道。最後，本文針對美國的教育體制、地方學區、以及亞裔學生所面臨的教育課題提供改革建議。

關鍵詞：美國教育體制、美國亞裔學生、美國升學管道、教育決策、升學議題、改革建議

前言

　　多年來在美國，具有亞洲根源的移民族群，也就是通稱的亞裔，人才輩出，已持續於各行各業，展現傑出成就。美國社會普遍認為，亞裔溫良恭儉，孜孜不輟，堪稱模範少數族裔。然而，在亞裔家庭中，亦不乏隱憂。多數亞裔篤信教育至上，希望子女學業成績優異，最終能被著名大學錄取，出類拔萃，超群絕倫。亞裔學生，雖然勤奮好學，但也飽受壓力（Hsin & Xie, 2014; Kim & Yeh, 2002; Yee, 1992; Zhang, 2015）。基於此因，研議美國亞裔學生的升學、教育決策，以及相關於父母期望、大眾成見等課題，實屬必要。本文以美國的教育體制與升學管道為背景資訊，逐一討論上述文旨。本文更提出各項建言，以期對亞裔學生的教育決策與多元發展有所助益。

 美國教育體制、教育決策簡介

　　美國的教育體制不是採取中央集權（centralized）的治理模式，而是使用由各州、各地來做決策的分權（decentralized）管理方法。美國教育部的主要職責包括：制定全國性的教育政策、保障學生公平教育機會、提昇教育水準、協調教育資源與援助（DeBoer, 2012; US Department of Education, 2018）。教育部並不介入地方教學政策的制定與學校的日常營運。各州教育部門的任務可能有：執行相關的教育法令及規章、擬定預算、設置經費補助流程、審核教師資格與在職進修、提供教育諮詢和教學支援等（Roe, Herrington, & Kister, 2022）。如此一來，分權式、具地域性、以地方學區（local school districts）為主軸的教育體制得以落實。此一分權制度的優點在於，絕大多數的教學或是升學政策都取決於州政府和地方學區的實際需求與考量。然而，美國地域廣闊，在分權的體系下，造成教育法令與決策的制定都因各州、各地而有所不同，極具複雜性。因此，討論美國教育體制容易掛一漏萬，無法完全涵蓋所有地方學校的諸多細節。一般說來，有關美國教育體制、教育決策的研議，以幼稚園到高中

（kindergarten to high school，簡稱 K-12）的公立中小學系統爲主。即使這個系統呈現美國較具一致性的教育常態，其中仍存有相當高程度的地域性差異。

在地方分權的體制下，美國各州內的地方學區，公立中小學提供義務教育給學區內的居民子女。至於收費的私立中小學，有拒絕申請學生的決定權。除了公、私立學校外，有些區域還設了由民間獨立團體經營，但領有公費補助，性質屬於公立學校的特許學校（charter schools）。眾多私校以小班、嚴謹教學聞名，或者以宗教信仰立校；不少特許學校則著重數理或相關於藝術、音樂、舞蹈的科目。也有學區設置類似學分補救的學校（credit recovery schools），這類補助型學校，得以幫助學區內的學生補救不及格的課程學分（Franco & Patel, 2011; National Center for Education Statistics, 2019; US Department of Education, 1999, 2008）。全美各地亦有家長選擇在家教育子女（Homeschooling）。

地方學區的經費來源，很大部分來自學區內以房產爲基準的稅收；高價昂貴的房價成爲充裕教育經費的保障。各學區因爲人口總數的差異，所建有的公立中小學數量不一。一般可能有幾所小學、國中、和高中。學區由多數透過選舉產生的教育委員們來制定相關決策，並聘請一名學區督學（superintendent）以爲領導（Baker & Corcoran, 2012; Hanson, 2022; Lieberman, 2021; Public School Review, 2022）。綜合上述，舉例具體說明：美國東部的賓夕法尼亞州（Pennsylvania），簡稱賓州（Penn State），州內有超過 170 萬的公立中小學生分布於大約 5 百個地方學區；這些學區內，中小學的學生人數從 200 人上下到 14 萬人不等（PDE, 2022）。北賓州學區（North Penn School District）位於賓州費城（Philadelphia）郊區，經常被評鑑爲賓州素質較好的學區之一。此區人口超過 9 萬 8 千人，區內學生人數大致爲 1 萬 3 千人，約有 20% 的學生來自亞裔族群。北賓州學區發布的 2021 年到 2022 年收入明細表顯示，學區的總收入金額將近美金二億八千萬（$276086278），其中 2 個百分比的收入來自聯邦政府，21 個百分比的收入來自賓州州政府，另外 67 個百分比來自區內的房地產稅徵收，剩下 10 個百分比的收入被歸類爲「其他」的財務來源。就公立

學校而言，北賓州學區內共有十三所小學、三所國中、一所高中和一所補救學分型的學校。老師帶領學生的比例大致為 1 比 14，這個比率和賓州所有學區的平均值很接近，但是勝於全國平均值的 1 比 16。學區每年花費在各個學生的開銷金額，略多於 1 萬 8 千美元。如此的開銷，類同全賓州每名學生每年花費的數額，但是高於全美的平均金額（大約 1 萬 5 千美元）。除了各年級、各類學科、術科及體育教學外，各校亦有提供學生參與校內外的運動和其他科目的競賽，以及特教學生的認定與指導。學區內教師及職員共約 2 千人，行政團隊有督學（Superintendent）一名、助理督學（Assistant Superintendent）二名、掌管不同領域的主任（Director）六名、財務主管（Chief Financial Officer）一名、以及管理各級學校的校長與行政人員（North Penn School District, 2021）。

　　值得一提的是，為數不少的各級學校聘有教導英語為第二語言（English as a Second Language, ESL）的合格教師。這些 ESL 教師們以輔導英語並非母語的移民學生（English Language Learners）為專職。教育移民學生的模式大都取決於學區的決定。各學校使用的英語教學模式不一，但不外是聚集移民學生和同班同學一起上課，或是讓移民學生單獨與 ESL 教師學習。有些學校提供以移民學生的家庭母語加上英語來實施雙語教學（PDE, 2022; Wright, 2019）。透過這些教學，移民學生能夠具備英語的聽說讀寫等能力，以便適應學校課程，並克服因英語而來的學習困難。

 ## 美國亞裔學生的升學、教育管道

　　大致說來，包括中國大陸、臺灣、香港等美國亞裔統稱華裔，華裔占亞裔族群最多數，約有 540 萬人。其他亞裔包括印度、菲律賓、越南、韓國、日本，以及其他人口少些的亞洲族裔（Budiman & Ruiz, 2022）。根據 2022 年 5 月份美國國家教育統計中心的資訊，2020 年秋季，在美國公立中小學就讀的 4940 萬學生中，亞裔學生約有 270 萬（National Center for Education Statistics, 2022）。亞裔第一代若是以求學、求職來美國尋求發展，可以歸類為技術性質的移民，此類移民，不論來自亞洲任何國家，一

且在美國取得學位，找到工作，大都選擇落地生根於美國。具備專業的第一代移民，在美國有了穩定的經濟基礎後，爲了提供子女良好的中小學教育，大都在優良學區購屋。帶有這種背景的第二甚至第三代亞裔學生，從小到大可以享有他們所屬學區的各種教育資源。反觀，眾多亞裔第一代移民，因爲自己祖國戰亂或是經濟蕭條，不得不前往他國求生存，他們很可能沒有合法的美國居留權，一輩子得辛苦打工，賺取微薄的收入以維持生計。出身如此家庭環境的亞裔學生，多數隨著父母在比較貧窮的學區就學（Hailey, 2022）。

　　美國亞裔學生，遵守學制，一般是先入幼稚園，接下來是五年的小學，三年的國中，和四年的高中生涯。有些學區小學少於或多於五年，國中、高中因此減少或延長就學年數。即使如此，美國中小學仍然爲 K-12 的總體學制。美國學生於小學、國中階段，修習此一階段的共同學科，例如語言、數學、自然、及社會科學等。進入高中後，課程相對繁重。美國高中雖有必修的各類學科，但是學生在某些科目內，可以選擇難易程度不同的課程。比如說，數學是必修科目，但是學校開有主題不一的多門數學課。因此，即使是同年級，亞裔學生的課程安排可能和其他族群的同學有所不同。亞裔在素質良好的公、私立高中，更有機會就讀比照大學基礎學科，並且可能被大學接受的諸多科目。這些科目在高中簡稱 AP 課（advanced placement courses）。AP 科目是否被接受，視大學而定；AP 課一旦被大學接受，等同大學學分，學生得以依據所修得的 AP 學分，減少大學必修課業，縮短大學修業年限。選讀 AP 課程後，學生必須參加相應於 AP 課程的測試，以決定學習成效。AP 測試由非政府、非營利機構的大學委員會（College Board）所運作。比如，修了 AP 化學，就得考大學委員會的 AP 化學考試。一般四年制大學，若是承認 AP 學分，大致要求 AP 考試得分至少 3 或是高於 3（每科考試最高得分爲 5）。再者，高中成績的總平均分數（grade point average, GPA），滿分是 4.0，但也有學校採取加重計分的方式，來評量具挑戰性的課程，如此一來，有些學生加重計分後的 GPA，可能超過 4.0（Albert Resources, 2022; Covarrubias, 2014; US Department of Education, 1999）。

　　高中畢業前，以升大學爲目標的亞裔學生，也會自願地參與全美國甚至全球通用的標準測試。這類測試有 SAT（Scholastic Assessment Test）及 ACT（American College Testing）二大類。此二類可以任選一類或者二類都考。2021 年前，學生還能自動參加 SAT 相關於不同學科（例如數學、化學、歷史）的科目考試。2022 年，SAT 滿分爲 1600 分，ACT 爲 36 分。SAT 個別科目的滿分均爲 800 分。2021 年初，SAT 不同科目的考試已不復存在。近年來，許多大學宣稱他們已不要求 SAT 或是 ACT 的分數以爲申請要件。但是，亞裔學生爲了進名校，仍然戰戰兢兢參加 SAT、ACT、以及 SAT 的科目考試（2021 前的申請學生）。高中畢業前一年左右，多數亞裔學生的升學主流爲申請進入四年制大學就讀。然而，也有亞裔學生選擇二年制社區大學，二年後再申請轉至四年制的大學，繼續大三、大四的課業，最終按照四年制大學體制畢業（Brehe-Gunter, 2021; College Board, 2021; Lew, Chang, & Wang, 2005）。

　　經由 2020 年到 2021 年的資料得知，目前美國大約有數千所綜合型大學（universities）以及中、小型學院（colleges）（BestColleges.com, 2021）。其中以哈佛大學（Harvard University）爲首的常春藤八家私立大學（ivy league universities）最負盛名。除了哈佛大學外，其餘七家長春藤大學有：耶魯（Yale University）、普林斯頓（Princeton University）、賓夕法尼亞（University of Pennsylvania）、達特茅斯（Dartmouth College）、布朗（Brown University）、康乃爾（Cornell University）、哥倫比亞（Columbia University）。除此之外，美國有難以列舉的眾多優良高等學府在各州的城市、鄉鎮林立。廣爲人知的名牌大學亦包括了史丹福大學（Stanford University）、麻省理工學院（Massachusetts Institute of Technology）、加州理工學院（California Institute of Technology）、杜克大學（Duke University）、芝加哥大學（The University of Chicago）、紐約大學（New York University），以及諸多州立大學如加州大學柏克萊（University of California, Berkeley）、德州大學奧斯汀（The University of Texas at Austin）、密西根大學安娜堡（University of Michigan-Ann Arbor）、賓夕法尼亞州立大學（The Pennsylvania State University）、威斯

康辛大學麥迪遜（University of Wisconsin-Madison）、伊利諾州州立大學香檳校區（University of Illinois, Urbana-Champaign）。中、小型學院以威廉姆斯學院（Williams College）、阿默斯特學院（Amherst College）最為人知。著名的軍事學院有陸軍西點軍校（United States Military Academy）、美國空軍學院（United States Air Force Academy）、美國海軍學院（United States Naval Academy）。其他專注於藝術和音樂的學府包括伯克利音樂學院（Berklee College of Music）、茱莉亞音樂學院（The Juilliard School）、羅德島設計學院（Rhode Island School of Design）等名校（Mullen, 2009; US News & World Report, 2022）。

　　亞裔學生進入大學後，根據自己的專業選項及學校要求，逐年進修學分，以期順利畢業。大學畢業後，繼續升學的途徑包括攻讀碩士、博士學位，或是申請醫學院、法學院成為學醫、學法的專業人士。美國的法學院、醫學院，絕大多數屬於學士學位後的專業領域，學生們必得具有大學學位後，才能申請法學院或是醫學院。碩士、博士的修讀年限平均大約二年（碩士）到六年（博士）；法學學位三年可以取得，醫學是四年的醫學博士學位。美國眾多的公、私立大學設有相關於文理工商、藝術、音樂等各類學科的碩士、博士，或是法學、醫學課程。一如申請大學，著名學府的這些學程，申請就讀仍有一定的困難度。例如：由美國國家衛生院（National Institutes of Health, NIH）所贊助的醫學博士，Doctor of Medicine（M.D.），加上專業哲學博士（Doctor of Philosophy, Ph.D.）的雙博士學位學程（M.D. and Ph.D.），不但申請過程繁複，淘汰率更是居高不下。此類學位的主要流程為，前二年在醫學院研讀，中間三到四年或更久攻讀各專業學科的博士學位，最後二年回歸醫學院完成醫學博士學位。畢業後，以行醫看病並從事研究為主。哈佛大學醫學院從 2017 年到 2021 年的資料呈現，以平均數為主，每年有 634 人申請，最終錄取 14 人，被錄取學生的大學總平均成績（GPA）為 3.92（滿分為 4.0），極其難考的醫學院入學考試（Medical College Admission Test, MCAT）得分為 521（滿分為 528，分四個不同科目，各科滿分 132）。其他著名的醫學院，如賓夕法尼亞大學醫學院（University of Pennsylvania，Perelman School of Medicine，

美國史上第一家醫學院），約翰霍普金斯大學醫學院（The Johns Hopkins University School of Medicine），錄取率之嚴峻和哈佛醫學院不相上下（American Association of Medical Colleges, 2022; Harvard-MIT MD-PhD Program, 2022; Law School Admission Council, 2022）。

肆　相關於美國亞裔學生的家庭、社會、升學、及教育議題

　　美國亞裔學生，從幼齡時期開始，可能就得面對來自家庭、社會、以及攸關升學與教育的諸多挑戰。經由分析，有關亞裔學生的各類議題，可分為三大方面來討論：其一，亞裔學生父母的經濟能力與學區選擇；其二，亞裔學生所承受來自社會成見及父母期望的壓力；其三，亞裔學生自身的教育價值觀與升學競爭力。

　　首先，根據前文，房產稅收是各個學區的主要收入來源之一，因此，學區的聲譽足以牽動房地產的價格。為人父母者，為了給子女良好的教育，大都希望入住辦學優良的學區，亞裔也不例外。很顯然，遷入好學區，必須有足夠的經濟條件以購買昂貴的住宅，或是付出高價的房屋租金。此種現象，也造成低收入家庭的亞裔子女，無法進入優良學區就讀。素質優良的學區，資金較為充裕，得以聘請優良教師授課，並且設置現代化電腦、音樂、體育設備，以供學生使用。反之，經濟條件不足的學區，不但資源缺乏，學校配套措施落後，學校還面臨治安上的問題，學生打架鬥毆，非常普遍。在素質堪慮的學區裏，教師為了糾正學生的不良行為，終日疲於奔命，無暇顧及教學（Baker & Corcoran, 2012; Hailey, 2022）。

　　舉例來說，美國賓州系統性學習評估（Pennsylvania System of School Assessment, PSSA）是一項基於標準的測試評估，它讓學生、家長、教育工作者和公民，了解州內的學生是否達到預期的學習水平。PSSA 衡量小學 3 年級到 8 年級（國中第三年）和 11 年級（高中第三年）的學生在英語、數學、和科學方面的成績。學生可以在四個級別上得分：高級（Advanced）、熟練（Proficient）、基礎（Basic）、低於基礎（Below

Basic）。高級水平反映了卓越的學習成績，熟練比基礎水平要好，而低於基礎水平則呈現學生不盡理想的學習成效。以 2019 的資料爲主，賓州 8 年級學生的數學成績，較好的學校，低於基礎標準的人數少於 2 個百分比，而素質較差的學校，有超過大半數的學生無法考到基礎水平（PDE, 2022）。

日積月累，來自好學區的亞裔學生，可以專注於學習，步步爲營，從小到大求得優質教育，以便申請並進入名牌大學，大學畢業後，繼續深造或就業。處在不良學區的亞裔學生，受到學校環境或是其他族群學生的干擾，學習過程一波三折，時有挫折。許多人高中畢業後，成績低下，繼續升學或是深造的管道受到阻礙，甚至中斷。學區資源與教學品質的不平等，造成優良學區內，學霸無所不在，亞裔同儕間學業競爭白熱化。而在資源不足的學區內，亞裔學生無法安心學習，學年升級或是申請大學都受到不良的影響（Baker & Corcoran, 2012; Hailey, 2022; Hannaway & Kimball, 2001）。

其次，美國社會普遍對亞裔存有刻板印象。亞裔成人經常被描述爲勤勞寡言、善於服從、收入穩定的模範少數族裔。用來形容亞裔學生的詞彙，往往夾雜著正反兩面、褒貶都有的語義，例如：學霸、專攻數理、社交與文化融合意願不高等。這般的認知，帶給高成就和低成就的亞裔學生程度不一的焦慮感。學霸型的學生，爲了符合正面的亞裔學生形象，容易特別專注於課業學習，而忽略了社交或培養生活中必備的其他能力。成績差的學生，無法符合模範少數族裔的期望，學習時感到沮喪，並且覺得尋求幫助有失顏面（Covarrubias & Liou, 2014; Kim & Yeh, 2002）。

一如前言，很多亞裔父母移民來美國時，沒有穩定的經濟基礎，必須透過學位及工作才能在美國定居。更有數不清的第一代移民，沒有學位，以勞力營生。這二類移民，支撐著他們生存的願想，都是自己的下一代能在美國事業有成。他們強調，事業有成的前提是在校成績優良，進入名牌大學。也是爲了子女的優良學業，他們堅持子女不能輸在人生起跑點，從小規定子女參與許多課外、超齡的學習活動。很多華裔父母，安排子女周末到中文學校上課，或制定冗長的才藝培訓課程。因此，眾多的亞裔學生，玩耍的時間比同年齡的非亞裔學生少很多。尤有甚者，從小學階段開

始，富裕的學區開始提供資優學生的認定與教導。天下父母心，亞裔父母盼望子女都能接受資優教育，爲了讓子女進資優班，要求子女接受各式各樣資優生的培訓活動與練習。此類的父母期望、課程安排，均帶給亞裔學生龐大的心理壓力（Lee, 2014; Simon, 2007）。

美國亞裔學生的升學競爭與教育議題，集中於準備申請進入著名大學的階段。大學畢業後，由於繼續深造的學生人數遞減，碩士、博士班的申請競爭趨於放緩。前文提及設在醫學院內的雙博士學位學程，不同於一般研究所，競爭仍然激烈。美國高中學生，除了忙於選修的課業，也必須爲申請大學做準備。前文所列舉的任何一家長春藤或名牌大學，錄取率都非常低。哈佛大學 2022 年的總申請人數爲 61220 人，錄取了 1954 個新生，錄取率爲 3.19%（亞裔錄取率占總錄取人數的 27.8%）。同年，普林斯頓大學的申請人數爲 37,601 人，錄取了 1,498 位新生，錄取率爲 4%。其他不是長春藤大學的麻省理工學院、史丹福大學，2022 年的錄取率分別爲 4% 及 3.95%（Shemmassian Academic Consulting, 2022）。申請這些名校的學生，絕大多數是各個高中的學霸；有些學霸，甚至已有全國或是全球的知名度。網路上，常有學生列出自己的申請條件來尋求建議。例如：有一亞裔女學生，列出以下的申請要件，尋問是否能被哈佛大學錄取：她以全校第六名畢業（畢業年級共 505 個畢業生），高中四年總成績滿分（4.0），修了 6 門 AP 課，ACT 34 分（滿分 36 分），SAT 世界史和美國史科目考試得分爲 770 分和 800 分（滿分）。課外活動有：參與青年政治籌款活動，曾經是政治和文化問題的出版物記者，發表了 13 篇文章，也是國際青年社會科學研究期刊的研究員和決賽入圍者，並就美國種族隔離危機的解決方案進行研究。她還是自由散文作家，獲得幾項學術和辯論獎，並在音樂學院學習了歌曲創作和歌唱（College Confidential, 2021）。也就是說，最著名的大學，在這麼優秀的申請者中，一百個得淘汰九十幾個申請學霸，競爭之激烈，難以言喻。

美國亞裔學生，偏好將自身的長處定位於：用功上進、學習成績優良、擅長數理、尊重師長等。然而，比較負面的批評也反映出亞裔學生的升學困境，比如，創新能力不足、缺乏個人品格特色，以及不夠成熟的社

交技能。亞裔學生一般非常重視分數，他們把傲人的成績當成申請大學的主要優勢（Kim & Yeh, 2002; Yee, 1992）。申請美國著名大學，除了上傳必要的文件外，都得撰寫申請論文、懇請熟知自己的師長提供推薦信、並參與由申請大學所安排的面試（面試大都由該校當地校友來完成）。過度將申請重點放在成績的亞裔學生，往往忽略申請論文的重要性，或是因為人格特質不夠出眾，以致師長們所寫的推薦信，流於形式，力度不足錄取標準。更有不少亞裔學生在面試過程中，無法展現靈活的應對能力，以及令人印象深刻的多元才華（Xu, 2021; Zhang, 2015）。因為如此，亞裔學生大幅度地削減了自身的升學競爭力，而與心儀的大學失之交臂。媒體曾報導，幾年前，SAT 滿分仍然是 2,400 分，有一亞裔學生的 SAT 分數超過 2,200 分，被哈佛拒絕，同年，另一亞裔學生，SAT 分數才略高於 2,000分，卻順利進入哈佛就讀。這兩個申請案例的差別在於，後者有著比較優良的面試過程與結果（Reilly, 2019）。

　　哈佛在內的所有名牌大學，均宣稱他們重視申請學生的多元素質，這些素質，可以是領導才能、創造能力、特殊成就、公眾服務等。傲人的在校成績並非被錄取的保障。亞裔學生成績再好，對於自己是否能被這些名校錄取，一般沒有把握。也因為這些名校採取多元化的入學審核，造成錄取標準極難量化為可以評比的客觀數據，使得亞裔學生在申請名校時，莫衷一是，壓力極大。媒體經常報導亞裔學生成績傲人，但常不明所以地被名校拒收。這般的壓力，造成心理適應不良而出現行為異常的學生，不在少數。曾有就讀於一流高中的韓裔女學生，公開說明，因為她過人的學術能力、完美的 SAT 考試總分，造成哈佛和史丹福大學允許她在每所大學上課兩年，然後選擇由哈佛或史丹福大學畢業。經由媒體報導後，哈佛和史丹福大學均聲明沒有提供這樣的錄取條件，更沒有錄取她入學。她和這二所名校的電子郵件、通信訊息皆是偽造。事情真相被披露後，她父親公開道歉，並解釋，由於他向女兒施壓進名校，致使女兒設計了一場騙局。這位父親承認，事情發生後，他才了解女兒的壓力和痛苦。除了這個極端的例子，亞裔學生因升學的挫敗，選擇自殘的新聞，時有所聞（Bertsche, 2015）。

伍 **針對美國教育體制、教育決策、以及亞裔學生的改革建議**

　　基於上述美國亞裔學生的各項議題，幾個環環相扣的改革建議值得亞裔父母、學生思考。這些互為因果、相輔相成的建議包括：以學習為主的升學意願、突破所在學區的限制、積極融入美國社會以破除社會成見、以及建立長遠的事業規劃。

　　在討論以上這些改革建議的同時，衍生於美國教育體制、教育決策的改善建言，必須有所研議。顯而易見，遵循地方自治為運作模式的美國中小學系統，任何總體性質的教育變革，過程都將極為複雜且漫長。即使如此，美國的教育決策仍須以援助所有族群的教育需求為宗旨。依目前狀況，美國各州、各地之間，因為城鄉建設、經貿發展、與房產稅收的差異，導致教育資源的分配、教育人才的培育、以及教育器材的設置，均缺乏具有公平性質的政策。因此，在國家層級上，除了關注每個學生如何受益於教育資源以外，亦應解決貧窮學區內的難題，例如，補救教學設施落後和師資不足的缺憾、積極培訓優秀教育從業人員、確保學生學習管道的暢通、以及建立教師、學生的人身安全措施等。而在富裕的學區內，則應廣設心理輔導機制，以防止年輕學子因非理性的學業競爭，產生自我傷害的悲劇。美國的地方學區更需感同身受亞裔學生所面對的社會成見，多方了解他們的家庭結構、文化背景、和教育理念。各級別、各區域的教育行政人員、輔導員、教師都該知曉亞裔以教育為上的價值觀，並深知此類價值觀為亞裔學生帶來的正、反兩面效應。基於這般的認知，才可能設置最適當的教育資源以輔導亞裔學生，幫助他們取得良好的學業成就與身心健康。

　　提供改革建議給予美國亞裔學生之前，必得先指出，眾多亞裔學生，上學的主要目標是取得優異成績，個人志趣或學習動機等要素都遠不及成績斐然來得重要。研究顯示，亞裔學生之所以有傑出的學業成績，主要歸功於他們付出的努力，而與應對考試的認知能力或是經濟特徵無關。研究者解釋，亞裔學生的文化背景強調努力的重要性，他們深信成就不是與生

俱來，而是努力付出的結果。正因如此，亞裔父母視鞭策子女爲學業努力爲理所當然。只可惜，亞裔學生的學業成功亦伴隨著代價，他們的主觀幸福感、心理適應能力、和社交活動頻率均低於同齡的白人同學。成績不好的亞裔學生自認是失敗者；就算成了學霸，也可能因爲比上還有不足，常有挫折感（Covarrubias & Liou, 2014; Hsin & Xie, 2014; Zhang, 2015）。

如何打破對於分數、成績、名校的過度追求，應該是眾多亞裔父母及學生必須思考的第一要項。獲得好成績，可能代表學生對學校課業的認眞，以及良好的學習動機。但是，以求高分爲主的學習，容易將求知識、求智慧的學習本意，轉變成以算計分數爲主；得高分時，高興異常，分數不盡人意時，沮喪頹廢。亞裔學生亦可能自我設限於教師要求或是考試範圍，以致無心探索課外知識，而阻礙了多元化思維與創造力的發展。儘管好成績確實可以爲學生帶來鼓勵與成就感，但過度重視成績以求進入名牌大學就讀，容易演變爲患得患失的焦慮人格，使得學習過程充塞著疲憊與挫敗感（Fishman, 2021; Hsin & Xie, 2014）。許多亞裔父母更是將子女追求卓越成就與追逐高分混爲一談。的確，沒有好的分數、成績，對申請著名大學會有困難；但是，傲人的在校成績也非卓越成就的保證。

換言之，許多亞裔學生在高中時期投入了大量的時間和精力，以期求得好成績，進入一流大學。他們在父母的引導或是推動下，追求完美或是接近完美的考試分數，希望憑這些成績能打開哈佛、耶魯、或是普林斯頓等大學的大門。問題在於，青春期是青少年身心發生巨大變化的時期，在這個時期，年輕人思索內心的志向，制定未來前途的相關計劃，並嘗試建立自己的社交圈，以成爲獨立自主的社會新鮮人。千篇一律的追逐分數與名校，迫使學生爲了單一目的而求學，上學變成打造進入名校的前哨站。這些學生眼見自己的移民父母，落腳一個陌生的國家，終日辛苦營生，他們既同情父母的處境，也希望透過自己進入名校來光耀門楣。只可惜，不少靠著高分進入著名學府的亞裔學生，上了大學才了解，自己在追逐分數的路上，喪失了許多自我成長的寶貴機會（Edelstein & Lee, 2008; Lee, 2017）。

亞裔學生應該思考如何回歸學習與升學的初衷，爲學習而學習。學習

的目的是為了自我進步、自我成長，也為自己的前途做好準備。來自優良學區的學生應依靠學校豐富的資源以奠定多元的學習方式；身處資金不足學區的學生，可以尋求社會或網際網路提供的課外輔導，來加強自己的實力，打破貧困學區的限制。亞裔學生亦該思索破除社會成見的方法。這些方法包括：在課堂、社交場合積極地參與討論與活動，有條不紊地提問，發表個人見解，並和同學們展開友好、和樂的互動。除此，開拓批判性思維與培養解決問題的能力亦是重中之重。批判性思維使學生不隨波逐流，以嚴謹的自我省思來分析所見所聞，提升智能。解決問題的技能可以幫助學生強化邏輯思考力，見人所不見，鎖定問題發生的來龍去脈，有效率地解決問題（Edelstein & Lee, 2008; Facione, 2020; Hsin & Xie, 2014; Lee, 2017; Snyder & Snyder, 2008; Zhang, 2015）。除此，為了個人長遠、有意義的事業，亞裔學生應儘早進行深入的自我評估，以開闊的心胸廣納建言，接受有意義的挑戰。基於興趣並且熱愛學習的學生，比較不容易因追逐成績而累積焦慮與疲憊，他們樂於吸收並創造新知識，發展較成熟的情商與人際關係，勇於創造自己的優勢。倘若如此，亞裔學生展現的，不再是侷限於高分的求學者，而是自信、主動、深思熟慮、具備多元能力的成功人士。

 ## 陸　結論

　　本文首先呈現美國教育體制、教育決策，並討論亞裔學生在美國教育體制下的升學管道以及相關議題。文內所詮釋的議題包括亞裔學生的家庭背景、學區選擇、與亞裔學生所承載的世俗壓力。最後，本文呼籲，各地方學區的教育、教學從業人員必得了解亞裔視教育為上的價值觀，並深知此一價值觀為亞裔學生帶來的總體效應。亞裔學生更應制定以學習為主的升學意願，尋求影響深遠的學業規劃，並且努力融入美國社會。這般亞裔佼佼者，不但能體恤移民父母的辛酸與犧牲，並且能夠享受學習的樂趣，破除社會成見，有效地融入美國社會，站上事業高峰。

參考文獻

2022 Best National Universities Rankings. US News & World Report. (2022). https://www.usnews.com/best-colleges/rankings/national-universities

Baker, B. D., & Corcoran, S. P. (2012). The Stealth Inequities of School Funding: How State and Local School Finance Systems Perpetuate Inequitable Student Spending. Center for American Progress. https://www.americanprogress.org/article/the-stealth-inequities-of-school-funding/

Bertsche, R. (2015). 'Genius girl' fakes admission to Harvard, Stanford as part of elaborate hoax. Yahoo! News. https://www.yahoo.com/news/genius-girl-fakes-admission-to-harvard-stanford-122277519087.html?guccounter=1&guce_referrer=aHR0cHM6Ly93d3cuZ29vZ2xlLmNvbS8&guce_referrer_sig=AQAA-AGSmhpJ29Ez0sPhPU6Xpx273xDBqGrOFHKXTu63CypAgxSXWc9pQA-BAXekYvvl2rj-sedavC4CGYwsZ7trYo32cxvztu6EN-t7j7Y6rfID-psXTJmh-CRpGW_RdVx5aP04oS4kTErF6lAPCCDpvvyXMD069Coa7TxPn7sdV9m-1wZE

Brehe-Gunter, E. (2021, December 13). Act® vs. SAT® test: 18 differences to consider. KD College Prep. https://kdcollegeprep.com/act-vs-sat-test-difference/#:~:text=Both%20tests%20follow%20different%20scoring,up%20with%20the%20total%20score.

Budiman, A., & Ruiz, N. G. (2022, February 16). Key facts about Asian Americans, a diverse and growing population. Pew Research Center. https://www.pewresearch.org/fact-tank/2021/04/29/key-facts-about-asian-americans/

College Board will no longer offer SAT subject tests or SAT with essay. – College Board Blog. (2021). https://blog.collegeboard.org/January-2021-sat-subject-test-and-essay-faq

Covarrubias, A., & Liou, D. D. (2014). Asian American education and income attainment in the era of post-racial America. *Teachers College Record, 116*(6), 1-38.

DeBoer, J. (2012). Centralization and decentralization in American education policy. *Peabody Journal of Education, 87*(4), 510-513.

Edelstein, L., & Lee, D. (2008). Transferring knowledge in a knowledge-based economy, in T. Torres-Coronas (Ed.). *Encyclopedia of Human Resources Information Systems: Changes in e-HRM*, (pp. 862-870). Idea Group.

Facione, P. A. (2020). Critical thinking: What it is and why it counts. San Jose, CA: California Academic Press. http://www.insightassessment.com/pdf_files/What &Why2010.pdf

Fast facts. Harvard/MIT MDPhD Program. (2022). http://www.hms.harvard.edu/md_phd/admissions/facts.html

Fishman S. H. (2021). Race, ethnicity and nativity and the prestige of colleges attended. *Social science research, 94*, 102518. https://doi.org/10.1016/j.ssresearch.2020.102518

Franco, M. S., & Patel, N. H. (2011). An Interim Report on a Pilot Credit Recovery Program in a Large, Suburban Midwestern High School. *Education, 132*(1), 15-27.

Hailey, C. A. (2022). Racial preferences for schools: Evidence from an experiment with White, Black, Latinx, and Asian parents and students. *Sociology of Education, 95*(2), 110-132.

Hannaway, J., & Kimball, K. (2001). Chapter VI: Big Isn't Always Bad: School District Size, Poverty, and Standards-based Reform1. *Teachers College Record, 103*(8), 99-123.

Hanson, M. (2022, March 21). *U.S. public education spending statistics [2022]: Per pupil + total*. Education Data Initiative. https://educationdata.org/public-education-spending-statistics#:~:text=Federal%20public%20education%20funding%20is,billion%20or%20%2437%20per%20pupil

Harvard class of 2025 - regular decision. College Confidential Forums. (2020,

April 27). https://talk.collegeconfidential.com/t/harvard-class-of-2025-regular-decision/2092962

How many colleges are in the U.S.? BestColleges.com. (2021, May 25). https://www.bestcolleges.com/blog/how-many-colleges-in-us/

Hsin, A., & Xie, Y. (2014). Explaining Asian Americans' academic advantage over whites. *Proceedings of the National Academy of Sciences, 111*(23), 8416-8421.

Kim, A., & Yeh, C. J. (2002). Stereotypes of Asian American students (ERIC Digest). *New York: ERIC Clearinghouse on Urban Education.* (ERIC Document Reproduction Service No. ED 462 510.)

Lee, D. (2017). The Influence of Cultural Factors on Corporate Training in East Asia: Perspectives from Systems Theory, Human Resource Development, and Instructional Systems Design. In Milheim, K. (Ed.). *Cultivating Diverse Online Classroom Through Effective Instruction Design.* (pp. 198-217). IGI Global.

Lee, J. (2014, March 16). We need more Asian American kids growing up to be artists, not doctors. *The Guardian.* https://www.theguardian.com/commentisfree/2014/mar/16/asian-american-jobs-success-myth-arts

Lew, J. W., Chang, J. C., & Wang, W. W. (2005). UCLA community college review: The overlooked minority: Asian Pacific American students at community colleges. *Community College Review, 33*(2), 64-84.

Lieberman, M. (2021). State K-12 Spending Is Inequitable and Inadequate. See Where Yours Ranks. EducationWeek. https://www.edweek.org/policy-politics/state-k-12-spending-is-inequitable-and-inadequate-see-where-yours-ranks/2021/10

Medical School Admission Requirements™ (MSAR®) for applicants. AAMC. (n.d.). https://students-residents.aamc.org/medical-school-admission-requirements/medical-school-admission-requirements-msar-applicants

Mullen, A. L. (2009). Elite destinations: Pathways to attending an Ivy League university. *British Journal of Sociology of Education, 30*(1), 15-27.

National Center for Education Statistics. (2022). Racial/Ethnic Enrollment in Public Schools. https://nces.ed.gov/programs/coe/indicator/cge/racial-ethni cenrollment#:~:text=Of%20the%2049.4%20million%20students,Native%2 C%20and%20180%2C000%20were%20Pacific

North Penn School District. (2021). 2020-2021 Budget Update. https://cdn5ss10. sharpschool.com/UserFiles/Servers/Server_19363100/File/School%20Board/ School%20Economics%20101/Budget%20Presentations/2021-04-21_2021- 22%20Budget%20update%20presentation%2020210421.pdf

Pennsylvania Department of Education. (2022). Types of Schools. https://www. education.pa.gov/Schools/TypesofSchools/Pages/default.aspx

PSSA results. Pennsylvania Department of Education. (2022). https://www.educa- tion.pa.gov/DataAndReporting/Assessments/Pages/PSSA-Results.aspx

Public School Review. (2022). Average Public School Student: Teacher Ratio. Public School Review. https://www.publicschoolreview.com/average-student- teacher-ratio-stats/national-data

Reilly, K. (2019, March 12). Harvard admissions case: These Asian-american stu- dents are on opposite sides. *Time*. https://time.com/5546463/harvard-admis- sions-trial-asian-american-students/

Roe, H., Herrington, C., Kister, J. (2022). State departments of education - role and function, vocational education. StateUniversity.com. https://education.sta- teuniversity.com/pages/2447/State-Departments-Education.html

Sadler, P. M., Sonnert, G., Tai, R. H., & Klopfenstein, K. (2010). AP: A Critical Examination of the Advanced Placement Program. Harvard Education Press.

School Choice in the United States: 2019, National Center for Education Statistics. https://nces.ed.gov/programs/schoolchoice/summary.asp.

Shemmassian, D. (2022, May 17). Ivy league acceptance rates 2022: What you're up against. Shemmassian Academic Consulting. https://www.shemmassian- consulting.com/blog/ivy-league-acceptance-rates#ivy-league-acceptance-rates=

Simon, D. (2007, May 16). Asian-American kids feel career pressure. CNN. http://www.cnn.com/CNN/Programs/anderson.cooper.360/blog/2007/05/asian-american-kids-feel-career.html

Snyder, L. G., & Snyder, M. J. (2008). Teaching critical thinking and problem solving skills. *The Journal of Research in Business Education, 50*(2), 90.

Steps to apply: JD programs. Law School Admission Council. (n.d.). https://www.lsac.org/jd-applicants/steps-apply-jd-programs

The Educational System in the United States: Case Study Findings (1999). National Institute on Student Achievement, Curriculum, and Assessment, Office of Educational Research and Improvement, U.S. Dept. of Education.

U.S. Department of State. (2021, January 26). Prepare for U.S. standardized tests, undergraduate. https://educationusa.state.gov/your-5-steps-us-study/research-your-options/undergraduate/prepare-us-standardized-tests#:~:text=In%20the%20United%20States%2C%20there,gain%20admission%20to%20higher%20education.

Understanding your AP® scores: What to know. Albert Resources. (2022, March 1). https://www.albert.io/blog/understanding-your-ap-scores/#:~:text=An%20AP%C2%AE%20score%20of%203%20is%20a%20respectable%20score,the%20class%2C%20you%20did%20pass.

US Department of Education (ED). (2008, Feb 2). Organization of U.S. Education. https://www2.ed.gov/about/offices/list/ous/international/usnei/us/edlite-org-us.html#:~:text=The%20United%20States%20has%20a,schools%20and%20higher%20education%20institutions.

US Department of Education (ED). (2018, May 14). An overview of the U.S. Department of education-- PG 1. Home. https://www2.ed.gov/about/overview/focus/what.html#:~:text=The%20U.S.%20Department%20of%20Education%20is%20the%20agency%20of%20the,implementing%20laws%20enacted%20by%20Congress

Wright, W. E. (2019). *Foundations for teaching English language learners: Research, theory, policy, and practice.* Caslon Publishing.

Xu, K. (2021, October 9). Asian-Americans just want fairness. *New York Daily News*. https://www.nydailynews.com/opinion/ny-oped-asian-college-crush-20211009-fwie4g4jybdldivnsbavw5skdu-story.html

Yee, A. H. (1992). Asians as stereotypes and students: Misperceptions that persist. *Educational Psychology Review, 4*(1), 95-132.

Zhang, M. (2015, May 12). Guest opinion: The academic 'arms race' and myths about Asians. News. Palo Alto Online. https://www.paloaltoonline.com/news/2015/05/11/guest-opinion-the-academic-arms-race-and-myths-about-asians [Original source: https://studycrumb.com/alphabetizer]

第十五章

日本教育決策機制

梁忠銘

日本國立東北大學教育研究所哲學博士
國立臺東大學教育學系教授兼教務長

摘要

在國際化與全球化脈動之下，國家教育及經濟發展與世界動向息息相關，日趨密切，競爭也越趨激烈。本文擬透過文獻研究，針對主管日本教育最高之機構「文部科學省」，近年所公開其附屬組織中央教育審議會所提出的「教育政策」相關諮詢報告書，進行分析探討。研究目的主要有二項：一、探討日本教育決策主管機構為何？二、探討日本教育決策機制與其過程為何？研究結論歸納出：一、日本的教育行政制度決策實質上都是日本文部科學省，強勢的主導整個日本的教育制度。二、日本教育政決策機制主要是文部科學省透過 PDCA 內部評鑑檢核機制，確保政策的執行效率。其重要相關決策機制過程，基本上就是透過文部科學省直屬或附屬的各種審議和諮詢機構，召集各領域的賢達與專業代表，群策群力進行方案的審議和擬定可行方案，凝聚共識的討論過程。這些直屬或附屬的各種審議和諮詢機構的運作功能，展現以官方機構為主，以各方民意為輔，互為表裡達到相輔相成的作用。

關鍵詞：日本教育、教育政策、文部科學省、中央教育審議會

前言

　　日本中小學教育成效自第二次世界大戰以來，在各種國際相關資料顯示，一直都處於世界一流水準。特別是在科學和數學的學術領域方面，從國際學術能力各項調查顯示，日本義務教育後期兒童的數學和科學素養，皆處於世界領先水準。具體來說，日本高中一年級，約有 40% 的孩子具有較高的數學和科學素養。這是日本所有從事學校教育工作全體教職員工不懈努力的結果，值得對他們的努力表示最誠摯的敬意（文部科學省，2021）。但是不可否認的是高素質教職員工的養成，需要有完善的各種制度和教育內容來完成。這些完善的教育制度的建構，其制度內涵是經過何種檢討機制來完成。以及進入 21 世紀，隨著科技和網際網路及通訊技術的進步，全球進入國際競爭的時代，未來的發展變化來的更快，更不可預測。社會與學校組織，本已是具有多元架構與特徵，加上全球化、國際化和人工智能的發展，預計將出現一個快速輪動且難以預測的未來（文部科學省，2021）。當今的很多工作會在十年或二十年後被取代或消失，同時也會產生很多新的職業，或許我們會有相當多的學生將從事目前不存在的職業，也就是說，我們在學校教的東西在不久的將來，社會或許也將無用武之地。使得教育政策制定者、學校組織、學校文化與組織成員的思維都產生多元、複雜、不確定與差異性，這些都影響教育政策與學校組織決策過程與結果。

　　但是，日本教育的變革方式，基本上仍沿用強調「教育機會均等」的基本理念，還是處在「追趕型教育」的基本路線上（文部科學省，2013）。隨著科技和網際網路及通訊技術的進步，全球進入國際競爭的時代，1990 年代以後，歷經經濟泡沫的經濟崩盤，和產業的空洞化，未來的發展變化來的更快，更不可預測。同時，日本的經濟持續低迷不振，政治也陷入不穩定的狀態。在這樣情況之下，如何加強國家競爭力，提升國家、社會的未來人才育成，教育制度顯得更重要。

　　現行日本教育制度的建構，是基於民主教育行政地方分權的原理。在政策的建構上，基本是爲了國家整體的發展與提升國家競爭力爲前提。學

校教育制度，一直都是國家政治，國家產業經濟或貫徹國民意志形成的重要工具。基於此點，日本的教育行政制度在實質上都是日本文部科學省，強勢的主導整個日本的教育制度（梁忠銘，2015；2019）。

從現行日本教育行政制度依其結構來看，在縱向（中央至地方）行政，可區分國、都道府縣（47）、市町村（1742）三級的教育行政體系，在橫向（地方至地方）的教育行政機構，分別由地方自治體（都道府縣、市町村）內的最高行政長官（知事、市町村長）與教育委員會（委員長），兩個相對獨立的體系負責（文部科學省網頁，2022a）。

日本的中央層次的教育行政機構為「文部科學省」與其主要直屬最重要的諮詢機構「中央教育審議會」，直屬的科學技術、學術政策研究所、國立教育政策研究所。或是附屬的相關機構，如 NIRA 總合研究開發機構（國立教育政策研究所網頁，2021）。此外，依據各領域的專業需要，另設有「科學技術學術審議會」、「教科用圖書檢定調查審議會」、「大學設置學校法人審議會」、「放射線審議會」、「獨立行政法人評鑑委員會」、「國立大學法人評鑑委員會」、「宇宙開發委員會」、「調查研究協力者會議」。依據時代變化與社會發展需要，文部科學省可設置各種的審議會。審議會的委員由文部科學大臣任命。目前常設的有「中央教育審議會」（梁忠銘，2019；文部科學省，2022d），也是最重要的審議會，其審議會的結果對於日本的教育政策決定過程具有很大的影響力。

地方層級則是地方「教育委員會」以及每個縣市附屬的地方公共團體和各個教育研究所、教育中心文部科學省，2022e）。

另外，除了主管國家教育的機構「文部科學省」，日本的總理偶爾也會對教育的議題有想法，而發起臨時的「教育審議會」，或是「教育改革會議」，邀請各方賢達代表，進行政策的審議，提出可能的發展方針。內閣總理大臣透過相關諮詢會議，可影響教育政策的改革方案之外，負責日本國家的最高總務行政機構，基於「透過年度、機構、定員審查過程等，達到有關減量、效率化的因應方針所需」，也會透過行政的評鑑報告書，提供給相關單位最為政策決定的參考。

本研究限於篇幅，擬透過文獻探討，僅聚焦於「文部科學省」以及

其直屬的審議會「中央教育審議會」，對教育政策決策機制與其過程的影響，進行探討。

貳　文部科學省

文部科學省是日本主管全國教育最高的教育決策主管機構。負責匯集整理國家整體的教育政策制訂與行政事務，最高長官為文部科學大臣，其任務在於企劃與督導學校教育、社會教育、學術文化與科學及運動的振興與普及。

文部科學省（2001 年以前稱文部省；其英譯為 Ministry of Education, Culture, Sports, Science and Technology：簡稱文科省、MEXT），文部科學大臣為文部科學省的最高長官，也負責匯集整理國家整體的教育行政事務。文部科學大臣可依據「法律」或「政令」實施的需要，擬定「省令」，或者是發出有關事務的「告示」、「訓令」、「通達」（菱村幸彥編著，2006）。其任務在於企劃與督導學校教育、社會教育、學術文化的振興與普及。另外，日本文部科學省為了統整高等教育的改革，於內部成立「高等教育局大學振興課大學改革推進室」。規劃改革的方向，透過競爭型的計畫，進行重點補助高等教育改革事項。在教師教育改革方面，為達提升教師資質，從 2005 年度進行「提高教員資質養成推進計劃（教員養成 GP：Good Practice）」，獎勵對已經通過認定教員免許（資格）課程的大學、研究所，提出提升「有特色且優質的教師培育方案」，每年度獎勵約為 30 件，每件的補助金約為日幣 2-3 千萬。2005 年度的預算為 5 億 5 千萬，2006 年度更提高獎勵預算為 9 億 2 千 5 百萬。本計畫雖然已經結束，2007 年度，取而代之為「先導的大學改革推進委託事業」。針對「大學教育品質保證改造構思的支援」、「國際間卓越教育研究據點的形成與強化研究所教育的基礎」（文部科學省網頁，2009），兩大方向繼續提供高額的競爭型補助計畫。無論是政策的決策或是國家教育發展決策，其權限規定於《文部科學省設置法》、《學校教育法》、《有關地方教育行政法組織及營運法律》，基本上是基於「監督」的角色，主要定位是在於建

言、援助，教育條件的整備規劃的機關，其組織結構參見圖 1。

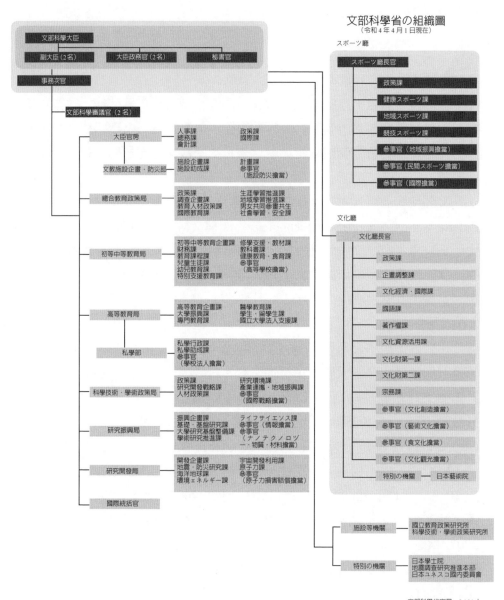

圖 1　日本文部科學組織圖

資料來源：文部科學省網頁（2022a）。組織図の紹介。

　　依據圖 1 可知，日本文部科學組織龐大，其所屬單位和業務守備範圍以及直屬員工編制超過 2500 名以上。另外，從其英譯的名稱即可了解，除了教育領域之外，有關文化，運動、科技發展相關政策之擬訂與執行，均屬其業務守備範圍，據依據 2020 年度文部科學白書內所載，其所屬的機構共有 24 個法人機構（文部科學省，2021；文部科學省網頁，2022a），如表 1。

表 1　文部科學省所管以及共管的有 24 法人

中期目標管理法人	國立研究開發法人
國立特別支援教育總合研究所	物質‧材料研究機構
大學考試中心	防災科學技術研究所
國立青少年教育振興機構	量子科學技術研究開發機構
國立女性教育會館	科學技術振興機構
國立科學博物館	理化學研究所
國立美術館	宇宙航空研究開發機構
國立文化財機構	海洋研究開發機構
教職員支援機構	日本原子力研究開發機構
日本學術振興會	日本醫療研究開發機構
日本運動振興中心	
日本藝術文化振興會	
日本學生支援機構	
國立高等專門學校機構	
大學改革支援　學位授與機構日本私立學校振興　共濟事業團（助成業務）	

資料來源：依據 2020 年度文部科學白書自行整理。

　　如表 1 所示，文部科學省其所屬的 24 個法人機構，又區分為「中期目標管理法人」、「國立研究開發法人」。依據日本《獨立行政法人通則法》中，獨立行政法人其目的是通過提供確實滿足國民所需要多樣化、優質服務，增加公共的利益，可稱為「中期目標管理法人」，透過提高科學技術水平促進國民經濟健全的發展。另外，所謂「國立研究開發法人」，定位在確保研究和開發有最大成效，足以促進公共利益（文部科學省，2021）。

此外尚有其所屬的相關或附隨設施機關，國立教育政策研究所、科學技術學術政策研究所。以及特別機構，日本學士院、地震調查研究推進本部、日本教科文組織國內委員會。以及各種的諮詢審議會，科學技術學術審議會、國立大學法人評鑑委員會、中央教育審議會、教科用圖書檢定調查審議會、大學設置學校法人審議會、國立研究開發法人審議會（文部科學省，2021）。文部科學省可透過各種的審議會，提出相關政策的諮詢報告書，以及委託相關研究報告案，掌握專業的深入相關資訊，提出相關的政策方向與實施意見。

內部決策控管機制

文部科學省的前身爲「文部省」，成立於 1871 年（明治 4 年）一直就是主管日本教育與文化的國家最高機構（文部省，1992）。2001 年（平成 13 年）1 月 6 日，日本實施中央省廳再編，整合科學技術廳爲文部科學省，同時增加了日本科學技術的發展。但是，龐大的組織卻也因爲歷經百餘年的歷史包袱，累積了不少陋習，在進入 21 世紀後爆發一連串的重大弊端，成爲日本輿論爭相批判的政府機構。爲平息日本輿論的指責，2013 年 1 月，文部科學省成立「行政改革推進本部」，成員是以全體職員，期望實現了以國家爲導向，與時俱進合理高效率的行政機構。在推動政府各項行政改革的同時，也推動提高業務和預算效率和有效的運作模式。在促進有效率的行政管理過程，積極審視自己的政策，是否符應現有政策的影響和社會經濟條件的變化。透過獨立行政機構評鑑制度，客觀、嚴謹地評鑑個別政策和獨立行政機構工作的必要性、有效性等，審視其政策結果。審查過程，除了管理中的計畫（Plan）和實施（Do），績效評估（Check）和連結成效下一次實施規劃（Action）的反思，活用 PDCA 管理模式其目的是促進和檢視文部科學省，行政內部的行政管理與決策的執行成效（文部科學省網頁，2022b）。

同時依據需要將獨立行政機構評估的結果公布於官網，盡到對公眾資訊公開的責任。文部科學省管轄領域含括全國的教育、科學技術、體育、

文化藝術各領域的政策擬定與發展，存在著難以立即依據財政的增加和減少來判定結果的呈現，通常是透過中長期的成果基礎上進行評鑑。

㈠文部科學省決策內部控管

文部科學省近年因爲發生一連串的行政醜聞，受到公衆輿論的嚴厲責難，失去國民的信任。文部科學省因此於 2019 年 3 月制定的《文部科學省創生實行計畫》，推進文部科學省改革，藉以恢復國民對文部科學省的信賴。將以文部科學大臣爲首的「文部科學省改革實行本部」，明確文部科學省的使命爲：振興教育、科學技術學術、文化、運動，並著眼未來進行先行投資的視野，實現「教育、文化、運動」與「科學技術創造」立國。並強化內部規範，完善組織文化，加強教育、文化、體育、科學和技術部門負責的人力，強化實務的決策職能和宣導功能，徹底改進業務穩健，推行文部科學省 13 個政策目標，42 個重點項目，簡譯如下（文部科學省網頁，2022b）：

政策目標 1：推行新時代教育政策。每一個國民在一生中每一個場合都可以學習，可以實現適當活用其學習成果的社會。

政策目標 2：提高學業能力，培養豐富的思想和健康的身體，建構值得信賴的學校。實現孩子可以發展篤實的學業能力，豐富思想和健康身體之社會。

政策目標 3：維持義務教育機會均等及教育水準。確保全國各地優秀教職員工數量，提高教育機會均等之教育。

政策目標 4：振興發展個性的高等教育。在「知識型社會」之中，爲了讓日本可以繼續蓬勃發展，高等教育需轉型爲足以牽引完全符合社會的使命，建構與社會相互支持的雙向關係。

政策目標 5：透過獎學金制度，促進支持積極和有能力的人。我們將通過獎學金制度加強支持對積極進取和有能力的學生，使其可以安心學習，不必擔心經濟問題。

政策目標 6：振興私立學校。改善教育研究條件，促進私立學校維持經營的健全。

政策目標 7：創造創新系統的改革。在強化開放式創新促進機制的同時，我們將與社會各利益相關方面共同構建促進創新的體系。

政策目標 8：強化科技創新的基礎能力。促進支持科技創新人才素質和能力的提昇，強化作為創新基本多元且優秀知識的基礎能力。

政策目標 9：努力為未來的社會，創造出有價值且足以因應經濟和社會問題，加強努力領先於世界「超智能社會」的同時，專注於因應日本和海外明顯的重要政策問題之研究和系統開發，以及對國家戰略意義重大核心技術的發展。

政策目標 10：核電廠事故受害者的救濟。採取適當措施對核經營者的核損害進行賠償，並根據核損害賠償合約及時實施賠償，為受害者尋求迅速、公平且適切的救濟。

政策目標 11：振興體育運動。體育為人類共同的世界文化之一，將作為成熟國民的進步文化之根基，創造繁榮的未來，讓所有人都充滿著體育的能力，成為一個積極向上和充滿活力的社會，與世界保持緊密的聯繫。

政策目標 12：振興文化藝術。振興優秀的藝術和文化，同時繼承和持續的發展，實現透過文化讓社會充滿溫馨。

政策目標 13：促進國際交流與合作，建構繁榮的國際社會做出貢獻。透過促進有助於人力資源開發的國際交流與合作，為建設繁榮的國際社會發揮作用。

以上 13 個政策目標（參見表 2），其重點項目各設定如下（文部科學省網頁，2022b）。

表 2　文部科學省政策目標與重點項目

政策目標	重點項目
1. 推行新時代教育政策	1-1：依據客觀理由制定教育領域之政策。 1-2：加強對海外留學兒童的教育機能。 1-3：確保培育有能力的教育人才。 1-4：擴大生涯學習機會。 1-5：提高家庭和社區的教育能力。 1-6：實現性別平等、共生社會和促進學校安全。

政策目標	重點項目
2. 建構值得信賴的學校	2-1：培養可靠的學業能力。 2-2：培養悠然之心。 2-3：培養健康的身體。 2-4：創建一所對當地居民開放和值得信賴的學校。 2-5：促進安全、保障和充實學校設施的發展。 2-6：確保教育機會體制的建構。 2-7：促進幼兒教育。 2-8：促進滿足每個人需求和特別支援教育的建構。
3. 教育水準的維持	3-1：確保義務教育所需的教職員工。
4. 發展個性的高等教育	4-1：提高大學的教育和研究質量。 4-2：發展大學和其他機構的教育及研究基礎設施的整備。
5. 獎學金制度	5-1：獎助積極和有能力的學生，推廣獎學金計畫。
6. 振興私立學校	6-1：促進發展私立學校有特色教育和研究。
7. 系統的改革	7-1：建構產、官、學、人才、知識、資金良性循環體制系統。 7-2：戰略性地促進國際科技活動。 7-3：創造科技創新，強化科技與社會之間的關係。
8. 強化科技創新	8-1：加強負責科技創新的人才。 8-2：促進學術研究和基礎研究作為創新的根本。 8-3：強化支持研發活動和研究基礎設施的戰略思維。
9. 努力為未來的社會	9-1：著眼於未來社會，加強先進基礎技術。 9-2：因應環境和能源相關的議題。 9-3：回應健康、醫療和生命科學相關的議題。 9-4：回應與確保安全和安保相關的議題。 9-5：推展對國家戰略具有重要意義的核心技術。
10. 核事故受害者救濟	10-1：確保採取適當措施補償核營運造成的核損害。 10-2：實施因核電廠事故，進行及時、公平和適當的損害賠償。
11. 振興體育運動	11-1：強化「體驗、看、支持」體育參與人口，人力資源開發。 11-2：通過體育實現一個充滿活力和緊密聯繫的社會。 11-3：提高國際競爭力和強化可持續培育人才和環境的改善。 11-4：通過促進清潔和公平的體育運動來提高體育運動的價值。
12. 振興文化藝術	12-1：提升文化藝術的創造、發展、傳承和教育的充實。 12-2：透過文化藝術的創造，實現創造出充滿活力的社會。 12-3：通過文化藝術實現心靈溫馨和多元的社會。 12-4：建構文化藝術推廣平臺。

政策目標	重點項目
13. 促進國際交流	13-1：促進國際交流。 13-2：促進國際合作。

資料來源：文部科學省網頁（2022b）。

　　同時，還針對文部科學省的使命和政策目標和政策項目（以下簡稱「政策體系」），建立政策評鑑制度，明確政策體系的正常運作。基本上是政策執行者進行自我評鑑，但為了確保其客觀性和嚴謹性，會召開由學術專家等組成的「政策評價相關知有識者會議」，就目標和指標的擬定並接受如下建議（文部科學省網頁，2022b）：

1. 事前評鑑的實施從必要性、有效性、效率等方面對以下三項進行預評鑑。
   (1) 預算申請事項：例如 2021 年的預算申請中，將對新提案或計畫中預計需要10億日元以上，共9個開發事業項目進行初步評估。
   (2) 新制定、修改或廢止條例的事項：2020 年度，將通過制定或修改條例（限制人民權利或施加義務的事項）為對象進行事前評鑑。
   (3) 要求稅制改革的事項：在條例第 3 年要求進行稅制的改革，針對要求採取法人稅、法人事業稅和法人稅相關的特別稅收措施和減輕稅賦措施的對象進行事前評價。
2. 事後評鑑的實施：亦從必要性、有效性、效率等方面，對如下三個項目進行事後評鑑。
   (1) 目標管理型評鑑事項：政策評鑑是對預定目標的實現程度進行評鑑，每 5 年對各項措施進行事後評鑑。
   (2) 新設、修訂廢止事項：按照新設、修訂廢止預定中規定的時間進行事後評估。

　　隨著社會問題變得更加複雜和多樣化，政策規劃需要比以往更多產學官民共同合作來解決相關問題，共同創造和合作。作為提高文部科學省政策制定功能，包括業務推動方式，強調「對話型政策形成」，透過在政策

規劃的每個過程中與利益相關者進行對話。

另外，強化內部行政倫理規範，建立內部管控機制，通過律師的監督來防止醜聞的發生。同時，我們正在對全體員工進行全面的培訓，包括關於再就業限制和國家公務員道德規範的研習（文部科學省網頁，2022b）。

(二)附屬機構決策方針之控管

文部科學省對其管轄或共同管轄的 24 家法人的經營活動，依據年度的擬定「文部科學省政策評鑑基本計畫」，然後依據這些計畫執行成效，進行以下四種評鑑（文部科學省，2021）。

1. 每年對所管轄的全法人，實施年度業務實際績效相關評鑑（年度評鑑）。

2. 在中長期目標期間的期中評鑑（中期評估，僅限國立研究開發法人）。

3. 預期評鑑。審查下一個目標期間的營運和組織，制定下一個目標。對中、長期目標最後一年的評鑑。

4. 對上年度完成中、長期目標的機構進行上年度預期評鑑（期末業績評鑑）。

此外，對於進行前瞻性應解決的「業務和組織綜合的內容」進行業務評估，並依據評估結果確定下一個中期目標。依據評估審查的內容，確定下年度起的中、長期目標，批准和指導該法人依據該目標所制定的中、長期計畫，從中長期的角度來看，通過建立廣泛的共創關係，包括大學和研究機構和私營部門，同時面對新冠和後新冠時代的現場以及新領域，努力面對將未來的決策付諸於實踐（文部科學省，2021）。

政策評鑑的結果是活用和適當反映於預算要求以及符合法規的檢視，是調整和廢除不合時宜相關制度，是政策規劃非常重要的資訊。

在文部科學省，如 2021（令和 3）年所公布「令和 2 年度政策評價的結果對政策反映狀況」，是反映 2020 年在政策中所進行的政策評估結果（文部科學省，2021）。

總務省在聽取「獨立行政法人評價制度委員會」意見之後，提出對有

關業務的實際業績之評鑑及組織整體的調整意見後，向該委員會進行回報（文部科學省網頁，2022c）。

另外，在 2017 年 7 月 21 日《今後文部科學省應有思考方案之專案報告書》中提議，為了強化有戰略性的政策制定功能，不受現有的約束，文部科學省的工作人員需要有能力從事政策規劃和正確的工作態度，同時具有與不同立場的人們的對話，獲得社會的理解（文部科學省，2017）。為了提供培育這些態度和能力的機會，實施「政策立案教養研修（Driving MEXT Project）」，進行民間企業和外部有識者以及學者專家舉行講演座談會和學習會，提供培養這些態度和提升專業能力的機會。

此外，2019 依據「文部科學省創生實行計畫（平成 31 年 3 月 29 日）」，作為充實文部科學施策和提高工作人員決策能力的一環，從該年度開始實施「提案型政策」通過與各利益有關方面進行對話。在以上種種的機制措施中，可廣泛徵求工作人員的政策建議，靈活的透過創新科技管理概念來制定政策，強化該領域的政策制定功能和確認政策提案的內容。

外部決策諮詢機制

「中央教育審議會」是文部科學省專屬的諮詢審議機構。主要的功能就是在因應文部科學大臣的各項政策的諮問。中央教育審議會是依據《中央教育審議會令》、《中央教育審議會運營規則》、《中央教育審議會會議的公開有關規則》三項法規進行運作。主要的業務，是因應文部科學大臣的諮詢，教育的振興及推行生涯學習，培育具備豐富人性的創造人材相關重要事項、振興運動有關重要事項的調查審議，對於文部科學大臣意見陳述的給予建議。對於文部科學大臣諮詢問題及生涯學習機會的整備重要事項的調查審議、給予文部科學大臣及其相關行政機關首長之意見。歸納中央教育審議會各分科會主管權責，主要機能有三，分別說明如下（文部科學省網頁，2022d）：

1.因應文部科學大臣的諮問，對於有關教育的振興及生涯學習的推行之核心理念蘊育豐富人性，培育具有創造性人材的相關重要事項，還有就

是有關運動振興的重要事項之調查審議，提供給文部科學大臣意見陳述。

2. 因應文部科學大臣的諮問，審議有關生涯學習機會的整備重要事項之調查審議，提供給文部科學大臣又或者是有關行政機關首長之意見陳述。

3. 基於法令規定處理審議會權限所屬之事項。

中央教育審議會可依據法律或政令處理屬於在其權限之事項。因此，中央教育審議會，可說是日本教育最高行政主管機構文部科學省最重要的諮詢機構。其組織構成如圖 2：

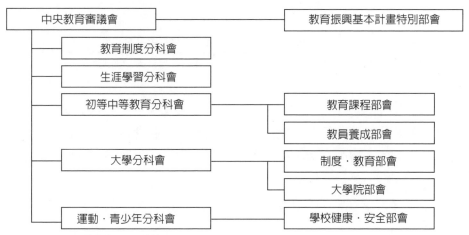

圖 2　中央教育審議會組織圖

資料來源：文部科學白書 2020 年（文部科學省，2020）。

　　從圖 2 可知中央教育審議會有可細分爲教育制度分科會、生涯學習分科會、初等中等教育分科會、大學分科會、運動、青少年分科會等五個分科會和教育振興基本計畫部會。每個分科會都有主要負責的相關業務，以及有關日本教育振興基本計畫負責之特別部會。各分科會主管權責歸納如表 3：

表 3 中央教育審議會各分科會權責表

分科會名稱	主要事務權責
教育制度分科會	1. 蘊育豐富人性培育具備創造性的人才之教育改革相關重要事項 2. 地方教育行政有關制度相關重要事項
生涯學習分科會	1. 生涯學習機會整備相關重要事項 2. 社會教育振興相關重要事項 3. 視聽覺教育相關重要事項 4. 青少年健全育成相關重要事項
初等中等教育分科會	1. 初等中等教育振興相關重要事項 2. 初等中等教育基準相關重要事項 3. 學校保健、學校安全及學校給食相關重要事項 4. 教育職員養成及資質保持向上相關重要事項
大學分科會	大學及高等專門學校教育振興相關重要事項

資料來源：依據文部科學省網頁（2022a）資料，研究者自行整理而成。

　　文部科學省透過「審議會」的諮詢方式，提出各種的政策改革建議。並且隨著時代的變化與中央機構的需求，發展出各種類似教育審議會的機能，集思廣益，凝聚共識，提出專業的報告書，作為政策實施與決策的方向。

　　中央教育審議會委員組成委員由 30 人以內（參考表 4）所組成，任期 2 年可連任：

表 4 2022 年中央教育審議會委員名簿（2021 年 3 月 9 日發令 - 現在、敬稱略）

職稱	姓名	所屬
會長	渡邊光一郎	第一生命控股（株）取締役會長、一般社團法人日本經濟團體連合會副會長
副會長	永田　恭介	筑波大學長
副會長	荒瀨　克己	獨立行政法人教職員支援機構理事長
委員	湊　長博	京都大學總長
委員	內田由紀子	京都大學 KOKORO 的未來研究中心教授・副中心長
委員	越智　光夫	廣島大學長
委員	加治佐哲也	兵庫教育大學長

職稱	姓名	所屬
委員	村田　治	關西學院大學長、學校法人關西學院副理事長
委員	堀田　龍也	東北大學大學院情報科學研究科教授、東京學藝大學教育學研究科教授
委員	渡邊　正樹	東京學藝大學教職大學院教授
委員	貞廣　齋子	千葉大學教育學部教授
委員	萩原なつ子	立教大學社會學部・大學院 21 世紀社會設計研究科教授、認定特定非營利活動法人日本 NPO Center 代表理事
委員	清原　慶子	杏林大學客員教授、路德會學院大學客員教授、前東京都三鷹市長
委員	清水　信一	學校法人武藏野東學園常務理事
委員	日比谷潤子	學校法人聖心女子學院常務理事
委員	後藤　景子	奈良工業高等專門學校校長、獨立行政法人國立高等專門學校機構理事
委員	吉田　晋	學校法人富士見丘學園理事長、富士見丘中學高等學校校長、日本私立中學高等學校連合會會長
委員	井坂　秀一	神奈川縣立柏陽高等學校校長
委員	小林真由美	福井市至民中學校校長
委員	藤田　裕司	東京都教育委員會教育長、全國都道府縣教育委員會連合會會長
委員	中野　留美	岡山縣淺口市教育委員會教育長
委員	吉岡　知哉	獨立行政法人日本學生支援機構理事長
委員	渡邊　弘司	日本學校保健會副會長、日本醫師會常任理事
委員	清水　敬介	公益社團法人日本 PTA 全國協議會會長
委員	竹中　ナミ	社會福祉法人 Prop station 理事長
委員	今村　久美	認定特定非營利活動法人 Katariba 代表理事
委員	小林いずみ	ANA 控股（株）取締役、三井物產（株）取締役、（株）Mizuho 控股取締役、Omron（株）取締役
委員	熊平　美香	一般財團法人 Kumahira Security 財團代表理事
委員	村岡　嗣政	山口縣知事

資料來源：依據日本文部科學省網站（2022）。研究者整理而成。

委員的身分來自不同領域，有公、私立大學校長教授以及私立學校理事、中等學校校長、教育委員會教育長、家長會長、非營利機構、財界

及政界代表。依據其必要性，設置各分科會，亦可設置臨時委員及專門委員。

 ## 伍 結論

日本從明治維新開始，重要的教育政策，一直以來都是由其文部科學省（1871-2001/01 之間年稱文部省），主導全國的教育制度和政策的擬定與實施及變革，直至今日仍然是日本教育決策最重要的主管機構。文部科學省其組織龐大，不僅主管全國教育，也負責國家科學技術及運動的發展。為確保各項決策的正確，其相關執行機構與政策，基本上具有法源及理論的根據之外，也可發現其政策具有邏輯與連續性。同時透過內部政策評鑑制度，明確政策體系的建立，檢視文部科學省的使命和政策目標和政策項目。基本上是政策執行者進行自我評鑑，但為了確保其客觀性和嚴謹性，會召開由學術專家等組成的「政策評價相關有識者會議」，就目標和指標的擬定並接受相關建議，規範和檢視其執行效率及符應時代需求。

同時可發現日本的教育決策過程，基本上是透過其直屬或附屬的各種審議和諮詢機構，召集各領域的賢達與專業代表，群策群力進行方案的審議和擬定可行方案，凝聚共識的討論過程。這些直屬或附屬的各種審議和諮詢機構的常設與正常的運作，經由各種的審議達到廣納各方意見的功能，展現以官方機構為主，以各方民意為輔的政策目標，達到相輔相成互為表裡的作用。並透過巧妙的人事佈局與經費預算補助的管控，必要時加上總理的臨時教育委員會與各個重要部會的介入，主導教育改革方向與凝聚社會的共識，採取和緩漸進與重點式的方式進行改革。

參考文獻

文部省（1992）。**學制百二十年史**。日本：行政出版。

文部科學省網頁（2009）。**先導的大學改革推進委託事業**。https://www.mext.go.jp/a_menu/koutou/itaku/index.htm（2009/11/01）

文部科學省（2013）。**文部科學白書 2012 年版**。東京：日經印刷株式會社。

文部科學省（2017）。**今後文部科學省應有思考方案之專案報告書**。日本：文部科學省。

文部科學省（2019）。**文部科學省創生實行計畫**。https://www.mext.go.jp/a_menu/other/1410537.htm

文部科學省網頁（2021）。**文部科學白書 2020**。https://www.mext.go.jp/b_menu/hakusho/html/monbu.htm

文部科學省（2022a）。**組織圖の紹介**。https://www.mext.go.jp/b_menu/soshiki2/04.htm

文部科學省網頁（2022b）。**政策評價‧獨立行政法人評價については**。https://www.mext.go.jp/a_menu/hyouka/

文部科學省網頁（2022c）。**平成 30 年度における業務の實績に關する評價結果（中期目標管理法人）**。https://www.mext.go.jp/a_menu/koutou/houjin/detail/1422680.htm

文部科學省網頁（2022d）。**中央教育審議會**。https://www.mext.go.jp/b_menu/shingi/chukyo/chukyo0/index.htm

文部科學省（2022e）。**教育委員會制度について**。http://www.mext.go.jp/a_menu/chihou/05071301.htm/20140107）

國立教育政策研究所網頁（2021）。**研究介紹**。https://www.nier.go.jp/

梁忠銘（2015）。**日本 21 世紀教育變革的再啓和準備**。臺灣教育評論月刊，2015，3(1)。

梁忠銘（2019）。日本教育。收錄於楊深坑主編《比較與國際教育四版》第
　　11章。臺北：高等教育。

菱村幸彥編著（2006）。最新教育改革ここが知りたい―中教審答申と義務
　　教育改革。東京：教育開發研究所。

未來展望篇

第十六章

教育決策議題與未來趨勢

張慶勳

國立高雄師範大學教育學博士
國立屏東大學教育行政研究所退休教授

摘要

本文基於後現代教育思潮的發展，以及國際網絡的連結和 e 化治理對教育政策、教育決策與學校治理所產生的影響為脈絡背景。同時以教育政策與教育決策的連結，以及教育決策與學校治理的融合性為基礎，提出教育決策的議題與如何作決策切入點，進而引伸至教育決策未來的發展趨勢。本文提出教育決策的議題與如何作決策切入點有：一、以教育決策連結教育政策與學校治理；二、教育決策過程考量教育組織多元架構與特徵；三、從教育決策的性質切入解決學校教育問題；四、善用學校組織行為中的微觀政治觀點作決策；五、學校治理決策透過連結網絡系統達成組織目標；六、校長運用領導策略作決策發揮領導力；七、組織文化是教育治理與決策過程的重要影響因素。基於教育決策的議題與如何作決策操作技術的切入點，進而引伸至以下的教育決策未來趨勢有：一、兼具教育哲思與領導藝術的決策；二、兼具概念架構與操作技術的決策；三、兼具專業素養與價值判斷作決策；四、兼具個殊觀點與跨域整合的決策；五、兼具數據本位與結果導向的決策。

本文結論指出，教育政策、教育決策與學校治理之間存在著相互連結與依存的關係，教育決策蘊含教育政策的走向，也指引教育未來的方向，最後將教育政策落實到學校治理上。而校長領導則以學校治理的決策過程建構校本課程，精進教師教學品質與提升學生學習成就，引領學校組織變革發展。教育決策者需要以哲學思考、專業素養、價值判斷、跨域整合與數據本位的概念架構為基礎作出有效的決策，以因應後現代教育思潮與社會變遷的影響，引領學校組織變革與發展。

關鍵詞：教育政策、教育決策、學校治理、教育決策議題、教育決策趨勢

壹　前言

　　教育行政機構、各級學校的校長、行政人員、教師與學生，或所有的正式、非正式組織及團體成員，每天都在做大大小小的不同決定（decision making）。而「decision making」有譯為決策、做決定或決定。通常以政策性的決策與一般事務性的決定，代表作決定的過程。「decision making」是一種過程，也是選擇執行方案的行為和結果，其最終目的在解決問題（張慶勳，2017）。本文以教育行政組織與學校中的教育決策表示教育政策性與策略性的決策過程、方案選擇與執行，以及決策結果，而彰顯教育政策與教育決策的連結，以及教育決策與學校治理的融合性。

　　學校治理的決策過程與結果蘊含學校政策性的意涵，同時也在決策過程中，具有對學校發展變革提供未來方向引導的作用（張慶勳，2022；Toprak, 2019）。例如，大學治理決策過程即是一明顯的例子（張慶勳，2022）。事實上，決策不僅是解決組織問題的動態循環歷程，同時也強調價值取向是決策過程中不可缺少的一部分，因此決策者在決策的選擇方案過程中需要具有價值判斷的專業素養（Hoy & Miskel, 2013）。

　　雖然如此，由於後現代思潮所帶來的社會、經濟、文化與政治思維的改變，使得學校組織、學校文化與組織成員的思維都產生多元、複雜、不確定與差異性。因此，除了國家或地方教育政策的決策過程與結果的實施需要思考如何變革外，校長領導也面臨前所未有的挑戰，需要思考如何有效發揮領導力，引領學校組織變革與發展。

　　此外，學校教育的改革伴隨著國際網絡上的連結，也已在國際間形成探討的重要議題。誠如 Jornitz 與 Wilmers（2021）集結作者探討泛太平洋國家之間的學校領導與發展，移民、難民與公共教育，國際大規模學生成就評量與教育政策，教育數位化管理，教育經濟，以及泛太平洋地區教育研究的挑戰等議題，而彰顯國際連結網絡與數位教育、教育政策、學校教育及學生成就的背景脈絡與發展趨勢。

　　據此，隨著後現代社會與國際網絡的連結對教育決策所產生的影響，如何使教育政策制定者與學校的決策者做好決策的工作，並因應學校教育

組織的複雜性與變動性發展過程，是教育政策制定者與學校領導人面臨的急迫性挑戰。本文基於教育決策的相關文獻、理論與脈絡背景的論述，以及作者在教育現場實務的體驗，以教育決策連結教育政策與學校治理爲根基，提出教育決策議題與如何作決策的切入點，進而引伸至教育決策未來的發展趨勢。

 貳　教育決策議題的切入點

教育決策連結教育政策與學校治理解決問題的議題可從以下的面向切入。

一、以教育決策連結教育政策與學校治理

教育政策可以顯現社會發展的趨勢（Kiet Hao TONG et al., 2020），同時，教育決策的運作與執行也將中央及地方教育政策以決策的合法化落實到學校行政以及教學上（顏國樑，2014）。因而教育決策與社會發展趨勢、教育政策及學校治理構成一連結網絡，其目的除了在推動教育政策外，也在解決全國性、地方性與學校教育的問題。

以教育部所推動的各項政策（如當前教育重大政策、年度施政方針與計畫、計畫白皮書等）而言（教育部，2022），教育政策透過政策規劃、政策合法化、政策執行、政策評估與回饋的決策過程後，經由政策性的宣導，並透過學校校務的策略性規劃、決策、執行與評鑑機制，而能精進學校教育品質與提升學校教育效能，落實到學校行政與教學的學校治理。

以學校建構校本課程爲例，校長的學校治理與辦學理念能與教育部所推動的十二年國民基本教育政策相連結，透過學校治理的在地連結思維與行動，建構以核心素養爲導向的校本課程校園文化（張慶勳，2019）。此外，教育部所推動的研發戶外教育課程與實踐補助計畫，在課程理念及目標方面，則強調與十二年國民基本教育政策相互關聯或銜接，並須能結合學校本位、特色課程與議題融入教學的課程規劃與教學設計（教育部，2018）。

　　據此，學校教育的治理與校長領導經由校務的決策過程將教育政策與學校治理予以連結，落實到學校精進教師教學品質與提升學生學習成就上。

二、教育決策過程考量教育組織多元架構與特徵

　　組織是一具有多元與複雜性的架構系統，並藉由領導與組織重構而精進組織效能。例如：Quin 與 Rohrbaugh（1983）對組織的競值架構（competitive value approach）分析，以及 Bolman 與 Deal（2021）所提出的多元組織重構（reframing organization）取徑，都是強調組織的多元與複雜性，及其與領導和決策之間的緊密連結關係。

　　其次，以學校的多元組織類型與特徵，及其與領導者的決策過程的連結而言，Griffith（2003）將領導階層的決策過程與組織多元模式予以融合，探討如何增進學校組織效能。Hoy 與 Miskel（2013）將學校組織視為一社會系統，且透過學校內部的結構系統、政治系統、個人系統與文化系統，並與學校外在環境交互作用的轉化運作過程，聚焦及提升教師教學與學生學習的全面品質上，則是將學校組織的轉化運作與教師教學及學生學習予以連結的取徑。

　　雖然如此，學校組織與外在環境交互過程中，學校外在環境常對學校內部構成威脅，且學校組織成員與領導人之間也常會產生溝通與衝突的現象，因而影響決策過程與品質上的問題，須予以解決（Voges et al., 2022）。因此，從教育組織多元架構、內外在環境與領導人及組織成員之間互動過程的教育決策分析，進而解決教育問題，是教育決策過程考量教育組織多元架構與特徵的切入點。

三、從教育決策的性質切入解決學校教育問題

　　在解決教育問題的過程中，決策者宜了解決策兼具過程與結果的動態循環過程，以大學治理的決策而言，決策具有教育性、政策性、自主性、文化性、政治性、融合性、專業性、教育性、跨域性、任務性與動態性等

多元特性的決策過程與結果（張慶勳，2022）。

此外，教育領導人應了解在 e 化治理過程中，社會媒體所扮演的參與性角色與未來逐漸融入教育決策過程的趨勢及其重要性（Sideri et al., 2019）。其次，從聯合國的永續發展目標（Sustainable Development Goals[SDGs]）（United Nations, 2015a, 2015b）亦可知，建立夥伴參與的網絡關係是大學永續發展與實踐社會責任的思維與策略。

據此，決策是一動態的循環過程與結果並具有多元特性。同時，學校治理的過程也是一種決策的思維與策略。在決策過程中，決策者從教育決策的性質切入，解決學校教育問題，實踐社會責任。

四、善用學校組織行為中的微觀政治觀點作決策

個人、團體和組織結構之間相互影響是構成組織行為的三大要素（張慶勳，2017；Robbins, 1993, 2001; Robbins & Judge, 2019.）。而組織行為主要是研究組織成員在組織環境中的行為、人際互動之間的關係，及與組織本身的相關議題。但由於受到社會環境的變遷與資訊時代（如 google 遍布人類與組織的生活層面）的來臨所影響，因此組織行為運作的機制與過程也逐漸受到重視（Griffin et al., 2020）。而決策即在組織中藉由團體成員的溝通互動、意見表達與開放性的討論，以及建立規範的過程中達成組織目標（Griffin et al., 2020）。

以學校組織而言，學校領導人需要了解組織中的微觀政治樣貌，包含學校現況、發展歷史和脈絡背景，以及扮演組織穩定成長的角色。同時，學校組織成員與利害關係人或團體在決策過程中需要考量如何運用權力取得所要的資源和利益，組織的控制以及如何解決利益衝突（Ball, 2012）。誠如前述有關學校組織所具有的多元組織架構與特徵，以及學校組織成員與校內外環境、團體與利害關係人互動的過程，以政治模式作決策已是學校領導人與組織成員重要的決策模式。亦即是張慶勳（2020）指出，校長係在學校組織個人、團體與組織架構中，以微觀政治的手腕運用領導策略解決問題，且以微觀政治解決學校問題的決策過程已在學校組織中廣泛使用。

據此，學校組織成員係在組織行爲的架構中，善用微觀政治觀點作決策已是一普遍的現象。

五、學校治理決策透過連結網絡系統達成組織目標

學校組織是一兼具靜態、心態、動態與生態的組織（黃昆輝，1988），且從本文的分析亦可知，學校是一社會系統與組織多元架構，並具有多元組織架構與特徵，且在學校組織內外環境的交互作用中，精進教師教學品質，提升學生學習成就，而學校的決策過程即在此一基礎上解決學校教育問題。

其次，在大學治理方面，如前所述，大學爲實踐永續發展與社會責任，大學與地區團體、機構組織建立夥伴參與網絡，促進社會經濟與文化發展，解決社會問題，是大學領導人與組織成員所應具有的思維與策略（United Nations, 2015a, 2015b）。亦即是，大學以全球視野及在地連結的網絡系統，實踐社會責任，發揮影響力（張慶勳，2021a）。學校外在環境的連結體系，是建構校本課程的支持系統（張慶勳，2019），而在偏遠地區的學校校長則以建立領導支持網絡系統解決學校教育問題（張慶勳，2021b）。

據此，基於學校組織多元架構、全球視野及在地連結的思維與策略爲基礎，學校治理的決策過程透過連結網絡系統達成組織目標。

六、校長運用領導策略作決策發揮領導力

校長在決策過程中，以策略領導型塑核心素養導向校園文化，彰顯校長的領導力（張慶勳、李曉峰，2020）。而校長運用轉化領導策略可以正向影響教師對組織的承諾，也有助於校長的決策（Elele, 2020）。同時，校長基於其個人的人格特質、學校情境的脈絡背景與有效決策，運用整合式的領導取徑（integrated leadership approach）有助於教師與學習者之間的連結，並能提升學生學習成就（Cornelissen & Smith, 2022）。誠如張慶勳（2021b）指出，校長運用領導策略與解決問題的決策關係密切，且校長

領導解決問題的決策過程與教育政策、學校變革發展與增進學校效能密不可分。

據此，校長運用領導策略作決策發揮領導力，解決學校教育問題，是教育決策的重要議題。

七、組織文化是教育治理與決策過程的重要影響因素

從組織領導人如何深植組織文化與決策之間的關聯性予以思考，當組織遇到危機時，領導人對組織內外危機的認知與對組織是否產生危機的決定，常會深植於組織成員的內心中，也會型塑成為組織文化的基本假定（Schein & Schein, 2017）。以學校而言，校長領導對型塑學校組織文化與變革發展具有重要且關鍵性的角色（Juan Carlos Riveras-León & Tomàs-Folch, 2020），而 Selart（2010）指出，學校組織領導人的決策過程受到組織文化的影響，同時也影響組織文化。領導階層為做有效的策略性決策，需要具有權力基礎，並能運用政治策略解決問題。誠如 Torres（2022）認為，學校領導人的領導與管理歷程，以及決策的過程與學校組織文化的獨特性，以及政治、社會及教育環境之間互為影響。

據此，組織文化是教育治理與決策過程的重要影響因素，教育組織文化與領導人的決策互為緊密連結，學校領導人考量組織文化的影響因素作決策。

 教育決策的未來趨勢

從教育議題與切入點的面向可知，教育決策的議題不僅與如何做決策相互融合，同時也蘊含作決策的未來趨勢。茲論述如下。

一、兼具教育哲思與領導藝術的決策

校長的教育哲思啟動領導動能，且校長以反思學習的修為，運用領導策略，透過決策解決學校教育問題，引領學校發展與變革的方向（張慶勳，2011）。此即將校長領導不僅視為領導技術，更是領導藝術的運用。

誠如 Bolman 與 Deal（2021）所指出，組織領導人在組織重構的過程中係以領導的藝術引領組織變革與發展是相通的。

以學校決策的實務面而言，Ornstein（1990-1991）曾指出，哲學可以指引教育的方向與架構，尤其是如何決定課程的架構和目的方面，受到哲學的影響極為深遠。陳世聰（2019）則強調，其在經營公辦公營實驗教育學校，建構校本課程與課程轉化的背後，都有哲學反思與如何實踐的思考。而教育哲學思考，在課程發展與實踐上具有引導與反思導正的功能，且有利於課程設計的深度與廣度。

據此，教育哲思不僅能提供教育的指引、方針、架構與啟動校長的領導動能，校長領導也能經由教育哲思構思經營學校的領導策略，以及引導如何建構校本課程的決策。因此，兼具教育哲思與領導藝術的決策是教育決策的基礎，也是未來的趨勢。

二、兼具概念架構與操作技術的決策

校長除了在作決策過程中思考待解決問題的切入點，與如何做決策的操作技術之外，更重要的是，如何以其專業素養，連結作決策的「形而上」概念架構與「形而下」的操作技術而作有效的決策。例如：校長在促進學校組織變革與發展的過程中，經由「知、思、行、得」的循環回饋過程，並兼融「形而上、誠於中與形而下」的反思學習，解決學校教育問題（張慶勳，2011）。校長領導即在此決策過程中，兼融領導策略與管理技術，不僅做對的事，也把事情做對。

據此，校長領導以其「誠於中」的專業素養、態度與修為，將校長的教育哲思與了解，待解決問題的脈絡背景所型塑而成的「形而上」概念架構，以及教育議題的切入點，與如何作決策的「形而下」操作技術，予以連結而作有效的決策，解決學校教育問題。

三、兼具專業素養與價值判斷的決策

二十一世紀的領導之價值轉變，已從指導式（directing）的領導走向

引導、激勵與促進式（*guiding, inspiring,* and *facilitating*）的領導（Maker, 2022）。事實上，價值取徑（value-based approach）的領導極為重要（Sergiovanni, 2001），且價值觀是決策不可或缺的一部份（Hoy & Miskel, 2013），因此，價值思考是領導與決策的重要取徑。

事實上，前述有關校長的教育哲思啟動領導動能，並以教育哲思作為孕育領導策略的背後思考動力來源，同時也以「誠於中」的專業素養、態度與修為，連結「形而上」的哲思概念架構與「形而下」的操作技術，而能做出具有價值判斷的決策。

據此，決策係以教育哲思的概念架構、價值領導與決策的價值取徑、專業的論述為基礎，而能兼具專業素養與價值判斷作有效的決策。

四、兼具個殊觀點與跨域整合的決策

從本文的論述與教育決策議題的切入點可知，教育決策不僅是針對待解決問題以個殊的觀點、方法或策略的處理過程與結果，同時也需要以跨域整合，採取多元及跨領域的方式予以思考解決問題。例如，從領導人的哲思與領導策略、學校組織的多元架構與特徵予以思考；或考量學校組織內外環境的互動、教學與行政系統之間的關係、學校組織文化的面向，以及學校組織中個人、團體與組織之間互動的學校組織行為等，進而以跨域整合的觀點，提出解決問題的策略與行動方案。

誠如本文所述，建立夥伴參與的網絡關係是大學永續發展與實踐社會責任的思維與策略。因此，如何以哲學思考、專業素養、價值取徑為基礎，善用決策模式（如參與決定、菁英模式等），並兼具在地連結及全球視野的個殊觀點與跨域整合決策，是決策的未來走向。

五、兼具數據本位與結果導向的決策

隨著教育情境從強調學術取向轉變為學習者與學習過程的互動過程中，教育決策可以在高等教育、職業訓練、正規與非正規教育領域支持虛擬情境與蒐集大數據的移動學習（mobile learning），兼具決策的技術面

與社會動態性背景的需求（Fulantelli et al., 2015）。而數據本位的校務治理也已受到重視（Fu et al., 2022）。以香港浸會大學為例，該校基於數位技術結合藝術創作應用的全球趨勢，創立藝術創意學院，致力於為創意藝術開闢新的途徑和可能性（Hong Kong Baptist University, 2022），此即彰顯採取大數據以解決問題為導向的決策在校務治理已受到重視。

雖然教育的數位化治理與決策已是全球發展趨勢，且決策是以解決問題為導向，但決策的決議過程仍具有階段性的結果，而結果導向的決策以能具有可行性與可以解決問題為核心，是結果導向決策重要指標。因此，兼具數據本位與結果導向是決策未來的趨勢。

 ## 結論

決策是解決問題的循環過程與結果。理論上，決策可依決策模式做最佳方案的選擇與執行；實務上，決策通常受到組織與決策者個人因素的影響，而做出有限性的決策。從學校教育組織的決策而言，教育政策、教育決策與學校治理之間存在著相互連結與依存的關係，教育決策不僅蘊含教育政策的走向，也是教育未來方向的指引，最後則將教育政策落實到學校治理上。而校長領導則以學校治理的決策過程建構校本課程，精進教師教學品質與提升學生學習成就，引領學校組織變革發展。

然而，隨著後現代社會與國際網絡的連結和 e 化治理，對教育政策、教育決策與學校治理所產生的影響，如何使教育政策落實到學校治理，是教育政策、教育決策與學校治理共同面臨的挑戰，也是本文的脈絡背景基礎。

本文基於前述脈絡背景的論述，以及作者在教育現場實務的體驗，以教育決策連結教育政策與學校治理為根基，提出作決策的議題與如何作決策切入點，進而引伸至教育決策未來的發展趨勢。本文提出教育決策議題的切入點有：一、以教育決策連結教育政策與學校治理；二、教育決策過程考量教育組織多元架構與特徵；三、從教育決策的切入解決學校教育問題；四、善用學校組織行為中的微觀政治觀點作決策；五、學校治理決策

透過連結網絡系統達成組織目標；六、校長運用領導策略作決策發揮領導力；七、組織文化是教育治理與決策過程的重要影響因素。基於教育決策議題與如何作決策操作技術的切入點，進而引伸至以下的教育決策未來趨勢有：一、兼具教育哲思與領導藝術的決策；二、兼具概念架構與操作技術的決策；三、兼具專業素養與價值判斷的決策；四、兼具個殊觀點與跨域整合的決策；五、兼具數據本位與結果導向的決策。

　　整體而言，教育決策不僅是解決教育問題的動態循環過程與結果，教育決策也蘊含教育政策的未來發展，並與學校治理相互連結。教育決策者不僅需要了解是如何作決策的操作技術，更需要以哲學思考、專業素養、價值判斷、跨域整合與數據本位的概念架構為基礎作出有效的決策，以因應後現代教育思潮與社會變遷的影響，引領學校組織變革與發展。

參考文獻

張慶勳（2011）。**校長領導促進學校組織的變革與發展：以校長領導的反思與學習爲切入點**（學校教育改革系列叢書之 56）。香港中文大學香港教育研究所。取自 https://www.hkier.cuhk.edu.hk/document/OP/SOP56.pdf

張慶勳（2017）。**學校組織行爲**（初版八刷）。臺北：五南。

張慶勳（2019）。學校治理建構以核心素養爲導向校本課程的理念與行動。**教育研究月刊，298**，4-19。取自 https://doi.org/10.3966/16806360201902 0298001

張慶勳（2020）。校長領導形塑素養導向校園文化：學校組織微觀政治觀點。**教育研究月刊，313**，47-63。取自 https://doi.org/10.3966/168063602 020050313004

張慶勳（2021a）。永續發展與發揮影響力的大學治理：以實踐社會責任爲切入點。**臺灣教育研究期刊，2**(1)，17-38。取自 https://drive.google.com/file/d/1hQ3_zp97Q0-b_FFhcCQ8giuzn7NNJWXE/view

張慶勳（2021b）。以解決問題爲導向的偏遠地區學校校長領導支持系統與治理策略。**教育政策論壇，24**(3)，43-76。取自 https://doi.org/10.3966/15 6082982021082403002

張慶勳（2022）。大學治理決策過程與性質的分析。**臺灣教育研究期刊，3**(1)，49-63。取自 https://drive.google.com/file/d/1FA3vxyzQRqMNh6wG 9O7RqdNl6j7algh7/view

張慶勳、李曉峰（2020）。校長領導形塑核心素養導向校園文化的思維與策略。**教育政策論壇，23**(3)，35-66。取自 https://doi.org/10.3966/15608298 2020082303002

教育部（2018）。國民及學前教育署補助高級中等學校辦理戶外教育要點。取自 https://edu.law.moe.gov.tw/LawContent.aspx?id=GL001768

教育部（2022）。**重要政策**。取自 https://www.edu.tw/Default.aspx

陳世聰（2019）。實驗教育課程哲學思想與實踐之貫穿：原民 DNA 校本課程建構。**教育研究月刊，298**，38-55。取自 https://doi.org/10.3966/16806 3602019020298003

黃昆輝（1988）。**教育行政學**。臺北市：東華。

顏國樑（2014）。**教育政策合法化：理論與實務**。高雄：麗文。

Ball, S. J. (2012). *The micropolitics of the school: Towards a theory of school organization*. London: Routledge.

Bolman, L. G., & Deal. T. E. (2021). *Reframing organization: artistry, choice and leadership* (7th ed.). San Francisco: Jossey-Bass.

Cornelissen, R. P., & Smith, J. (2022). Leadership approaches of principals heading national strategy learner attainment schools in south Africa. *International Journal of Educational Leadership and Management, 10*(1), 56-83. Retrieved from https://doi.org/10.17583/ijelm.7966

Elele, E. C. (2020). Influence of Transformational leadership style and principals' decision making on high-school teachers' organisational commitment in Jakarta Laboratory Schools. *International Journal of Pedagogy and Teacher Education, 4*(1), 9-18. Retrieved from https://doi.org/10.20961/ijpte.v4i1.39162

Fu, Y., Lee, H., & Yu, Y. (2022). How to improve the quality of school management in the data era?: Some humble opinions. *Journal of Education Research, 335*, 99-110. Retrieved from https://doi.org/10.53106/168063602022030335007

Fulantelli, G., Davide Taibi, D., & Arrigo, M. (2015). A framework to support educational decision making in mobile learning. *Computers in Human Behavior, 47*, 50-59. Retrieved from https://doi.org/10.1016/j.chb.2014.05.045

Griffin, R. W., Phillips, J. M., & Gully, S. M. (2020). *Organizational behavior: Managing people and organizations* (13th ed.). Boston, MA: Cengage.

Griffith, J. (2003). Schools as organizational models: Implications for examining school effectiveness. *The Elementary School Journal, 104*(1), 29-47. Retrieved from http://www.jstor.org/stable/3203048

Hong Kong Baptist University (2022). *School of Creative Art*. Retrieved from https://sca.hkbu.edu.hk/

Hoy, W. K., & Miskel, C. G. (2013). *Educational administration: Theory, research, and practice* (9th ed.). Boston: McGraw-Hill.

Jornitz, S., & Wilmers, A. (2021). Transatlantic encounters: Placing education research interests in an international context. In A. Wilmers & S. Jorntz (Eds.), *International perspectives on school settings, education policy and digital strategies: A transatlantic discourse in education research*. Barbara Budrich (pp. 9-28). Verlag Barbara Budrich. Retrieved from https://doi.org/10.2307/j.ctv1gbrzf4.3

Juan Carlos Riveras-León, J. C., & Tomàs-Folch, M. (2020). The organizational culture of innovative schools: The role of the Principal. *Journal of Educational Sciences, 21, 2*(42), 21-37. Retrieved from https://doi.org/10.35923/JES.2020.2.02

Kiet Hao TONG, Quyen Le Hoang Thuy To NGUYEN, Tuyen Thi Mong NGUYEN, Phong Thanh NGUYEN, & Ngoc Bich VU. (2020). Applying the fuzzy decision-making method for program evaluation and management policy of Vietnamese higher education. *The Journal of Asian Finance, Economics and Business, 7*(9), 719-726. Retrieved from https://search.ebscohost.com.ez-proxy.nptu.edu.tw/login.aspx?direct=true&db=edskyo&AN=edskyo.4010028138904&lang=zh-tw&site=eds-live

Maker, C. J. (2022). From leading to guiding, facilitating, and inspiring: A needed shift for the 21st century. *Education Sciences, 12*(1), Article 18. Retrieved from https://doi.org/10.3390/educsci12010018

Ornstein, A. C. (1990-1991). Philosophy as a Basis for Curriculum Decisions. *The High School Journal*, *74*(2), 102-109. Retrieved from https://www.jstor.org/stable/40364829#metadata_info_tab_contents

Quinn, R. E. & Rohrbaugh, J. (1983). A special model of effectiveness criteria: Towards a competing value approach to organizational analysis. *Management*

Science, 29, 363-377. Retrieved from https://doi.org/10.1287/mnsc.29.3.363

Robbins, S. P. (1993). *Organizational behavior-Concept, controversies and application* (6th ed.). Englewood Cliffs: Prentice-Hall.

Robbins, S. P. (2001). *Organizational behavior-Concept, controversies and application* (9th ed.) Upper Saddle River: Prentice-Hall.

Robbins, S. P., & Judge, T. A. (2019). *Organizational behavior* (18th ed.) New York: Pearson Education.

Schein, E. H., & Schein, P. (2017). *Organization culture and leadership* (5th ed.). Hoboken, New Jersey: John Wiley & Son.

Selart, M. (2010). Leadership and Decision Making in Organizations. In S. Marcus (Ed.). *A leadership perspective on decision making: Entry decision processes in organizations* (pp. 17-43). Cappelen Academic. Retrieved from https://www.researchgate.net/publication/319276714_A_leadership_perspective_on_decision_making_Entry_Decision_processes_in_organizations

Sergiovanni, T. J. (2001). *The principalship: A reflective practice perspective* (4th ed.). M.A.: Pearson Education.

Sideri, M., Kitsiou, A., Filippopoulou, A., Kalloniatis, C., & Gritzalis, S. (2019). E-governance in educational settings: Greek educational organizations leadership's perspectives towards social media usage for participatory decision-making. *Internet Research, 29*(4), 818-845. Retrieved from https://doi.org/10.1108/IntR-05-2017-0178

Toprak, M. (2019). An investigation into educational decision-making in a centralized education system: Governance principles and the case of national education councils (şûras). *International Journal of Education Policy and Leadership, 15*(11), 1-17. Retrieved from https://doi.org/10.22230/ijepl.2019v15n11a871

Torres, L. L. (2022). School organizational culture and leadership: Theoretical trends and new analytical proposals. *Education Sciences, 12*(4), 254. Retrieved from https://doi.org/10.3390/educsci12040254

United Nations (2015a). *Transforming our world: The 2030 agenda for sustainable development*. Retrieved from https://sustainabledevelopment.un.org/sdgs

United Nations (2015b). *UN sustainable development goals finalised text & diagrams*. Retrieved from http://www.waynevisser.com/report/sdgs-finalised-text

Voges, T. S., Jin, Y., Chen, X., & Reber, B. (2022). What drives a tough call: Determining the importance of contingency factors and individual characteristics in communication executives' stance decision-making through a conjoint analysis. *Public Relations Review, 48*(1), Article 10141. Retrieved from https://doi.org/10.1016/j.pubrev.2021.102141

國家圖書館出版品預行編目資料

教育決策機制：檢討與改進/吳清山，顏國樑，
葉佐倫，梁金盛，劉鎮寧，王慧蘭，陳佩英，
許仁豪，湯堯，何希慧，黃烽榮，陳榮政，楊
雨樵，丁志權，陳世聰，黃國忠，王如哲，李
宜珍(Doris Lee)，梁忠銘，張慶勳合著 ; 張
慶勳主編. -- 初版. -- 臺北市 : 五南圖書
出版股份有限公司, 2022.12
　　面 ;　　公分
ISBN 978-626-343-559-9(平裝)

1.CST: 教育政策 2.CST: 文集

526.1107　　　　　　　　　　111019354

1I5Z

教育決策機制：檢討與改進

叢書主編 ― 黃政傑

主　　編 ― 張慶勳

作　　者 ― 吳清山、顏國樑、葉佐倫、梁金盛、劉鎮寧

　　　　　　王慧蘭、陳佩英、許仁豪、湯　堯、何希慧

　　　　　　黃烽榮、陳榮政、楊雨樵、丁志權、陳世聰

　　　　　　黃國忠、王如哲、李宜珍(Doris Lee)

　　　　　　梁忠銘、張慶勳

發 行 人 ― 楊榮川

總 經 理 ― 楊士清

總 編 輯 ― 楊秀麗

副總編輯 ― 黃文瓊

責任編輯 ― 李敏華

封面設計 ― 王麗娟

出 版 者 ― 五南圖書出版股份有限公司

地　　址：106臺北市大安區和平東路二段339號4樓

電　　話：(02)2705-5066　　傳　　真：(02)2706-6100

網　　址：https://www.wunan.com.tw

電子郵件：wunan@wunan.com.tw

劃撥帳號：01068953

戶　　名：五南圖書出版股份有限公司

法律顧問　林勝安律師事務所　林勝安律師

出版日期　2022年12月初版一刷

定　　價　新臺幣550元

經典永恆·名著常在

五十週年的獻禮──經典名著文庫

五南，五十年了，半個世紀，人生旅程的一大半，走過來了。
思索著，邁向百年的未來歷程，能為知識界、文化學術界作些什麼？
在速食文化的生態下，有什麼值得讓人雋永品味的？

歷代經典·當今名著，經過時間的洗禮，千錘百鍊，流傳至今，光芒耀人；
不僅使我們能領悟前人的智慧，同時也增深加廣我們思考的深度與視野。
我們決心投入巨資，有計畫的系統梳選，成立「經典名著文庫」，
希望收入古今中外思想性的、充滿睿智與獨見的經典、名著。
這是一項理想性的、永續性的巨大出版工程。
不在意讀者的眾寡，只考慮它的學術價值，力求完整展現先哲思想的軌跡；
為知識界開啟一片智慧之窗，營造一座百花綻放的世界文明公園，
任君遨遊、取菁吸蜜、嘉惠學子！